진짜
예수

진짜 예수

도올의 잘못된 성경관 바로잡기(상)

- 초판 1쇄 발행 2021년 2월 10일
- 초판 2쇄 발행 2022년 9월 30일

- 지은이 박명룡
- 펴낸이 조유선
- 펴낸곳 누가출판사

- 등록번호 제315-2013-000030호
- 등록일자 2013. 5. 7.
- 주소 서울특별시 강서구 공항대로 59다길 276 (염창동)
- 전화 02-826-8802 팩스 02-6455-8805

- 정가 14,000원
- ISBN 979-11-85677-56-9 03230

진짜

박명룡 지음

예수

도올의 잘못된 성경관 바로잡기 상

출판사
누가

본서는 오늘날에도 타당한
역사적 예수에 대한
정통신앙의 탁월한 변증서다

성결교 목회자 박명룡 목사의 도올 성경관 비판서가 나온 것을 환영하는 바이다. 저자는 서울신대를 졸업하고 미국의 복음주의 신학대학인 바이올라대학교 대학원에서 기독교 변증학으로 문학석사를 하고, 탈봇신학대학원에서 신학석사와 기독교 변증학으로 목회학 박사를 취득하고 청주서문교회에서 목회하는 현장 목회자로서 이 분야에 여러 저서를 내어 기독교 변증학에 열정을 바치는 것은 참으로 귀하다 생각된다.

도올이 그동안 국내 주요 공영방송TV를 통하여 시청자들에게 방영한 기독교 강의는 정통기독교 신앙에서 벗어난 이단적인 내용(인격적 하나님, 삼위일체, 예수의 신성, 예수의 동정녀 탄생, 예수 부활 부인)으로 교계와 사회에서 많은 물의 物議가 있었다. 이에 대하여 변증학에 재능을 지닌 목회자인 저자가 이 책을 통하여 반박하는 것은 한국사회와 교회를 향하여 올바른 역사적 예수와 성경관을 변증하는 귀한 학문적 업적이다.

저자는 이 저서에서 '예수는 모범적인 인간이다. 믿지 말고 본받아라.'라는 도올의 그릇된 예수관과 이 주장이 근거하고 있는 도올의 왜곡된 성경관을 반박하고 있다. 오늘날 자유주의 신학이 팽배한 시대에 기독교 변증학을 연구한 학자요 목회자로서 저자가 본 저서에서 그릇된 사상의 잘못된 논리를 규명하고 사도적인 정통신앙을 밝혀내고자하는 기독교 변증의 노력은 착실한 학문적 노력과 규명에 근거하고 있다.

(상)1장에서 저자는 도올의 왜곡된 성경관, 말하자면, '신약성경은 역사적 기록이 아니며, 바울은 역사적 예수와 관련 없다. 정경 기준이 없었다. Q자료와 도마복음이 참 예수를 전한다'는 주장을 반박한다. 저자는 '예수는 범신론적 인간이다.'라는 도올의 관점에 대하여 풍부한 신학적 문헌을 제시하면서 반박하고 있다.

(상)2장에서 저자는 4복음서가 70년 이전에 쓰여진 복음주의자들의 견해를 설득력 있게 증거하고 있다. 일반종교의 경전 및 동·서양 고대문헌과 다른 신약성경의 저작의 특수성은 역사적 예수의 십자가 죽으심과 부활 사건 이후 18년에서 60년 사이에 쓰인 것이 이 문서의 역사적 신빙성을 보여준다고 본다. 역사적 신빙성의 근거로는 탁월한 구진진승 문화, 탁월한 구전전승 기간, 원본과 사본 사이의 시간 간격의 짧음과 많은 사본의 존재, 가장한 탁월한 원문 편집 등으로 설득력 있게 변증한다. "4복음서에 나타난 예수의 생애는 매우 신뢰할 만한 역사적 사실이다." "지금 복음서를 통해 만나는 예수가 실제 역사적 예수이다!"라고 지성적이고 인격적 신앙으로 결론지우고 있다.

(상)3장에서 저자는 일반 역사에 나타난 예수에 관한 역사기록을 유대인 역사가 요세푸스, 로마의 역사가 타키투스, 로마의 지방 총독 플리니, 헬라의 저술가 루시안, 그리고 탈무드 등의 저술에서 확인하고 있다. 그 세속 역사의 기록이 신약성경의 내용과 일치한다고 밝히고 있다. 그리하여 역사적 예수의 기록이 일반 역사 속에서도 타당성을 지닌다는 사실을 변증하고 있다.

(상)4장에서 저자는 도올이 복음서의 역사성이 결여되어 있다는 주장을 예증하기 위해 제시하는 예수의 처녀 탄생, 예수의 족보 문제, 원적지 호구조사 문제,

그리고 베들레헴 유아살해사건 등에 대한 도올의 주장이 학문적 근거가 없다는 것을 설득력 있게 밝히고 있다.

(상)5장에서 저자는 4복음서의 역사적 예수 기록이 역사적 사건에 근거해있다는 사실을 학문적으로 잘 변증해주고 있다.

(하)1장에서 저자는 도올의 왜곡된 정경관, 말하자면 교회 권력자들이 정치적인 힘에 의한 정경의 결정되었다는 주장을 반박하면서 사도적 케리그마가 초대교회에 의하여 권위 있게 받아들여져 정경의 규범이 된 것을 증거한다. 저자는 교회 권력이 정경을 만들어낸 것이라는 도올의 주장을 반박하면서 사도적 서신과 복음서는 처음부터 신앙적 권위를 지녔다고 여러 문헌을 제시하면서 설득력 있게 증거한다. 저자는 정경의 기준으로서 사도성, 신앙규범의 일치성, 보편적 수납성을 제시하고 있다.

(하)2장에서 저자는 도올이 바울이 역사적 예수를 알지 못했다는 양자의 불연속성 주장을 반박한다. 저자는 바울은 역사적 예수에 관하여 거의 모든 것을 알고 있었다고 바울은 예수를 본받음의 대상으로 알았으며, 바울 복음과 예수 복음의 연속성에 관하여 상세하게 증거를 제시하고 있다.

(하)3장에서 저자는 도올은 Q복음서를 왜곡 해석하고 정경 복음서와는 전혀 다른 영지주의 복음서라는 도마복음서에 의존하고 있는 것을 밝히고 있다. 이 두 문서의 예수관을 반박하면서 예수는 역사적 인간이요 하나님의 아들이었다는 4복음서와 정통 기독교의 교리를 확증한다. 도마복음은 역사성이 결여된 가현적 범신론적 지혜자 예수를 그리는데 4복음서는 성육신한 하나님 아들 메시아 예수를 그리고 있다.

본서는 단지 도올의 그릇된 성경관을 비판하는데 그치지 않고 올바른 정경관을 오늘날 우리들에게 제시해준다. 오늘날 '예수 세미나'의 자유주의 신학자들에 의하여 왜곡된 예수상이 아니라 사도적인 정통 기독교의 예수의 모습을 제시해준다. 저자는 자유주의 예수상을 비판함으로써 대조적으로 나사렛 예수가 가장 명료하게 역사적 인간이면서 메시야요 하나님 아들이며 대속자이시며 재림 주이신 역사적 예수를 학술적으로 변증해준다.

본서는 정통신앙의 입장에서 학술적으로 최신 자료들을 사용하여 성경의 정경성과 역사적 예수의 정통신앙을 변증한 너무나도 귀한 역사적 예수에 대한 현대적 변증서다. 그리고 신약정경이 어떻게 결정되었는지 그 과정을 여러 최근의 자료를 통하여 설득력 있게 증거하고 있다.

저자는 학자일 뿐만 아니라 현장 목회자로서 학술적 문헌들을 능란하게 해석하고 쉽게 서술하면서 이 저서의 내용들이 일반적 목회자들이 강단의 설교나 신앙 세미나에서도 사용될 수 있도록 간결명료하게 정리해주고 있다. 이 저서는 현장 목회자, 신학교수, 역사적 예수를 학문적으로 탐구하는 신학생들과 평신도들, 젊은 지성인들에게 지식적 자료와 신앙적 확신을 제공해준다.

본서는 역사적 예수와 신약 경전에 대한 너무나도 귀한 정통신앙의 변증서로서 한국교회의 정통신앙 확립을 위하여 견고한 역사적 예수에 대한 변증학적 초석을 놓고 있다. 앞으로 역사적 예수와 신약성경의 역사성과 신뢰성에 대한 고전_{古典}이 될 것이다.

김영한 박사 (기독교학술원장, 숭실대 명예교수, 한국개혁신학회 초대회장)

혼란한 시대다. 가짜 예수를 파는 거짓 교사들이 교회 안에서도 홍행하고, 지식인이라면 성경의 권위를 무시해야 "쿨-"하게 여겨지는 세태가 두렵다.

박명룡 목사님의 책은 사막과 같은 현실 속에서 만난 "단비"다. 이 책은 신학적으로 탄탄한 기초를 세워 도올이 설파하는 가짜 예수를 바로잡아 크리스천들이 진짜 예수 그리스도가 누구신지 제대로 알 수 있도록 도와준다.

결국, 성경의 권위가 신학적으로 바르게 세워질 때, 참신앙도 가능하다는 본질의 문제를 쉬운 언어로 풀어낸 좋은 책이 때를 맞추어 출판되니 매우 기쁘다. 기독교 변증학 교수로서 저자는 도올의 "가짜 예수"론의 문제점을 알기 쉽게 정리해 주었을 뿐만 아니라, 성경의 권위를 무시할 때 필연적으로 사유와 신앙이 오염될 수밖에 없는 이유를 탁월하게 설명해 주었다. 선교를 위해서도 올바른 "기독론"의 정립은 꼭 필요한 것이라고 확신한다.

이정훈 교수 (울산대학교 법학과, 엘정책연구원장)

기독교에 대한 반대의견들은 2천 년 교회사에서 수도 없이 제기되어 왔으며, 기독교는 그에 대해 대답하려는 노력을 지속해 왔다. 이 책에서 박명룡 박사는 기독교에 대한 우리 시대의 대표적인 반론인 김용옥 박사의 주장에 대해 조목조목 사실에 근거하여 대답하고 있다. 이 책은 객관적이고 학문적인 사실성을 추구하는 점에서 독자들이 공감할 수 있고 또 배움을 얻게 된다. 명료하고 쉽게 써 내려가는 저자의 글쓰기도 탁월하다. 도올의 책을 읽었다면 팩트체크를 위해 이 책을 꼭 읽어보기를 권한다.

김성원 교수 (서울신학대학교)

도올의 사명은 기독교 해체인 듯싶다. 그는 지금까지 시종일관 기독교를 공격하기 위해 온갖 패악 질을 감행했다. 창조주 하나님을 부정하고 삼위일체 교리를 힐난하였으며 예수님의 신성과 역사성을 부정했다. 예수님의 성육신과 부활 같은 이야기들은 소정의 종교적 목적을 달성하기 위해 고안된 기획물이라 주장했다. 그러나 이런 공격이 별무소득으로 드러나자 이번엔 공격의 포인트를 바울로 옮겼다. 도올은 우선 바울이 예수님과 관계가 없는 인물이라고 설정했다. 바울이 만든 기독교에는 원래의 예수 즉, '원조 예수'가 없다고 했다. 그러므로 기독교 또한 예수님과도 관계가 없는 종교가 되는 셈이다.

우리는 간혹 나 대신 누군가 못되고 악한 이를 혼내 주기를 원한다. 슈퍼맨을 통한 일종의 대리만족이다. 도올이라는 희대의 신학 이단아에 대해서도 많은 그리스도인들이 같은 심정을 가지고 있다. 바로 이때 우리 편 장수가 나타났다. 그가 박몀륜 목사이다. 그는 기독교 변증가이자 신실한 주의 목자이다. 온유와 겸손의 모습만 보이던 그가 의분강개義憤慷慨하여 주님의 영광을 훼손하고 기독교를 폄훼하는 자에 대해 성령의 검, 말씀의 칼을 빼들었다. 그의 변증 논리와 체계는 너무나 명쾌하여 속이 후련하다. 주의 백성들이 모두 이 글을 읽고 하나님이 계시하신 진리의 위대함과 탁월성에 매료되기를 소망한다.

최더함 박사 (Th.D/역사신학. 개혁신학포럼 책임전문위원)

역사의 출발은 언제나 진리와 비진리의 논쟁으로 출발하였음을 봅니다. 예수 그리스도의 탄생과 사역은 지금까지 인류가 경험하지 못한 역사적, 문화적 충격이었습니다. 예수 그리스도의 출현은 지금까지 인류가 쌓아왔던 모든 이론들을 완전하게 바꾸어 놓을 수 있는 충분한 이유가 되었습니다. 초기교회시대부터 지금까지 교회는 신성과 인성사이에서 교회의 정통성을 구분해 왔습니다.

도올 김용옥의 기독교 역사관은 구원과 상관없는 하나의 학문으로는 이해할 수 있으나 복음과 구원이 없는 이론은 시간이 지나면 하나의 유행으로 취급되어질 수밖에 없습니다. 기독교에 대한 왜곡된 이론과 이단의 출현은 오히려 기독교를 건강하게 만들어 주는 힘이 되었습니다.

『진짜 예수』는 기독교적 가치관이 혼란한 이때에 명쾌하고 논리 정연한 이론으로, 기독교 변증에 대한 이론이 부족한 독자들에게 바른 기독교적 가치관을 소유할 수 있게 해 주었습니다.

이 땅의 많은 교회와 온전한 구원의 은혜를 갈망하는 많은 그리스도인들이 이 책을 읽고 진지하게 받아들인다면 혼탁한 세상도, 우리의 신앙도 분명히 달라질 것입니다.

최준연 목사 (활천 사장)

도올이 반 기독교적인 지식을 전할 때 공개 맞장 토론이라도 하고 싶었습니다. 성경에 관한 그의 지식이 초보인 것을 넘어 야만에 다름 아니기 때문이었습니다. 반론의 기회는 없었지만, 시간에 묻었던 용기가 의기로 남아있던 차에 반가운 소식을 듣습니다. 비교종교학자로 성경을 삶으로 증명하려 몸부림치는 사랑하고 존경하는 박명룡 목사가 「진짜 예수」를 통해 접어둔 변증 대결을 소환했습니다. 그 지성적 논쟁에 기대와 기쁨을 머금고 함께 하겠습니다. 도올의 저급한 유혹에 흔들린 선량한 분에게 이 책을 들려주겠습니다.

안성우 목사
(로고스교회 담임, 『패스파인더 리더십』, 『최고의 질문』, 『101가지 삶의 디테일』 저자)

도올의 세계관에 대한 비판이 왜 중요한가. 그가 설파하는 주장이 현대인이 갖고 있는 인본주의적 가치관, 세속적이고 동양적인 무신론적 관점이 깊숙이 들어있기 때문이다. 기독교변증콘퍼런스와 다수의 저술을 통해 기독교 신앙을 치밀하게 논증해 온 박명룡 목사님이 귀한 책을 냈다. 이제는 덮어놓고 믿는 시대가 지났다. 세상 이치와 논리, 언어로 우리가 지닌 신앙을 증명해내지 못한다면 그것은 우리만의 잔치에 그치고 말 것이다.

하나님은 교회뿐만 아니라 과학, 논리학, 철학의 영역에서도 존재하시는 절대자이시다. 이 책은 그 하나님을 만나는 데 길잡이 역할을 한다. 한국교회 성도들과 목회자는 이 책을 다독하며 줄을 쳐가며 읽고 숙지해 반기독교 사상의 공격에 적극 대응해야 할 것이다.

백상현 기자 (국민일보)

목차

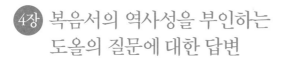

4장 복음서의 역사성을 부인하는 도올의 질문에 대한 답변

REAL
JESUS

들어가는 말

　　도올 김용옥 교수(이하 도올로 호칭함)는 이 시대의 독특한 귀인貴人이
자 대표적인 반기독교 사상가라 할 수 있다. 그는 동·서양 철학과 사
상에 관련된 해박한 지식을 가지고 있으며, 거의 100권에 가까운 책을
저술했다. 도올은 한국의 주요 텔레비전 방송국 KBS, MBC, SBS, EBS에서 동
양철학과 한국철학을 강의하면서 많은 호응을 받았다. 특히 그는 MBC
「우리는 누구인가」를 통해 대중적 인기와 대단한 반향을 불러일으켰
다. 도올은 그 프로그램을 통하여 기독교 교리를 비판하는 목소리를 높
이기 시작했고, 반기독교적인 지식을 전하기도 하였다. 그뿐만 아니라,
2007년 2월에 한국교육방송공사 EBS에서 진행한 인터넷 강좌『요한복음
강해』를 통해서 적극적으로 비성경적인 내용을 대중들에게 설파했다.
이 강좌를 계기로 도올은 기독교 신앙을 일반인들에게 본격적으로 설명
하기 시작했는데, 그 대표적인 저서가『기독교성서의 이해』이다. 이 책
과『요한복음 강해』를 통해서 도올이 기독교 신앙에 대해서 가르치고 주
장하는 바는 무엇인가?

• 유일신으로서 기독교의 창조주는 존재하지 않는다.
• 기독교의 하나님은 비인격체이다.

- 삼위일체는 성경적 개념이 아니다.
- 예수는 신성을 가진 하나님이 아니라 지혜로운 인간일 뿐이다.
- 예수의 동정녀 탄생, 누가복음 2장의 호적조사, 그리고 헤롯의 유아살해사건은 거짓이다.
- 예수가 육체적으로 부활했다는 것은 역사적 사실이 아니다.

그는 위와 같은 주장을 과감하게 피력한다. 또한, 도올은 기독교와 관련된 9권의 책을 저술하였다: 『큐복음서』, 『도올의 도마복음이야기 1』, 『도올의 도마복음 한글역주 2』, 『도올의 도마복음 한글역주 3』, 『도올의 로마서 강해』, 『도올의 마가복음 강해』, 그리고 『나는 예수입니다』. 그는 이 책들을 통하여 그의 반기독교적 사상을 반복적으로 강조하고 있다. 더욱이 도올은 2007년 5월부터 2009년 3월까지 약 2년에 걸쳐서 '도올의 도마복음 이야기'를 중앙SUNDAY에 연재했다. 이 연재를 통하여 도올은 신약성경의 4복음서보다 도마복음서에서 진정한 예수의 모습을 발견할 수 있으며, 그 역사적 예수의 모습은 지혜자, 인간 예수라는 것을 다양한 방법으로 역설하였다. 또한 도올은 2017년에 'New EBS 도올 김용옥 요한복음강해'라는 제목으로 60회를 방송하였다.

이런 도올의 주장과 활동은 정통 기독교 신앙과 정면으로 대치된다. 그렇다면 도올의 주장은 과연 정당한 것인가? 그 주장은 믿을 만한 타당한 근거가 있는가? 만일 도올의 주장이 올바르다면 기독교는 허구에 불과한 것이 된다. 그가 맞는다면 이 땅의 기독교는 수많은 사람들을 미혹하여 잘못된 길로 인도하는 악한 종교라고 할 수 있다. 세상을 창조한 창조주 하나님도 없고, 예수는 지혜로운 선생에 불과했으며 예수가 죽었다가 실제로 부활하지 않았다면 그야말로 기독교인들은 가장 불쌍한 사람이라 할 수 있다.

하지만 만약 도올의 주장이 틀리고 정통 기독교 신앙이 옳다면 어떻게 생각하고 행동해야 하는가? 정통 기독교의 주장이 올바르다면 그 진리대로 살아가는 것이 가장 가치 있는 일이 될 것이다. 또한, 도올의 주장은 많은 사람을 미혹하는 허구에 불과한 것이 될 것이다. 동일한 대상을 두고 상반된 주장을 할 때 내릴 수 있는 논리적 판단은 둘 다 틀리거나 둘 중에 하나만 옳은 것이 된다. 따라서 도올의 주장과 정통 기독교의 가르침이 상반될 때는 둘 다 틀리거나 둘 중에 하나만 진리라고 생각할 수 있다. 도올의 주장과 정통 기독교의 가르침 중에 어느 것이 더 믿을 만한 논리적 근거와 합당한 이유가 많은가를 따져보는 것이 중요하다 하겠다.

혹자는 말하기를, '도올의 주장이 한국 사회에서 더는 영향력을 끼치지 않기 때문에 그냥 무시하면 된다'고 주장하기도 한다. 하지만 기독교와 관련된 도올의 저서가 지금도 많은 사람에게 읽히고 있고, 도올이 그동안 가르쳐온 반기독교적인 사상이 여전히 인터넷에서 많은 사람에 의해 인용되고 있다. 특히 기독교 신앙을 받아들이지 않는 일반인뿐만 아니라 지성적 신앙을 추구하는 젊은 기독교인 중에서 적지 않은 사람들이 도올의 저서와 그의 인터넷 강의를 통해서 잘못된 지식을 무분별하게 받아들이는 현상이 곳곳에서 감지된다. 또한, 도올과 같은 신학 사상을 가진 지식인들의 주장이 도올과 함께 시너지 효과를 내면서 젊은 지성인들에게 매력 있게 다가가고 있다.

예컨대, 부총리 겸 교육인적자원부 장관을 지냈고, 서울대 문리대 교수를 역임했던 한완상 전 부총리는 그의 책, 『예수 없는 예수 교회』를 통하여 예수의 신성을 부인하고, 인간 예수가 후대의 교회에 의해서 숭배의 대상인 그리스도로 변질된 점을 직시하고, 실물 예수, 즉 인간 예수의 삶을 본받아야 한다고 역설한다. 그의 주장에서 인간 예수의 삶을 본받자는 것에는 충분히 동의할 수 있지만, 예수를 단지 인간 예수로만 보는 시각은 도올의 생각과 맥을 같이한다고 할 수 있다. 그뿐 아니라, 서울대학교 철학과 교수를 역임했고, 서강대학교 종교학과 명예교수인 길희성 교수도 예수의 동정녀 탄생을 부인하고, 예수의 신성을 부인한다. 그는 인간 예수를 존경하고 그의 삶을 따라야 한다고 주장한다. 이런 지식인들의 시각과 가르침에 대해서 한국교회는 젊은 청년들에게 어떻게 가르치고 어떻게 이해시켜야 하는가? 그 자유주의적인 성경해석과 정통 기독교 신앙에 반하는 주장을 무조건 무시하라고 가르쳐야 하는가? 한국교회는 지금까지 이러한 지성적 도전에 대해서 어떤 지성적 응전을 해 왔는가? 결국, 도올의 문제제기와 도전은 한국교회의 다음 세대를 위해 꼭 풀어야 할 숙제가 아니겠는가?

이런 의미에서 본 저서는 성경에 대한 도올의 잘못된 주장을 바로잡고, 지성적으로 기독교 신앙을 이해하고자 하는 사람에게 올바른 성경지식을 알려주는 데 큰 도움이 될 것이다. 본서를 통하여 도올의 잘못된 성경관을 바로잡고, 대중적으로 널리 퍼져 있는 자유주의 신학의 도전에 대해 지성적으로 대응하는 능력을 키우며, 성경이 진리의 말씀임을 확신하여 그 진리대로 살아가는 데 도움이 되기를 기대해 본다. 이 책을 통해서 진짜 예수님을 만났으면 좋겠다.

본 저서를 위해 도와주신 분들이 참 많다. 이 책을 기쁜 마음으로 추천해 주신 기독교학술원장 김영한 박사님께 깊이 감사드린다. 한국기독교에 성경적 세계관을 내면화시키기 위해 노력하는 엘정책연구원 원장이신 이정훈 교수님의 적극적인 추천에 감사드리며, 기독교 세계관 확립을 위해 노력하는 서울신학대학교 김성원 교수님과 개혁신학포럼 책임전문위원이신 최더함 박사님의 추천에 감사드린다. 활천 사장이신 최준연 목사님, 젊은 리더십으로 목회하는 로고스교회 안성우 목사님의 뜨거운 응원을 담은 추천에 깊이 감사드린다. 탁월한 기독교 언론인이신 백상현 기자님의 추천에 감사의 마음을 전하고 싶다. 또한 이 책을 출판할 수 있도록 기꺼이 도와주신 누가출판사 정종현 목사님께 감사를 드린다. 이 책이 나오기까지 꼼꼼하게 교열하고 여러 가지 유익한 조언을 해 주신 박유미 권사님께 특별한 감사의 마음을 전한다. 책 출간을 위해 기도해 주고 마음으로 함께 해 주신 청주 서문교회 장로님들과 성도님들께 감사의 마음을 전하고 싶다. 또한 필자의 기독교변증 사역을 위해서 물심양면으로 후원하고 기도해 주고 계시는 장로님, 권사님 그리고 집사님들께 진심으로 감사드린다. 나의 사역에 언제나 든든한 동역자요, 후원자가 되어주는 사랑하는 아내 김경원과 아들 지훈이, 딸 지은이에게 감사의 마음을 전한다. 끝으로 이 모든 감사의 마음을 모아 참진리 되시는 성삼위일체 하나님께 영광을 올려 드린다.

1장

도올의 잘못된
신약성경 이해

REAL
JESUS

REAL
JESUS

도올은 신약성경의 역사성을 부정한다

도올은 신약성경을 어떻게 이해하고 있는가? 그는 신약성경이 예수님에 대한 역사적 사실들을 기록한 것이라고 믿지 않는다. 그는 성경의 저자들은 실제 역사 속에 살았던 인간 예수의 생애에 대한 역사적인 정보를 제공하지 않는다고 주장한다.[1] 도올은 4복음서는 실제 예수에 관한 역사적인 기록과 상관없을 뿐만 아니라 사도 바울의 서신서도 역사 속의 예수와는 관련이 없는 것으로 취급한다. 그는 사도 바울이 "근원적으로 역사적 예수에 관심이 없었다"[2]고 말한다. 더욱이 콘스탄티누스 이후의 기독교 역사는 성경의 본래 가르침에서 많이 이탈되어 있으며, AD 367년에 신약 정경 27권이 확립되기 전에는 권위 있는 전통이나 성경은 존재하지 않았다고 주장한다. 신약성경에 대한 도올의 이해는 다음과 같다.

---

1 김용옥, 기독교성서의 이해 (서울: 통나무, 2007), 22.
2 위의 책, 327.

1. 신약성경은 예수님에 관한 역사 기록이 아니다.

2. 바울은 역사적 예수에 관심이 없었다.

3. AD 367년에 신약 27권이 확립되기 전에는 권위 있는 전통과 성경은 존재하지 않았다.

4. 콘스탄티누스 이후의 기독교 역사는 성경의 본래 가르침에서 너무 이탈되어 있다.

5. Q 자료와 도마복음서만이 진짜 예수를 말하며 참 예수는 지혜자 인간일 뿐이다.

도올의 주장에 따르면, 지금 우리가 믿고 있는 신약성경은 역사적 사실들을 바탕으로 하지 않는다. 신약성경은 성경 저자들이 마치 소설의 한 양식과 마찬가지로, 케리그마라는 양식으로 예수 사건을 표현하고 있다고 한다. 그렇기 때문에 실제 역사 속의 예수를 직접 인지할 방법이 없다고 주장한다.[3] 따라서 그는 복음서 속에 나타난 예수의 기적 행하심이나 부활 사건은 역사적 사실이 아니라고 강조한다. 그는 예수님과 관련된 모든 기적들은 "아니 땐 굴뚝의 연기들이다"[4]라고 말한다.

도올에 따르면, 예수에 관한 복음서의 기록은 역사적 사실로서의 전기가 아니다. 그는 복음서가 기쁜 소식을 전하고자 하는 복음서 저자들의 의도에 의해서 치밀하게 포장되어 인위적으로 만들어진 한편의 예수 드라마에 불과한 것으로 여긴다.

따라서 본 장에서 필자는 도올의 잘못된 신약성경 이해에 대해 다음과 같이 살펴볼 것이다: 신약성경의 역사성, 역사적 예수와 바울의 관계, 정경 형성의 문제, 그리고 Q 자료와 도마복음서에 나타난 예수의 모

---

3 위의 책.
4 위의 책, 13.

습이다.

1. 도올의 주장1 :
신약성경은 예수에 관한 역사 기록이 아니다.

　도올은 "성서의 저자들은 역사적 예수에 관하여 우리에게 상세한 인간적인 정보를 전달하지 않는다. 근원적으로 그들은 역사적 예수에 관심이 없다"고 주장한다.[5] 그는 복음서의 저자들이 분명히 역사의 지평 속에서 예수님의 말씀을 다루고 있긴 하나, 그것은 구체적인 실제 역사를 다루는 것이 아니라고 한다. 복음서의 저자들은 역사적 사실들을 보도하고 있는 것이 아니라, 기쁜 소식을 전하기 위하여 창조적으로 구성된 한편의 드라마를 제시하고 있다고 본다.[6] 특히 그는 예수의 동정녀 탄생 이야기, 누가복음 2장의 호적 조사, 그리고 헤롯의 유아살해 등의 이야기는 예수를 신적 존재로 보이기 위한 "황당무계"하고 "상상력 속에서 적당히 짜 맞춘" "픽션"(소설)이라고 주장한다.[7] 그의 결론은 다음과 같다.

　성서를 이렇게 한 줄 한 줄 분석해 들어가면 사실史實과 부합하는 것으로서 살아남을 수있는 기사가 별로 없을 것이다. 다시 말해서 우리의 분석방법이 근원적으로 잘못된 것이다.복음서의 저자는 역사적 사실을 보도하려고 이 복음서를 쓰고 있는 것이 아니다. 기쁜 소식을 어떻게 하면 효과적으로 전달할 수 있을까? 어떻게 하면 예수가 단순한 인간이 아

5　위의 책, 22.
6　위의 책, 263-264.
7　위의 책, 245-263.

니라하나님의 아들이라는 것을 설득력 있게 선포할 수 있을까? 이런 문제를 고민하고 있는 것이다. 우리는 그들의 정보의 역사적 근거historical security를 말하기 전에 구성적 창조성 compositional creativity 을 말해야 한다. 기억된 역사 history remembered 가 아니라 역사화된 예언prophecy historicized 이다. 여기서 예언이란 사전史前의 예언이 아니라, 사후事後에 그 예언적 전거를 모색해낸 것이다.[8]

마가복음은 어차피 마가공동체에서 만들어낸 드라마장르이다. 그것이 사실에 기초한 것이든아니든, 어쨌든 드라마이다. 드라마는 어차피 구라다. 픽션적 요소를 자유롭게 구사할 수 있는 것이다. 아니, 자유롭게 구사할수록 좋은 것이다. 이왕 구라를 펴려면 쎄게 펴는 것이 장땡이다.[9]

이처럼 성경에 대한 도올의 관점은 복음서의 예수 이야기는 비록 역사적 배경을 갖고 있지만, 실제 역사적 예수를 말하는 것이 아닌 것으로 본다. 그에게 복음서는 케리그마라는 문학 양식을 통하여 예수는 하나님의 아들이라는 것을 나타내고자 한 드라마였다. 그러므로 그는 복음서 그 자체로써는 역사적 예수를 만날 수 없으며, "그리스도는 역사적으로 축적된 교회의 도그마 속에서는 발견될 수가 없다"[10]고 말한다. 오직 우리가 역사적 예수를 만날 수 있는 방법은 우리 "인간의 경험과 그 경험의 심연에서 나오는 질문 속에서 직접 해후 될 수밖에 없는 것"[11]이라고 한다. 이러한 도올의 주장을 정리하면, 역사적 예수는 복음서를 통해

---

8 위의 책, 263-264.
9 김용옥, 도올의 마가복음 강해 (서울: 통나무, 2019), 371.
10 김용옥, 기독교성서의 이해, 267.
11 위의 책.

진짜 예수 도올의 잘못된 성경관 바로잡기(상)

서 만날 수 없으며, 성경의 예수 이야기는 신앙적으로 만들어진 교리적 예수에 불과하다.

도올의 범신론적 구원 사상

게다가 도올의 예수 이해와 성경 이해는 여기서 머물지 않는다. 우리는 그가 예수님을 하나님의 아들로 인정하고 복음서의 저자들이 예수님을 하나님의 아들로 나타내기 위해서 케리그마라는 양식을 사용했다고 말하는 그의 진의를 잘 파악해야만 한다. 도올은 복음서의 진정한 역사성을 부정하면서도 복음서에 역사성이 깔려 있다고 말한다. 그러면서도 한편으로는 예수가 하나님의 아들임을 인정하는 것처럼 말한다. 그의 의도는 무엇일까? 그는 진정으로 예수님을 삼위일체 하나님의 한 위격으로서 천지 창조의 역사를 이룬 신적 존재로 인정하는 것인가? 그가 인정하는 케리그마에 나타난 하나님의 아들은 정통 기독교에서 믿고 있는 그런 의미에서의 하나님의 아들을 말하는 것이 아니다. 도올이 예수님의 신성을 언급할 때 불교적이고 범신론적인 신관과 구원관을 말하고자 하는 의도가 있음을 간파해야만 한다. 그는 예수님의 신성과 인성을 인정하면서 다음과 같이 말하였다.

예수를 하나님과 완전히 동일시할 때, 그리고 동시에 예수에게 수육受肉, the incarnation의 인성을 완벽하게 인정할 때, 인간인 예수는 곧 신이 되어버릴 것이다. 이것은 모든 인간이 신이 될 수 있다는 가능성을 인정하는 결과를 논리적으로 초래할 수밖에 없다. 불교에서 불타는 완전한 각자이며 따라서 윤회의 굴레를 완벽하게 벗어나 열반에 들어가는 존재이다. 그런데 불교의 특징은 역사적 인간 싯달타에게뿐만 아니라 모든 인간에게 성불의 가능성을 열어 준다는 데에 있다. 기독교 초기에도 신인으로서의 예수의 죽음과 부활 이야기는 모든 인간이 예수의 죽음과 부활에 참여함으로써 예수와 똑같이 신이 된다고 하는 합일 즉, 엑스타시스의 가능성을 인정하는 이야기로 해석되는 경향이 짙었다… 이러한바울의 이야기도 그 추상적인 성격을 극단화시켜 이해한다면 우리 인간이 예수를 매개로 하여 육신을 벗어나 하나님의 영원한 생명 그 자체가 된다고 하는 불교적인 이야기가 되어버릴 수도 있다.[12]

예수는 완벽한 인간인 동시에 완벽한 신이라고 주장하는 바르트의 논의를 수용한다. 그러나예수가 인간인 동시에 하나님이라고 한다면 나는 바르트에게 요청한다. 하나님은 인간이다.아니, 인간이야말로 하나님이다라고.[13]

위와 같이, 그는 예수의 하나님 아들 되심은 "인간 = 예수 = 하나님"의 등식이 전개될 수 있는 근거적 메시지가 될 수 있다고 주장한다.[14] 도올은 말한다. "실제로 초대 교회의 분위기는 이러한 해석의 가능성이 자유롭게 허용되었고, 많은 사람이 그러한 방식으로 케리그마를 이해하고 다양한 운동과 창조적인 저술 활동을 펼쳤다."[15] 그의 이러한 잘못된 성경이해는 모 교회에서 행한 그의 설교를 통해서 여실히 드러난다. "유기체적으로 보면 예수와 하나님과 여러분이 연결되어 있다. 여러분이 하나님 안에 거하면 여러분 안에도 하나님이 계신다. 여러분이야말로 하

---

12 위의 책, 106.
13 김용옥, 도올의 로마서 강해 (서울: 통나무, 2017), 235.
14 김용옥, 기독교성서의 이해, 107.
15 위의 책. 김용옥의 이러한 주장은 근거 없는 자신의 주관적 해석이다.

나님이다."[16] 바로 이것이 범신론적이고 불교적인 범아일여 사상인 것이다. 여기서 말하는 하나님이란 인격적인 창조주 하나님이 아니라, 비인격체인 우주의 기운을 말한다.

결국 도올이 성경의 역사성을 부인하면서 역사적 예수와 신앙의 예수를 구분하여 이해하고, 예수님을 하나님의 아들로 묘사하는 것은 범신론적인 구원사상을 주장하기 위한 논리적 전제임을 분명히 알아야 한다. 도올은 자신의 범신론적(중국적 일원론) 관점으로 신약성경의 이해를 시도하고 있다. 이에 필자는 성경이 예수님에 대한 역사적 기록이 아니라는 그의 주장이 허구임을 이 책을 통해 분석하고 밝혀내고자 한다.

2. 도올의 주장2 :
바울은 역사적 예수와 관련이 없다.

도올은 역사적 예수와 사도 바울의 직접적 관계성을 부정한다. 그에 따르면, 사도 바울은 역사적으로 실존했던 예수에 대해서 관심이 없었으며, 오직 부활한 예수의 의미에만 관심이 있었다. 그의 책 『기독교성서의 이해』에서 다음과 같이 주장한다.

> 그런데 이러한 바울이 예수의 사도임을 자처하면서도 예수라는 역사적 인물에 관하여 관심을 표명한 적이 없다. 예수의 생전의 행적이나 말씀에 관하여 일체의 구체적 언급이 없는 것이다. 바울은 예수의 직전제자들을 만나 예수라는 역사적 인물에 관한 전기 자료를 수집할 꿈도 꾸지 않았다.[17]

---

16   김용옥 교수의 은혜공동체 주일예배 설교(2007년 3월 4일)
17   위의 책, 170.

이러한 도올의 주장이 의미하는 것이 무엇인가? 그는 바울을 통해서 역사적 예수를 알 수는 없다고 한다. 도올은 바울이 부활하신 예수 그리스도와의 실존적인 만남을 가졌다는 것은 인정하지만, 그것은 어디까지나 역사적인 예수나 그 역사적인 예수를 경험한 "모든 1세대와의 철저한 단절 속에서 출발한 것"[18]이라고 주장한다.

게다가 도올은 우리가 사도 바울을 통해서 역사적 예수를 알 수 없을 뿐더러 바울을 통해서 우리가 만날 수 있는 예수는 오직 신학적으로 의미가 부여된 예수일 뿐이라고 말한다. 그는 다음과 같이 주장한다.

> 바울의 오늘의 지평 속에서 예수는 매우 추상적이었다. 그는 근원적으로 역사적 예수에 관심이 없었다. 그는 부활한 예수의 의미에 관심이 있었다.[19]

> 내가 바울에 대하여 "신의적"神義的이라는 말을 쓴 것은, 그는 구체적인 역사적 예수를 말한 것이 아니라 하나님과 인간의 의로운 관계설정의 결정적 계기로서 예수를 발견하고, 신의 아들로서 추상적으로 예수를 이해하고 그 실존적 의미만을 철저히 추구해 들어갔다는맥락에서 내가 쓰고 있는 어휘이다.[20]

위에서 바울이 "부활한 예수의 의미"나 "실존적 의미만을 철저히 추구"한다는 도올의 표현은 바울이 역사적 예수의 기초 위에 서 있다기보다는 신학화 된 예수를 제시하고 있다는 것을 의미한다. 그래서 도올은 바

---

18   위의 책, 204.
19   김용옥, 기독교성서의 이해, 327.
20   위의 책, 296-297.

울의 서신들을 통해서는 실제 역사적 예수를 알 수 없다고 결론짓는다.[21]

그렇다면 과연 바울의 신학적 예수가 실제 역사적 예수와는 전혀 연속성을 갖고 있지 않은 것인가? 과연 바울의 서신서들은 역사적 예수와 관련이 없는 것인가? 우리는 이 점에 대해서 철저히 따져볼 필요가 있다.

3. 도올의 주장3 :
신약 정경이 성립되기 전에는 신앙의 절대 기준이 없었다.

신약성경의 정경 형성사를 통한 문제점을 지적한다. 그가 지적하는 문제점은 대략 세 가지로 요약된다. (1) 초기 기독교는 성경을 가지고 있지 않았고 2세기 이후에 교회 내 구술 전통이 심각하게 변형되고 왜곡되었다. (2) AD 367년에 신약 27서 체제가 확립되었기 때문에 그 이전에는 외경도 위경도 있을 수 없다. (3) 4세기 중반 이후에 신약 정경이 성립되었기 때문에 그 이전의 기독교에서는 참 신앙과 거짓 신앙을 가릴 수 있는 절대적 기준이 존재하지 않았다. 이러한 도올의 주장을 좀 더 자세히 살펴보겠다.

초기 기독교는 성경이 없었고, 교회 내 구술 전통이 왜곡되었다?

첫째, 도올은 초기 기독교는 성경을 가지고 있지 않았으며, 2세기 이후 교회 내 구술 전통이 심각하게 변형, 왜곡, 타락되었다고 주장한다. 그에 따르면, 초기 기독교는 성경이 없었다고 한다. "당시 기독교는 형성기였으며 구전口傳과 예배제식만 있었지 경전이라는 것이 존재

---

21   위의 책, 174.

하지 않았던 것이다. '성경이 없었던 기독교!' 이것이 당시 초대교회의 모습이었다."[22] 그는 1세기 당시 교회에서 권위 있는 기준은 사도성 apostolcity 이었다고 인정하면서 예수님의 12제자들과 그들의 제자들의 말은 권위가 있었다고 받아들인다. 그러나 2세기 초에 이르러서는 교회 내의 구술 전통 oral tradition 이 심각하게 변형, 왜곡, 타락하기 시작했다고 단정한다. 그는 다음과 같이 진술한다.

> 그러나 2세기 초에 이르면 사도성을 주장할 수 있는 사람은 모두 죽었으며 교회 내의 구술전통 oral tradition 도 심각하게 변형. 왜곡. 타락되기 시작한다. 원래 구술전통이라는 것은 인도의 바라문이나 유대의 제사장과 같이 암송을 전담하는 전문적 권위계급이 특수하게 존속될 때만이 가능한 것인데 초대교회는 그 개방적 성격상 그러한 특수계층이 존재할 수 없는 도떼기시장과도 같은 곳이었다. 그리고 성경(카논, kanon)이라는 권위 있는 기준이 없었고, 또 그러한 기준을 강요할 수 있는 권위가 없었기 때문에 누구든지 사도성을 가장하여 경전을 저작하는 것이 당연시되었고 오히려 자랑스럽게 여겨졌다.[23]

도올은 2세기 초 이후에는 교회의 사도적 전통이 왜곡되거나 타락했고 성경이 없었다고 주장한다.

사실 도올의 주장대로, 초기 기독교는 신약성경을 아직 가지고 있지 않았다. 그러나 그의 주장과 달리 초기 기독교인들은 구약 성경을 하나님의 말씀으로 받아들였다. 구약성경은 예배 시간에 읽혔으며 예수님의 죽음과 부활의 관점에서 강론되고 있었다. 또한 1세기 안에 신약성경이

---

22 위의 책, 142.
23 위의 책, 143-144.

모두 완성되었기 때문에 교회들은 차츰 신약성경의 권위를 인정하게 되었다. 그리고 2세기와 3세기를 거치면서 자연스럽게 구약성경, 교회의 전통과 더불어 신약성경이 하나님의 말씀으로 받아들여졌다. 이 외에도 예수님의 부활사건 이후 몇 세기 동안 교회의 사도적 전통이 그대로 보존되고 전수되었다는 교회사적 증거들은 풍부하게 존재한다. 여기에 대해서 이 책의 하권에서 자세히 다루게 될 것이다.

AD 367년 이전에는 외경도 위경도 없다?

둘째, 도올은 AD 367년에 아타나시우스에 의해서 신약 27서 체제가 확립되었기 때문에 그 이전에는 외경도 위경도 있을 수 없다고 주장한다. 이 점에 대해 그는 다음과 같이 언급한다.

> 27서 체제의 확립, 거의 정경화작업의 최종적 마무리라고 할 수 있는 이 사건은 AD 367년 알렉산드리아에서 일어났다. 그것은 아리우스를 이단자로서 휘몰면서 자신도 고난의 길을 걸어야 했던 아타나시우스가 5번의 망명생활(중략) 끝에 마지막으로 알렉산드리아 주교로 복귀한 366년 2월 1일 이후에 일어난 사건이었다. 27서 정경이 발표된 것은 그 이듬해 부활절에 회중에게 낭독된 권위로운 주교서한 속에서였다.[24]

위의 진술과 같이 오늘날의 신약성경 27권은 AD 367년 부활절 때 정경으로 발표되었다. 이것은 역사적 사실이다. 그러나 도올이 AD 367년 이전에는 "외경도 위경도 있을 수 없다"고 주장하는 것은 역사적 사실

---

24 위의 책, 349.

이 아니며 상당히 과장되었고 잘못된 주장이다. 왜냐하면 아타나시우스의 신약정경 확립은 그동안 교회가 사도적 전통에 입각해서 교회 안에서 이미 하나님의 말씀으로 자연스럽게 받아들여져 사용되었던 것들에 대한 공식적인 결집에 그 의의가 있기 때문이다. 도올이 상당히 의미를 부여하는 나그함마디 문서들만 해도 그 당시 기독교 교회들 안에서 결코 영감 있는 하나님의 말씀으로 인정받지 못하였다. 신약 27권 이외에 2세기로부터 4세기에 이르는 동안 동·서방 교회가 하나님의 말씀으로 받아들인 다른 문서들은 무엇이겠는가? 그것은 속사도 교부의 글로 알려진 허마스, 바나바서, 그리고 디다케 정도이다.

그렇다면 AD 367년 부활절에 아타나시우스가 신약 27권의 정경을 발표하기 직전의 상황은 어떠하였겠는가? 서방교회는 신약 27권을 하나님의 말씀으로 인정하는데 문제가 없었다. 심지어 대다수의 동방교회에서조차 신약 27권을 신약성서의 일부로 이미 받아들인 상태였다. 다만 일부 속사도 교부의 글들(허마스, 바나바서, 디다케)과 요한 계시록만이 아직 논의의 대상으로 남아 있었을 뿐이었다.[25] 그러므로 도올이 AD 367년 이전에는 "외경도 위경도 있을 수 없다"고 주장하는 것은 역사적 사실에 근거한 주장이 아니다.

신약 정경이 성립되기 전에는 참과 거짓 신앙을 가릴 수 있는 절대적 기준이 없었다?

셋째, 도올에 따르면, 4세기 중반 이후에 신약 정경이 성립되었기 때문에 그 이전의 기독교에서는 참 신앙과 거짓 신앙을 가릴 수 있는 절대

---

25 A. B. 듀 토잇, 신약 정경론, 권성수 역 (서울: 도서출판 엠마오, 2000), 269.

적 기준이 존재하지 않았다. 그는 다음과 같이 주장한다.

> 결국 초대교회에서 정통을 얘기하고 이단을 배척하는 사람들은 항상 예수
> 님 말씀과 사도들의 권능을 들먹거렸다. 그러나 문제는 과연 예수님의 말
> 씀의 정확한 내용이 무엇이며, 사도들이 전한 말씀의 순결한 내용이란 무
> 엇인가를 아무도 확정지을 수 있는 절대적 근거가 부재하다는데 있다.[26]

이처럼 도올은 신약성경이 정경화 되기 전에는 기독교 신앙의 절대적
규범이 없었다고 주장한다. 그러나 이러한 그의 주장은 초기 교회사에
대한 정확한 지식의 결핍에서 비롯된 것이라고 볼 수 있다. 초기 교회사
를 간략하게 살펴보기만 해도 여기에 대한 명확한 지식을 얻을 수 있다.

그렇다면 초기 그리스도인들은 예수님의 죽음과 부활 이후에 과연 무
엇에 근거해 신앙생활을 하였겠는가? 그것은 의심할 바 없이, 사도들의
증언이다. 초기의 그리스도인들은 예수님의 말씀을 듣고 보고 경험하였
던 사도들의 증언에 기초하여 신앙생활을 하였다. 이 사도적 전통은 예
수 그리스도와 그분의 삶과 가르침에 뿌리를 두고 있었다.[27] 이러한 사
도적 전통은 교회 전통의 기초가 되었다. 이렇게 교회의 사도적 전통을
형성하게 된 기초가 사도적 케리그마 Kerygma 였다. 이 케리그마는 예수님
의 십자가 대속적 죽음, 육체적 부활과 승천, 그리고 그분의 다시 오심
에 대한 선포였다. 이러한 사도적 케리그마는 신약성경보다 먼저 있었
고, 신약성경의 핵심 내용이 되었으며, 초기 교회의 중요한 신앙의 규범
이 되었다.

---

26 김용옥, 기독교성서의 이해, 352.

27 D. H. Williams, *Retrieving the Tradition and Renewing Evangelicalism* (Grand
Rapids: William B. Eerdmans Publishing Company, 1999), 42.

심지어 이 사도들의 가르침에 입각하여 이단을 구별하기도 하였다. 예 컨대 2세기 후반에 이레니우스_Irenaeus_가 영지주의적 성경해석에 대항하여 싸울 때, 그는 사도적 교회 전통의 중요성에 대해서 다음과 같이 말하였다.

> 만약의 경우, 심지어 사도들이 그들의 글들을 우리에게 남겨두지 않았다 고 치더라도, 그 사도들이 헌신하였던 그 교회 사람들에게 전해준 바로 그 전통의 원칙을 따르지 말아야 한단말인가?[28]

이러한 이레니우스의 글을 통해서, 우리는 사도들의 구술 전통이 초 기 교회로부터 그 후 2-3세기 동안 교회의 중요한 신앙원칙과 규범이 되 었음을 확인할 수 있다. 이러한 구전 전통은 사도들이 인위적으로 만들 어낸 것이 아니라, 하나님의 아들 예수 그리스도를 직접 보고 듣고 경험 한 역사적 사실에 기초하여 증거되고 선포된 것이었다.

신약성경이 아직 정경화되지 않은 상태에서 초기 기독교 교회는 어떤 신앙의 권위를 가지고 있었는지에 대해서 A. B. 듀 토잇_Du Toit_은 다음과 같이 설명한다.

> 그렇다고 해서 이 기간의 교회가 아무런 규범도 갖고 있지 않았던 것은 아니었다. 구약성서에 더하여, 규범적인(정경적이라고 말할 수도 있는) 역할 을 수행할 수 있는 세 가지의 중요하고도 상호 연관된 요소가 있었다. 즉 **사도들과 그들에 의해 형성되고 보증된 구전과 신약예언**이었다.[29] (굵은 글씨 듀 토잇의 강조)

---

28 Irenaeus, *Against Heresies* III.4.1. D. H. Williams, Retrieving the Tradition and Renewing Evangelicalism, 45 재인용.

29 A. B. 듀 토잇, 신약 정경론, 61.

진짜 예수 도올의 잘못된 성경관 바로잡기(상)

그러므로 도올의 주장과는 달리, 신약성경이 공식적인 정경으로 공포되기 전에도, 구약성경, 사도적 구전 전통, 신약 예언, 그리고 교회 안에서 자연스럽게 하나님의 말씀으로 받아들여진 신약성경이 이미 교회의 신앙 규범과 기준이 되어 있었다. 도올이 지적한 신약성경의 정경화 문제점에 대한 반론은 이 책의 하권에서 보다 자세히 다루게 될 것이다.

4. 도올의 주장4 :
Q 자료와 도마복음서만이 진짜 예수를 말한다.
참 예수의 모습은 지혜자 인간 예수이다.

도올은 예수님의 생애를 담은 4복음서에서 진정한 예수의 모습을 찾을 수 없다고 주장한다. 오직 Q 자료와 도마복음서에서 진정한 예수의 모습을 발견할 수 있다고 한다. Q 자료라고 부를 때, 'Q'란 '자료'source 를 뜻하는 독일어 크벨레 Quelle 의 첫 글자에서 따온 말로서 마가복음에는 없지만, 마태복음과 누가복음에 겹쳐서 나오는 예수의 말씀(어록)들을 가리킨다. Q 자료는 예수의 말씀모음집 형식을 갖추고 있는데, 도올은 Q 자료만이 예수의 진정한 모습을 보여준다고 주장한다.[30] 그러면 도올은 Q 자료를 통해서 어떤 예수의 모습을 제시하고 있는가? 그는 예수를 지혜로운 한 인간으로만 내세운다. 도올은 지혜자 인간 예수의 가르침으로 시작된 예수교가 인간 예수를 신적 존재로 섬기는 기독교로 변질되었다고 한다.[31] 도올의 주장을 직접 들어보자.

---

30 도올 김용옥, 큐복음서: 신약성서 속의 예수의 참 모습, 참 말씀 (서울: 통나무, 2008), 11-58을 참조하라.
31 위의 책, 43.

놀랍게도 Q 자료 속에는 예수가 그리스도라는 믿음이 없다. 그의 가르침이 유대교의 대척점으로 묘사되고 있지도 않다. 그의 탄생도 없고, 그의 죽음도 없다. 더더욱 부활은 없다. 그의 죽음이 비극적이거나 신적인 것이거나, 인류의 구원을 전제로 한 것이라는 황당한 전제가 없다. 그가 세상을 하루아침에 변화시키거나 심판할 것이라는 이야기가 전혀 없다.[32]

그러나 Q 복음서를 생산한 사람들은 최소한 예수의 탄생과 부활이나 이적 같은 이야기에 그들의 믿음을 근거하는 신앙공동체의 사람들은 아니었다는 것이다. 그들은 살아있는 예수의 지혜로운 가르침을 인생의 교훈으로 삼고 살아가는 건강한 상식인들이었다. 그들에게는예수가 메시아라는 생각이 없었으며, 예수가 십자가에 못 박혀 죽음으로 인하여 나의 죄가대속된다고 하는 황당한 생각이 없었다.[33]

이처럼 도올은 Q 자료를 통하여 발견할 수 있는 참된 예수의 모습은 메시아 예수가 아니라 지혜자요, 인간 예수가 진짜 예수의 모습이라고 강조한다.

그뿐만 아니라 도올은 1945년 나그함마디 지역에서 발견한 도마복음서를 통하여 Q 자료가 가설이 아니라 사실이라는 확신을 심어준다고 한다.[34] 도마복음서는 114개의 예수 어록들로 구성되어 있다. 도올은 도마복음서를 통하여 만날 수 있는 진짜 예수의 모습은 신성을 가진 초자연적 존재가 아니라 지혜로운 교사로서 예수라고 강조한다. 그는 Q 자료와 도마복음서를 통해서 알 수 있는 예수의 참 모습을 이렇게 정리한다.

---

32 김용옥, 도올의 도마복음이야기 1 (서울: 통나무, 2008), 251.
33 도올 김용옥, 큐복음서: 신약성서 속의 예수의 참 모습, 참 말씀, 36-37.
34 김용옥, 도올의 도마복음이야기 1, 248.

사람들은 그를 그의 이름으로 경배하기 위하여 모이지도 않았고, 그를 신으로 숭배하지도 않았고, 그에 대한 기억을 찬송이나 기도나 제식으로 활용하지도 않았다. Q 자료 속의 사람들은 예수를 자기들이 처한 세상의 고난과 역경을 이겨내도록 만들어주는 지혜로운 교사로서만 생각했을 뿐이다. 이것이 바로 공관복음서 속의 예수의 참모습이라는 위대한 사실이 도마복음서를 통하여, 그리고 Q 자료를 통하여 밝혀지기 시작한 것이다.[35] (굵은 글씨 필자 추가)

이처럼, 도올은 Q 자료와 도마복음서가 보여 주는 예수의 참 모습이 인간 예수일 뿐이라고 강조한다. 그 외 예수의 이적 행함과 죄인을 위한 대속적 죽음과 부활 등은 후대 교회가 창작한 이야기일 뿐이요, "화려한 구라"일 수 있다고 한다.[36]

그렇다면 이런 도올의 주장은 얼마나 신뢰할 만한 것인가? 우리는 그의 주장에 대한 진의를 알아보기 위해서 다음의 몇 가지 질문을 자세히 살펴볼 필요가 있다. 과연 Q 자료만이 예수의 진정한 말씀이요, 참 모습을 알려주고 있는 것일까? Q 자료는 순전히 '인간 예수'의 모습만 보여 주고 있는가? 도마복음서는 역사적 예수의 모습을 그대로 보존하고 있는가? Q 자료와 도마복음서에 나타난 예수의 참 모습은 '지혜자 인간 예수'일 뿐이라고 할 수 있는가? 도마복음서와 4복음서의 차이점은 무엇인가? 이와 같은 질문을 자세하게 살펴볼 필요가 있다. 필자는 실제 역사 속에 살았던 예수의 참 모습이 어떠한가에 대해서 이 책의 하권에서 자세하게 다룰 것이다.

---

35 위의 책, 251.
36 위의 책, 250-251.

● 정리

도올은 복음서의 역사성을 부정한다. 그는 바울과 역사적 예수의 실제적 상관성에 대해서도 부인한다. 그리고 신약성경 27권이 정경화 되기 전에는 기독교 신앙에 대한 절대적 기준이 없었다고 주장한다. 그의 주장을 다시 한 번 요약하면 다음과 같다.

1. 신약성경은 예수님에 관한 역사적 기록이 아니다.
2. 바울은 역사적 예수에 관심이 없었다. 바울의 서신들은 구체적인 역사적 예수를 말하는것이 아니라, 그의 신학적 예수만 담은 것이다.
3. 초기 기독교는 성경이 없었고, 2세기 이후에는 교회 전통의 왜곡이 심화되었다. 그리고AD 367년에 비로소 신약 27서 체제가 확립된다. 따라서 4세기 이전의 기독교에는 예수의말씀과 사도들이 전한 말씀에 대한 절대 권위나 기준이 없었다.
4. Q 자료와 도마복음서만이 진짜 예수를 말한다. 참 예수의 모습은 지혜자 인간 예수일 뿐이다.

이러한 도올의 주장은 과연 타당한 역사적 근거와 믿을 만한 합리성을 가지고 있는가? 이것에 관해 차근차근 살펴보고자 한다.

진짜 예수 도올의 잘못된 성경관 바로잡기(상)

2장

고대 문헌과 신약성경의
역사적 신뢰성 비교

REAL
JESUS

과연 신약성경은 역사적으로 믿을 만한 것인가? 예수님의 생애와 말씀을 기록한 4복음서는 역사적 사실들을 말해주는가? 도올은 신약성경의 역사적 사실들을 부정한다. 그는 4복음서가 역사적 배경을 깔고 있지만 예수님에 관한 실제 역사적 사실들에 대한 기록은 아니라고 주장한다. 역사적 사실과 상관없이 복음을 전하기 위해 창작된 한편의 드라마로 본다. 그렇다면 과연 4복음서를 비롯한 신약성경은 예수에 관한 역사적 사실을 증거하는가? 아니면 의도적으로 창작된 드라마에 불과한 것인가? 이 질문에 대한 답을 보다 객관적인 잣대로 살펴볼 필요가 있다.

　신약성경의 역사적 신뢰성을 측정할 수 있는 좋은 방법은 무엇인가? 그것은 역사가들이 일반 역사에서 역사적 진실을 밝히는 방법과 기준을 그대로 사용하는 것이다. 일반 역사의 진의를 밝히는 방법들을 신약성경에 그대로 적용해 본다면 우리는 보다 객관적인 역사적 진실에 도달할 수 있을 것이다.

　필자는 본 장에서 신약성경의 역사적 신뢰성을 판단하기 위해서 일반 역사 판단의 기준들을 신약성경에 그대로 적용해 볼 것이다. 고대 문서에 대한 일반 역사의 판단 방법에는 문서의 저작시기, 원본과 사본간의 시간적 간격, 자료의 개수, 사건의 전승 과정, 그리고 원본의 편차 등이 있다. 또한 신약성경의 역사적 신뢰성을 보다 잘 이해하기 위해서 다른 종교의 경전들과 동·서양의 고대 문헌을 신약성경과 비교, 대조해 보고자 한다. 그래서 과연 어느 문헌이 최고의 역사적 신뢰성을 가지고 있는가에 대해 살펴보도록 하겠다.

이러한 연구를 위해서 필자는 첫째, 신약성경의 저술 연대를 제시하겠다. 둘째, 일반 종교 경전들과 신약성경의 역사성을 비교해 볼 것이다. 셋째, 동·서양의 고대 문헌과 신약성경의 역사성을 비교하고 대조해 보겠다. 넷째, 신약성경의 역사적 신뢰성에 대한 타당한 이유를 살펴보도록 하겠다. 이러한 객관적인 비교, 검증을 통해서 우리는 신약성경의 역사성에 대한 올바른 시각을 갖게 될 것이다.

1. 신약성경의 저술 연대

과연 신약성경은 언제 쓰인 문서인가? 예수님의 가르침과 생애를 기록한 4복음서는 언제 기록되어졌는가? 신약성경의 연대를 알아내는 방법은 그렇게 어렵지 않다. 이미 수많은 학자들이 여러 방면으로 연구해 놓았기 때문이다. 그렇지만 신약성경의 저술 연대를 설명하기 위해서는 복음주의(보수 포함)와 자유주의자(진보 포함)들의 견해 차이가 있음을 인정해야 한다. 신약성경의 저술 연대에 대한 두 진영의 견해 차이는 분명히 존재한다. 필자는 신약성경의 저술 연대에 대한 견해 차이를 소개한 후에 진보나 자유주의들이 일반적으로 수용할 수 있는 저작 연대를 설정하여 본 논의를 진행해 가고자 한다. 단 여기서는 복음서와 사도 바울의 서신서를 중심으로 살펴볼 것이다.

1) 보수주의 및 복음주의자들의 신약성경 저작 연대

신약성경의 저작 연대를 산정함에 있어서 보수적인 신학자들과 복음주의적인 신학자들 사이에도 연대 산정에 대한 약간의 이견이 있다. 왜냐하면 복음주의 신학자들은 상당히 다양한 시각을 갖고 있기 때문이다. 어떤 복음주의 신학자들은 보다 보수적인 입장을 지지한다. 반면에 다른 성향의 복음주의자들은 보다 진보적인 입장을 취하고 있다. 여기서는 보수적인 입장을 취하는 복음주의자들의 견해에 좀 더 무게를 두면서 저작 연대를 살펴볼 것이다.

(1) 복음서의 저작 연대

일반적으로 예수님의 생애를 가장 먼저 기록하였다고 알려져 있는 복음서는 마가복음이다. 마가복음은 언제 기록됐을까? 마가복음의 저술 시기를 AD 57-59년으로 보는 학자가 있고,[37] AD 60년에서 70년 사이라고 주장하는 이들도 있다.[38] 늦게는 AD 67년에서 69년 사이로 보는 학자도 있다.[39] 따라서 보수적인 학자들은 보편적으로 마가복음이 AD 70년 이전에 쓰였다는데 의견의 일치를 보인다.

마태복음은 언제 쓰였는가? 보수적 성경학자는 AD 50년경에 마태복음이 쓰였다고 본다.[40] 어떤 학자들은 AD 60년대 초반이라고 한다.[41] 다른 성경학자들은 AD 70년 이전에 마태복음이 쓰인 것이 확실하다고 한

---

37   John D. Grassmick, "Mark" in *The Knowledge Commentary*, ed. John F. Walvoord & Roy B. Zuck (Victor Books, 1983), 99.

38   Alan Cole, "Mark" in *New Bible Commentary*, ed. G. J. Wenham, J. A. Motyer, D.A. Carson, R.T. France (Downers Grove,: Inter-Varsity Press, 1997), 946.

39   D. A. Carson, Douglas J. Moo, & Leon Morris, "Mark" in *An Introduction to the New Testament*, (Grand Rapid: Zondervan, 1992), 98.

40   Louis A. Barbieri, Jr., "Matthew" in *The Knowledge Commentary*, 16.

41   R. T. France, "Matthew" in *New Bible Commentary*, 906.

다.[42] 이에 보수적 복음주의자들도 마태복음이 AD 60년에서 70년 사이에 쓰였다는 데 대체적으로 동의하고 있다.

누가복음의 저작 시기는 언제인가? 누가복음의 저술 시기를 AD 58-60년으로 보는 학자가 있다.[43] 어떤 학자들은 AD 60년에서 80년 사이에 쓰였다고 한다.[44] 다른 학자들은 AD 75년에서 85년 사이에 누가복음이 쓰였다고 주장한다.[45] 따라서 대부분의 보수적인 성경학자들은 누가복음이 AD 80년대보다 훨씬 이전에 쓰였다는 것에 의견을 같이한다.

요한복음은 언제 저술되었을까? 어떤 보수적 학자들은 요한복음이 AD 60년에서 65년 사이에 쓰였다고 한다.[46] 다른 학자들은 AD 85년에서 95년 사이에 저술되었다고 한다.[47] 그리고 다른 복음주의자들은 요한복음이 AD 80년에서 85년 사이에 써졌다고 보는 것이 가장 합리적이라고 주장한다.[48] 이에 따라 요한복음의 저술 연대에 대한 대체적인 견해는 AD 80년에서 90년 사이에 쓰였다고 보는 것이다.

그러므로 4복음서의 저술 연대에 대한 복음주의자들의 대체적인 견해를 요약해 보면, 마가복음은 60-70년대에 쓰였으며, 마태복음은 70년을 전후로 해서 쓰였다. 그리고 누가복음은 75년에서 80년 사이에 쓰였고, 요한복음은 AD 80년에서 90년 사이에 써졌다는데 대체적으로 동의하고 있다.

---

42   D. A. Carson, Douglas J. Moo, & Leon Morris, "Mark" in *An Introduction to the New Testament*, 77.

43   John A. Martin, "Luke" in *The Knowledge Commentary*, 199.

44   I. Howard Marshall, "Luke" in *New Bible Commentary*, 979.

45   D. A. Carson, Douglas J. Moo, & Leon Morris, "Luke" in *An Introduction to the New Testament*, 116-117.

46   Gary M. Burge, *The NIV Application Bible, John* (Grand Rapid: Zondervan, 2,000), 29.

47   Edwin A. Blum, "John" in *The Knowledge Commentary*, 268.

48   D. A. Carson, Douglas J. Moo, & Leon Morris, "John" in *An Introduction to the New Testament*, 167-168.

(2) 바울 서신서의 저작 연대

대체적으로 신약성경 중에서 사도 바울이 썼다고 알려진 서신서들은 13개 정도이다. 이 중에서 몇몇의 서신들은 자유주의 학자들로부터 바울의 저작을 의심받고 있다. 여기서는 사도 바울의 저작이 확실한 서신서들 중에서 대표적인 몇 권의 서신들만 선별해서 그 저작 연대를 알아보고자 한다.[49]

갈라디아서는 AD 48년경에 쓰였고,[50] 로마서는 AD 57년경에 쓰인 것으로 여겨진다.[51] 고린도 전서는 AD 55년경에 쓰였고,[52] 에베소서는 AD 58년에 쓰였다.[53] 또한 빌립보서는 AD 53년 또는 62년에 쓰였으며,[54] 데살로니가 전서는 AD 51년경에 기록됐다.[55] 여기에 언급된 바울 서신의 저작 연대는 복음주의 학자들뿐만 아니라 자유주의 학자들도 인정하고 있는 저작 연대이다.

---

49 필자는 신약성경의 전반적 연대에 대해서 기본적으로 보수 복음주의적 입장을 지지한다. 그리고 바울 서신들의 저작에 대한 자유주의적 학자들의 의심에 동의하지 않는다. 하지만, 자유주의자들도 인정할 수 있는 시각에서 논쟁하기 위해서 바울의 대표적인 서신서들만 간추려 보고자 한다.

50 D. A. Carson, Douglas J. Moo, & Leon Morris, "John" in *An Introduction to the New Testament*, 294.

51 위의 책, 242.

52 David W. J. Gill, "1 Corinthians" in *Zondervan Illustrated Bible Backgrounds Commentary*, ed. Clinton E. Arnold, (Grand Rapid: Zondervan, 2002), 101.

53 Clinton E. Arnold, "Ephesians" in *Zondervan Illustrated Bible Backgrounds Commentary*, 301.

54 Frank Thielman, "Philippians" in *Zondervan Illustrated Bible Backgrounds Commentary*, 343.

55 Jeffrey A. D. Weima, "1 Thessalonians" in *Zondervan Illustrated Bible Backgrounds Commentary*, 405.

보수적 복음주의 학자들의 신약성경 연대 추정		
신약성경	추정 연대에 대한 견해들	대체적인 추정연대
마가복음	AD 57–59년 AD 60–70년	AD 70년 이전
마태복음	AD 50년 AD 60–70년	AD 70년 이전
누가복음	AD 58–60년 AD 60–80년, 75–85년	AD 70년 또는 80년 이전
요한복음	AD 60–65년 AD 80–85년, 85–95년	AD 70–90년 사이
갈라디아서	AD 48년	AD 48년
고린도 전서	AD 55년	AD 55년
로마서	AD 57년	AD 57년
데살로니가 전서	AD 51년	AD 51년
에베소서	AD 58년	AD 58년
빌립보서	AD 53년 또는 62년	AD 53년 또는 62년

2) 자유주의자들의 신약성경 저작 연대 추정

신약성경 연구에 대한 진보적 성향 및 자유주의적 성향의 학자들 사이에서도 의견 차이는 존재한다. 그렇지만 자유주의자 학자들 대부분이 대략적으로 동의할 수 있는 연대 추정을 중심으로 살펴보겠다.

일반적으로 자유주의적 성향의 성경학자들은 마가복음의 저작 시기를 AD 70년을 전후로 쓰였거나, 70년 이후로 추정한다. 마태복음의 저작 연대는 대략 AD 80년경으로 산정한다. 누가복음은 대략 AD 80년에서 90년 사이로 생각한다. 요한복음은 AD 90년을 전후로 해서 써졌다고 추정한다.

또한 바울 서신들 중에서 사도 바울의 저작이 확실한 서신들에 대해서는 자유주의 학자들도 복음주의 학자들의 의견에 동의하거나 별반 차이를 보이지 않는다. 물론 극단적인 성향의 학자들은 본 논의에서 배제한다.

자유주의적 성향의 성경학자들의 신약성경 연대 추정	
신약성경	대체적 추정 연대
마가복음	AD 70년 이후
마태복음	AD 80년 경
누가복음	AD 80–90년 경
요한복음	AD 90년 전후
바울 서신들	복음주의 학자들과 비슷한 견해

보수 복음주의 학자들과 자유주의 학자들의 추정 연대 비교		
신약성경	보수 복음주의 학자들	자유주의 학자들
마가복음	AD 70년 이전	AD 70년 이후
마태복음	AD 70년 이전	AD 80년 경
누가복음	AD 70–80년 경	AD 80–90년 경
요한복음	AD 70–90년	AD 90년 전후
바울 저작 서신들	AD 48–65년 경	AD 48–65년 경

3) 신약성경 연대 추정에 대한 필자의 견해

우리는 신약성경 연대 추정에 대한 보수 복음주의 학자들과 자유주의 학자들의 견해에 대해서 개괄적으로 살펴보았다. 위에서 살펴보았듯이 신약성경의 연대 추정에 대한 복음주의자들과 자유주의자들의 견해 차이는 분명히 존재한다. 각 성경의 저술 연대에 대해서 10년에서 20년 정도의 차이를 보이기도 한다. 그러나 고대 문서의 연대 추정의 한계와 어려움을 고려하는 일반 역사적 잣대로 볼 때, 이 정도 차이점은 그렇게 크고 심각한 문제가 되지 않는다. 왜냐하면 그 정도의 시간 차이로는 신약성경의 문서적 진정성이 변화되었거나 왜곡되었다고 볼 타당한 근거가 없기 때문이다. 여기에 대한 이유는 다른 종교의 문서들이나 동 · 서양의 고대 문헌들의 저술 연대 산출을 살펴볼 때 자세히 설명할 것이다.

필자는 기본적으로 보수 복음주의 학자들의 견해에 동의한다. 그러나 신약성경의 역사적 신뢰성을 측정하는데 보다 포괄적인 논의를 위해서, 자유주의 학자들이나 일반 역사학자들 모두가 수용할 수 있는 성경 기록 연대를 고려해 보도록 하겠다.[56] 따라서 일반적으로 성경학자들이 받아들일 수 있는 신약성경 연대 추정은 다음과 같다고 할 수 있다. 마가복음은 AD 60-70년경, 마태복음은 AD 70-80년경, 누가복음은 AD 70-90년경에 쓰였다. 그리고 요한복음은 AD 80년대 또는 90년을 전후로 해서 문서로 써졌다고 볼 수 있다.[57] 사도 바울의 저작이 확실한 서신들

---

56 여기서 필자의 의도는 자유주의 학자들의 입장에 동의하는 것이 아니라, 그들의 대략적인 주장을 그대로 수용해도 신약성경의 신뢰성은 다른 고대 어느 문서들보다 더 신뢰성이 뛰어나다는 사실을 믿는다. 이런 의미에서 필자는 보다 효율적인 논의를 위해서 복음주의 입장과 자유주의 학자의 견해를 모두 수용할 수 있는 연대를 설정해 보고자 한다. 또한 한 가지 더 생각할 것은 비록 자유주의적 성경 연대 산정방식에 동의하는 학자들이라고 할지라도, 삼위일체 하나님과 성경이 하나님의 말씀임을 분명히 고백하는 학자들은 복음주의적인 입장에 속한다고 볼 수 있다. 필자의 견해로는 너무 필요 이상으로 복음주의 학자와 자유주의 학자를 구분할 필요는 없다. 단 여기서 필자가 자유주의자라고 하는 사람들은 예수님의 신성을 부정하고, 삼위일체 하나님을 부정하며, 성경이 성령 하나님의 감동으로 쓰인 하나님의 말씀임을 부인하는 학자들을 주로 지칭한다.

57 자유주의 학자들은 4복음서가 AD 70년 이전에 써졌다는 것에 반대한다. 그들이 복음서의 저작연대를 AD 70년 이후로 생각하는 주된 이유는 역사적 사실에 대한 증거들 때문이기보다는 그들의 무신론적 자연주의 세계관에 근거 하고 있다. 다시 말해서, 예수님은 공관 복음서에서 예루살렘 성전이 파괴될 것을 예언하였다(막 13:1-2; 눅 21:5-6; 마 24:1-2). 그 예언의 말씀대로 예루살렘 성은 AD 70년 로마의 티투스 장군에 의해서 멸망당하였다. 자유주의자들은 그 역사적 사건은 예수님의 예언의 성취가 아니라고 주장한다. 왜냐하면 그 예언은 예수님이 미리 예언하신 말씀이 아니라, 후대에 예루살렘의 멸망을 지켜보았던 예수의 제자들이 예수께서 예언하신 것처럼 꾸며놓은 삽입구에 불과하다고 생각한다. 따라서 공관 복음서들은 AD 70년 예루살렘 성전파괴 사건을 경험한 이후에 기록된 것이라고 추정한다. 그러나 이와 같은 주장은 단순히 현실세계에서 초자연적인 역사가 일어날 수 없다는 무신론적 자연주의 세계관에 근거를 두고 있다. 이 세상에 하나님은 존재하지 않으며, 예수님은 신적인 존재가 아니기 때문에 인간의 능력으로 볼 때, 예루살렘 성의 멸망을 예언할 수 없다는 입장을 고수한다. 그러나 하나님의 존재를 믿고, 예수님이 신적인 존재임이 사실이라면, 왜 예수님은 예루살렘 성의 멸망에 대해서 예언할 수 없겠는가? 또한 그 예

은 대략 AD 48년에서 65년 사이에 쓰였다고 볼 수 있다.

　여기서 우리는 몇 가지 사실만은 확실히 해 둘 필요가 있다. 첫째, 비록 필자가 백번 양보하여 자유주의 성향의 학자들의 견해를 수용한다고 하더라도, 이것은 보수적 성경학자들의 연대 산정이 자유주의 학자들의 이론보다 더 불합리하다거나 더 학문적이지 못함을 의미하지 않는다. 우리는 보수주의적인 성경학자들의 신약성경 저술연대 산정이 믿을 만하지 못하다는 생각이 편견임을 알아야 한다. 보수적 복음주의의 입장에 선 학자들은 자유주의적 입장을 취하는 학자들에 비해 결코 학문적 명성에서 뒤떨어지지 않는다. 자유주의 성향의 학자들과 복음주의 성향의 학자들은 각각 성경에 대한 견해가 다르다는 것으로 구분되는 것이지, 학문적인 능력에 있어서 격차가 난다는 것을 의미하지 않는다. 여기에 대해 영국 BBC 방송국의 '역사적 예수'에 관한 다큐멘터리에 직접 참여한 톰 라이트Nicholas Thomas Wright는 다음과 같이 균형 있게 언급하고 있다.

　일부학자들이 예를 들어 「마태복음」과 「누가복음」이 80년대 혹은 90년대에 기록되었다고 선언한다거나, 「요한복음」이 90-110년 사이에 기록되었다고 주장할 때마다, 이들의 자신감은 가히 숨이 탁 막힐 정도이다. 우리는 당시의 기독교가 어떤 모습을 하고 있었는지 전혀알지 못한다고 해도 과언이 아니다. 위에 언급된 학자들만큼이나 이 증거에 정통한 또 다른학자들은 「마가복음」이 최소한 70년 전에 기술되었으며 「마태복음」과 「누가복음」 역시 비슷한 시기에 저술되었을 것이라 주장한다.[58]

수님의 예언이 실제 인간의 역사 속에 성취될 수 없겠는가? 공관복음의 저술 연대를 AD 70년 이후로 설정하는 자유주의 신학자들의 기본 전제는 무신론적 자연주의 철학을 그 근간으로 하고 있다는 점을 주지할 필요가 있다.

58　톰 라이트, 예수, 이혜진 역 (서울: 살림, 2007), 141.

여기서 톰 라이트는 자유주의 학자들이나 복음주의 학자들의 주장이 입장과 시각의 차이일 뿐이지 학문적 능력이나 증거의 차이가 아님을 밝히고 있다.

둘째, 어떤 자유주의 학자는 보수적 성경학자의 입장에 동의하기도 한다. 예를 들어, 존 A. T. 로빈슨과 같은 권위 있는 학자는 『신약 강독』이라는 뛰어난 책에서 매우 놀라운 결론을 내리고 있다. 그는 자신의 연구를 통해서 신약 전체가 AD 70년에 있었던 예루살렘 멸망 이전에 쓰였다고 확신을 갖고 주장하였다.[59]

셋째, 도올의 4복음서 저작연대 설정은 자유주의 학자 중에서도 지나치게 극단으로 치우쳐 있다. 도올은 마가복음을 AD 70년경, 마태복음을 AD 80년경, 누가복음을 90년경, 그리고 요한복음을 AD 100년경으로 추정하고 있다. 그런데 여기서 누가복음의 연대와 요한복음의 저작 연대에 대한 설득력 있는 이유를 제시하지 않은 채, 너무나 지나치게 후대의 기록으로 산정하고 있다. 특히 요한복음의 저술 연대를 AD 100년경으로 산정하는데, 요한복음 기록 연대 산정에 대한 적합한 근거도 제시하지 않고 AD 100년경으로 단정하고 있다. 그는 요한복음의 저술 연대 설정에 대해서 단순히 다음과 같이 주장한다. "요한복음서의 저술 연대는 AD 100년 이전으로 거슬러 올라가기 어렵다."[60] 그는 이렇게 단정적으로 말하면서 이에 대한 정당한 학문적 근거들을 제시하지 않는다. 이러한 도올의 요한복음 연대 산정은 분명히 문제가 있다. 보수주의 성경학자들이나 자유주의 성경학자들이 대체적으로 산정하는 요한복음 기록 연대의 범위는 AD 55년에서 95년경으로 볼 수 있다.[61]

---

59 조시 맥도웰, 기독교변증 총서 1, 오진탁 외 2인 역(서울: 순출판사, 2006), 200.
60 김용옥, 기독교성서의 이해, 289.
61 D. A. Carson, *The Gospel According to John* (Grand Rapids: William B. Eerdmans

요한복음서 연구의 권위자이며, 북미의 뛰어난 성경학자인 D. A. 카슨_Carson 은 요한복음의 저술 연대를 AD 70년 이전으로 설정하는데 반대한다. 그 이유는 이른 연대 설정에 대한 정당한 근거들이 약하기 때문이다. 또한 카슨은 요한복음의 저술 연대를 AD 85년에서 95년 사이로 설정하는데도 반대한다. 왜냐하면, 늦은 연대 설정에 대한 설득력 있는 이유들을 제시해 주지 못한다는 것이다. 그는 요한복음의 저술 연대를 AD 70년 이전으로 설정하는 것과 85년에서 95년 사이로 추정하는 이론들 모두가 서로의 주장을 제압할 수 있는 설득력 있는 근거들이 없음을 밝힌다. 카슨은 요한복음의 연대에 대해 두 극단적 주장에 대한 중간적인 입장을 취하면서 요한복음이 AD 80년에서 85년 사이에 저술되었다고 보는 것이 가장 합리적이라고 주장한다.[62]

여기서 필자가 주장하고자 하는 것은, 드옴의 요한복음 저술 연대 산정(AD 100년)은 자유주의적 학자들 중에서도 너무나 극단적인 입장을 수용했다는 것이다. 그는 자신의 주장에 대한 합리적인 근거를 제시하지 않은 채, 가장 극단적인 입장을 단정적으로 선언해버린다. 이러한 태도는 합리성과 설득력을 추구하는 학문적인 자세와는 너무나 거리가 멀다고 말할 수 있다. 그가 산정한 요한복음의 저술 연대(AD 100년경)는 대부분의 학자들(보수와 자유)의 견해와는 거리가 있는 주장임을 알아둘 필요가 있다. 다시 말해, 그가 요한복음을 강해하는 모든 이론적 근거들은 요한복음의 저술 연대가 AD 100년경이라는 추측과 긴밀하게 연관되어 있음에도 불구하고, 그 연대 설정에 대한 설득력 있고 학문적인 근거를 제시하지 못한다는데 문제가 있다.

넷째, 사도 바울의 서신들 중에 아주 초기 기독교인들의 신앙 고백들

Publishing Company, 1991), 82.

62   위의 책, 82-87.

을 인용한 것들이 있다. 예를 들면, AD 53년 또는 62년에 기록된 것으로 보이는 '빌립보서' 중에서 2장 6-11절을 보라. 이 구절의 내용은 초기 기독교인들이 자신의 신앙을 고백할 때 사용했던 신앙고백 형태의 시에서 바울 사도가 인용을 한 것이다. 그 내용은 다음과 같다.

그는 근본 하나님의 본체시나 하나님과 동등됨을 취할 것으로 여기지 아니하시고 오히려 자기를 비워 종의 형체를 가지사 사람들과 같이 되셨고 사람의 모양으로 나타나사 자기를 낮추시고 죽기까지 복종하셨으니 곧 십자가에 죽으심이라 이러므로 하나님이 그를 지극히 높여 모든 이름 위에 뛰어난 이름을 주사 하늘에 있는 자들과 땅에 있는 자들과 땅 아래에 있는 자들로 모든 무릎을 예수의 이름에 꿇게 하시고 모든 입으로 예수 그리스도를 주라 시인하여 하나님 아버지께 영광을 돌리게 하셨느니라 (개역개정)

또한 AD 60-62년 사이에 기록되었다고 알려진 '골로새서'에서 1장 15-20절도 초기 기독교인들의 신앙고백을 담은 시를 사도 바울이 인용한 것이다.

그는 보이지 아니하는 하나님의 형상이시요 모든 피조물보다 먼저 나신 이시니 만물이 그에게서 창조되되 하늘과 땅에서 보이는 것들과 보이지 않는 것들과 혹은 왕권들이나 주권들이나 통치자들이나 권세들이나 만물이 다 그로 말미암고 그를 위하여 창조되었고 또한 그가 만물보다 먼저 계시고 만물이 그 안에 함께 섰느니라 그는 몸인 교회의 머리시라 그가 근본이요 죽은 자들 가운데서 먼저 나신 이시니 이는 친히 만물의 으뜸이 되려 하심이요 아버지께서는 모든 충만으로 예수 안에 거하게 하시고 그의 십자가의 피로 화평을 이루사 만물곧 땅에 있는 것들이나 하늘에 있는 것들이 그로 말미암아 자기와 화목하게 되기를 기뻐하심이라 (개역개정)

이것은 바울보다 훨씬 이전의 그리스도인들이 불렀던 찬양시였다. 그리고 바울 사도는 예수님에 관하여 자신이 인용하고 있는 내용들은 바울 자신이 만들어 낸 것이 아니라, 예수님을 직접 눈으로 목격한 예수님의 제자들로부터 직접 전해들은 이야기라고 진술하고 있다. 그는 고린도전서 15장 3절로부터 7절에서 이렇게 증언한다.

> 내가 전해 받은 중요한 것을 여러분에게 전해 드렸습니다. 그것은 곧 그리스도께서 성경대로 우리 죄를 위하여 죽으셨다는 것과, 무덤에 묻히셨다는 것과, 성경대로 사흘째 되는 날에 살아나셨다는 것과, 게바에게 나타나시고 다음에 열두 제자에게 나타나셨다고 하는 것입니다. 그 다음에 그리스도께서는 한 번에 오백 명이 넘는 형제자매들에게 나타나셨는데, 그가운데 더러는 세상을 떠났지만 대다수는 지금도 살아 있습니다. 그 다음에 야고보에게 나타나시고, 그 다음에 모든 사도들에게 나타나셨습니다. (표준새번역)

여기서 사도 바울은 자신이 전하는 이 예수님에 대한 이야기는 자기가 만들어 낸 것이 아니라 직접 예수님을 눈으로 목도한 사람들로부터 전해 받은 이야기라는 것을 밝힌다. 그리고 그 전해 받은 내용을 자신이 그대로 전했음을 주장한다. 이 사실을 보다 더 잘 이해하기 위해서는 역사적 배경을 좀 더 깊이 살펴볼 필요가 있다.

바울은 원래 사울이라는 기독교 핍박자였는데, AD 32년경 신비한 체험으로 예수님을 만난 후 기독교로 회심을 하였다. 그리고 35년경에 예루살렘에 있는 예수님의 제자들(사도들)을 만나러 가서 그들로부터 직접 예수님의 삶과 죽음, 그리고 부활에 대한 사실들을 전해 들었다. 그리고 그는 예수님이 죽은 후, 2-3년 내에 그리스도인들 중에서 이미 찬양시 형태로 존재해 있었던 신앙 고백들을 자신의 편지에 그대로 인용을 하고 있는 것이다.

이러한 사실들을 고려해 볼 때, 초기 기독교인들의 신앙 고백은 예수님의 죽음 이후에 불과 2~3년 안에 찬양시로 존재하고 있었고, 이것을 바울 사도가 약 20년 후에 자신의 편지에 그대로 인용하였던 것이다.

4) 정리

예수님의 생애를 기록한 4복음서와 바울의 서신들은 언제 기록되었는가? 여기에 대한 복음주의 학자들과 자유주의 학자들의 주장에는 견해 차이가 있다. 필자는 보수 복음주의 학자의 입장을 지지하지만, 자유주의적 입장을 수용해도 신약성경의 역사성을 충분히 입증할 수 있다고 믿는다. 따라서 필자는 논의의 편의성을 위해서 복음주의적 입장을 고려하면서도 자유주의 학자의 연대 산정을 대체적으로 수용하였다.

신약성경의 연대 산정에 있어서 대부분의 성경학자들이 수용할 수 있는 성경의 연대는 다음과 같다. 마가복음은 AD 60~70년경, 마태복음은 AD 70~80년경, 누가복음은 AD 70~90년경에 쓰였다. 그리고 요한복음은 AD 80년대 또는 90년을 전후로 해서 문서로 기록되었다고 말할 수 있다. 사도 바울의 저작이 확실한 서신들은 대략 AD 48년에서 65년 사이에 써졌다고 볼 수 있다.

이것은 예수의 십자가 죽음과 부활 이후 불과 30년에서 60년 사이에 4복음서가 거의 완전한 형태의 문서로 기록되었다는 것을 말해 준다. 여기서 우리가 반드시 생각해야 할 문제는 예수님의 생애에 대한 복음서의 기록이 예수님의 죽음 이후 약 30~60년 사이에 갑자기 기록되어진 것이 아니라는 점이다. 예수님의 말씀과 교훈 등이 쪽지 형태든지, 간단한 메모라든지, 기억, 구전 전승과 반복적 증거 등을 통해서 계속적으로 전승되어 오다가 그 시점에서 문자로 기록되었다는 것을 의미한다.

진짜 예수 도올의 잘못된 성경관 바로잡기(상)

또한 사도 바울의 서신들은 예수님의 죽음 이후 불과 18년에서 35년 사이에 기록되었다. 그뿐만 아니라 바울이 인용한 초기 기독교인들의 신앙 고백은 예수님의 죽음 이후 불과 2~3년 내에 초기 교회 내에 존재하고 있었던 신앙 고백이다.

	예수의 죽음 이후 신약성경 저술 완료 시기
바울서신들	사후 18~35년 사이 기록 완료
4복음서	사후 30~60년 사이 기록 완료
신약 전체	사후 18~60년 사이 기록 완료

우리는 1980년 5월에 일어난 '광주민주화운동'을 지금도 생생하게 기억하고 있다. 그날에 민주화에 대한 갈망은 군사정권에 의해 처참하게 짓밟혔고 수많은 사람들이 억울하게 희생당하였다. 필자가 중학생이었을 당시 광주민주화운동은 공산혁명을 일으킨 폭도들의 소행으로 국가 안보에 큰 위협이 되는 빨갱이의 반란으로 전해 들었다. 그러나 필자가 대학에 들어갔을 때, 광주지역 출신의 친구들로부터 보다 생생한 사건의 전모를 전해들을 수 있었다. 친구들의 증언과 낡은 화면으로 본 현장 비디오는 그날의 진실을 밝히기에 충분하였다. 만약 광주민주화운동에 대한 비디오 필름이 없다고 하였을지라도, 입에서 입으로 전해진 그날의 산 증언들은 역사적 진실이 밝혀지는 날까지 결코 사라지지 않았을 것이다. 필자의 친구들은 40여 년이 지난 오늘날까지도 그날의 처참했던 광경들을 생생하게 기억하고 있다고 한다.

예수님의 생애와 죽음을 기록한 복음서가 구전으로 전승되어오다가 문자로 기록된 시점이 약 40년 후, 광주민주화운동이 입에서 입으로 전해져 내려오다가 오늘에야 문자로 기록되거나 역사 드라마로 제작되는 것과 같은 시차 정도라면 쉽게 이해될 것이다. 예수님의 시대에는 오늘날처럼 비디오카메라가 없었기 때문에 그들의 비디오카메라는 입에서 입으로 전해 내려오는 구전 전승이었다. 특히 구약성경 전체를 암기해서 자녀들에게 전해 주었던 유대 사회의 독특한 구전 전승문화를 생각해 볼 때 그 정확성을 충분히 신뢰할 만하다 하겠다.

특히 역사적 예수와 그 예수님에 관한 바울의 문자기록까지 시차는 한국 사회에 일어났던 '6.10 민주화 운동'에 잘 비유된다. 그 민주화 운동은 1987년 6월 10일에 발생하였다. 필자가 대학생이었을 때, 필자도 그 역사적인 6.10 민주화 운동에 적극적으로 참여하였다. 필자의 옆에서 구호를 외치던 어느 대학생은 전경이 쏜 직격탄을 맞아 눈 주위에 피를 흘리며 쓰러졌다. 필자는 그 대학생을 등에 업고서 가까운 병원으로 달려가서 응급처치를 부탁하였다. 그 학생의 출혈로 인해 필자의 옷은 온통 피로 물들었다. 피 묻은 옷을 입고 전경들을 피해 도망치면서 '독재타도'를 외쳤던 그날의 긴박한 상황들을 필자는 지금도 생생하게 기억하고 있다. 필자에게 그 날의 급박한 순간들을 글로 적어보라고 하면 생생하게 적어낼 수 있다. 바울이 예수 사건에 대해서 증거하면서 문자로 기록하게 된 것이 예수님의 죽음 이후 18년부터였다. 그러니까 역사 속에 살았던 예수의 행적과 바울이 서신서를 통해 예수에 대해 남긴 문자 기록까지는 그 간격이 상당히 짧다. 이 기간은 오늘 필자가 6.10 민주화 운동을 되새겨보는 것보다 훨씬 더 짧다.

복음서와 바울의 서신서가 예수님을 직접 눈으로 목격했던 사람들이 여전히 살아있을 때 모두 완성되었다는 점을 감안한다면, 신약성경의 기록은 가히 상상을 초월할 정도로 역사성에 충실하다고 판단할 수 있다.

지금까지 서술한 사실들은 신약성경이 고대 문서들 중에서 가장 신뢰할 만한 역사성을 가지고 있다는 것을 잘 뒷받침해 주고 있다. 다른 종교 문서들과 동 · 서양의 고대 문헌들은 신약성경의 기록처럼 그렇게 짧은 구전전승의 기간을 가지고 있지 않다. 역사적 인물과 그 인물에 대한 문자기록의 간격이 신약성경만큼 짧은 고대 문서는 찾아보기 힘들다. 따라서 예수님에 관한 기록은 놀랄 만한 역사성을 가지고 있다고 평가할 수 있다.

2. 일반 종교의 경전들과 신약성경의 역사성 비교

신약성경의 역사적 신뢰성을 평가하기 위해서는 일반 종교의 경전들과 비교해 보는 것이 바람직하다. 과연 일반 종교의 경전들은 얼마나 역사적 신뢰성을 가지고 있을까? 일반 종교에서 각 종교의 창시자들의 가르침이 문자로 기록되기까지는 어느 정도의 시간이 걸렸을까? 우리는 이 문제를 살펴보기 위해서 단군신화, 조로아스터교의 경전, 불교의 경전, 이슬람의 경전 순으로 살펴보고자 한다. 단군신화는 종교 문서는 아니지만, 종교성이 내포되어 있다고 볼 수 있고, 우리 한국인들에게 너무나 익숙하기 때문에 본 논의에 포함시켜서 살펴보도록 하겠다.

1) 단군 신화

단군신화는 우리들에게 잘 알려져 있는 이야기이다. 단군신화를 믿는 사람들은 단군신화의 역사성에 대해 신뢰한다. 그렇다면 단군신화는 어느 정도의 역사적 신뢰성을 가지고 있는가? 단군이 나라를 세운 시기가 BC 2333년이다. 단군은 지금으로부터 약 4천 300여 년 전에 나라를 세운 인물이다. 이러한 단군에 대한 이야기가 구전 전승되다가 우리나라에서 문자로 기록된 것은, AD 1281년 일연 스님의 삼국유사를 통해서였다. 삼국유사에 나오는 단군신화는 일연 스님이 중국의 문헌인 고기

記와 위서魏書에 나타난 약간의 자료들을 바탕으로 하여 기록하였다. 따라서 단군이 나라를 세웠던 시기(BC 2333년)와 단군의 이야기가 삼국유사에 역사로 기록된 시기(AD 1281년)는 3,614년의 차이가 있다. 단군의 이야기가 입으로 전해져서 실제로 우리나라 역사에 수록되기는 3,614년 후에 이루어졌다.

한편 일연 스님이 인용한 중국 정사의 하나인 위서魏書는 AD 554년에 완성되었다. 따라서 단군에 대한 위서魏書의 기록은 단군이 나라를 세운 후 2,887년이라는 시간이 지난 후에 쓰인 것이다. 또한 단군에 대한 이야기를 기록하고 있는 고기古記의 경우(일연 스님의 조작품으로 추정하는 사람도 있긴 하지만) 일부 학자들은 일연 스님보다 1,200여 년 앞선 시기에 유포되었던 책으로 추정하기도 한다. 이러한 추정에 근거해서 생각해 볼 때 아무리 빠르게 기록 연대를 설정해 보아도 단군의 기록은 단군이 나라를 세운 후 2,414년이 지난 후에 기록되었다고 볼 수 있다.[63] 이것을 다시 한 번 정리하면, 실제로 단군이 생존해서 나라를 세웠던 시기와 그의 이야기가 입으로 전해져서 역사책에 기록된 시기는 최소한 2,400여 년의 차이가 있다. 비록 단군에 관한 역사적 기록이 단군이 나라를 세운 지 2,400년 후에 기록된 내용이라도 사람들은 이러한 기록이 어느 정도 정확하며, 역사적으로 가치가 있다고 믿는다.

2) 조로아스터교

조로아스터교를 창시한 사람은 조로아스터Zoroaster이다. 그의 본명은 자라투스트라 스피타마이다. 그는 독일 철학자 니체의 저서 『자라투스트라는 이렇게 말했다』에 나오는 주인공이기도 하다.[64] 그는 BC

---

63   Yahoo Korea 백과사전, "단군", "단군고기", "위서", "삼국유사"에서 인용.
64   오강남, 세계 종교 둘러보기 (서울: 현암사, 2003), 187.

60   **진짜 예수** 도올의 잘못된 성경관 바로잡기(상)

1400~1000년경에 살았던 인물로 추정된다.[65] 그는 나이 서른에 아후라 마즈다라는 유일신이 보낸 천사장을 만나 자신이 그 신의 예언자임을 알게 되었다. 그 후 그는 다른 다섯 천사장들로부터 진리를 전해 받았다고 한다. 그의 사상은 마침내 전 지역으로 퍼지게 되었다. 조로아스터교의 예배 가사는 BC 1000년경에 불렸다고 알려져 있다. 그 예배 가사에는 그 종교의 교리와 특성이 잘 나타나 있다. 그렇다면 조로아스터교의 예배 가사가 입에서 입으로 전달되어 문자로 기록된 시기는 언제인가? 그것은 AD 3세기경이다. 따라서 조로아스터의 사상이 구전되어 문자로 기록되기까지 최소한 1,000년 이상의 시간 간격이 존재한다고 볼 수 있다.[66]

3) 불교

불교의 창시자는 고타마 싯다르타이다. 그는 득도한 후에 부처 Buddha 가 되었다. BC 6세기에 살았던 부처의 가르침들 대부분은 AD 1세기에 기록되었다. 부처의 생애에 대해서도 수백 년 동안 입에서 입으로 전승되어 내려와서 마침내 AD 1세기에 최초의 완성본인 부처의 전기가 문서로 완결되었다.[67] 불교의 대표적인 경전은 일반적으로 세 바구니를 뜻하는 삼장三藏, Tripitaka 인데 이것은 지켜야 할 계율을 모아놓은 율장律藏, Conduct, 부처님의 설법을 담은 경장經藏, Discourse, 그리고 보충 교리들을 모은 논장論藏, Supplementary Doctrines 이라는 세 가지로 구성되어 있다. 이 세 가지 중요한 부처의 가르침을 담은 경전은 인도 최초의 통일

---

65   조로아스터의 출생에 대한 학자들의 견해는 다양하다. 어떤 학자는 조로아스터의 출생을 기원전 660년으로 보기도 하고 다른 학자들은 기원전 1,000~600년, 혹은 1400년에서 1000년 경 사이라고 주장하기도 한다.

66   리 스트로벨, 예수 사건, 111.

67   위의 책.

왕조를 건설한 아소카 왕_{Ashoka, BC 272-232} 때에 기록되었거나, 그보다 훨씬 후대에 기록되었다.[68] 따라서 부처의 가르침이 그의 제자들에 의해서 구전되었다가 문자로 기록된 것은 부처의 죽음 이후 최소한 230년에서 600년 사이에 이루어졌다.[69]

4) 이슬람교

이슬람교의 창시자는 무함마드_{Muhammad} 이다. 그는 AD 570년에서 632년까지 생존하였다. 무함마드가 40세 때 히라산의 동굴에서 개인적인 명상에 잠겼다가 천사로부터 계시를 받았다고 한다. 그가 천사로부터 계시를 받았을 때, 자신의 경험이 신으로부터 왔는지 아니면 악마로부터 왔는지 스스로 혼돈하였다고 한다.[70]

이슬람의 전통에 따르면 무함마드는 글을 읽고 쓸 줄 몰랐기 때문에 그의 말은 구두로 전달되었고 제자들과 동료들은 그의 가르침을 암기했

---

68 *The Buddhist Tradition in India, China and Japan*. Edited by William Theodore de Bary, (New York: Vintage Books, 1972), 14-15.

69 불교에서 부처의 가르침이 구전 전승되어 문자로 기록되어 가는 과정을 경전결집이라고 한다. 결집이라는 것은 완전히 암송과 구송에 의존하여 부처의 가르침을 정리해 가는 것을 말한다. 불교에서 부처의 가르침이 결집되어 가는 과정은 3단계로 나누어진다. 1차 결집은 부처가 죽은 후, BC 486년에 이루어지는데, 부처의 제자인 아난다를 중심으로 부처가 살았을 때 가르쳤던 것을 500명의 사람들에게 알려주고 암송하게 했다. 그때, 아난다는 "나는 이렇게 들었다. 부처가 어느 때 누구에게 어떤 말씀을 하셨다"는 말로 시작해서 부처에게 들은 이야기를 모든 사람들에게 되풀이해 주었다. 이렇게 부처의 가르침은 그의 제자들의 이해를 거쳐서 사람들에게 알려지게 되었다. 또한 제 2차 결집은 부처가 죽은 지 100년 후에 이루어졌고, 이 때 암송에 동참한 사람들은 700명의 비구들이었다. 제 3차 결집은 BC 250년경, 아소카 왕 재위 시에 이루어졌고, 이때서야 비로소 문자로 기록되어졌던 것이다. 이것은 부처가 죽은 후 230년이 지난 시기에 그의 가르침이 제자들의 이해와 구전 전승을 거쳐서 문자로 기록되었다. 그리고 대부분의 불교 경전들은 AD 1세기에서 2세기경에 완성되었다. 이것은 부처의 죽음 이후 600년의 시간이 흘러간 이후에 이루어졌음을 말한다.

70 Norman L. Geisler and Abdul Saleeb, *Answering Islam: The Cresent in Light of the Cross* (Grand Rapids: Baker Books, 2002), 159.

고 나중에 부분적으로 그의 말을 받아 적었다고 한다.[71] 그의 가르침 중 일부분은 종려나무 잎, 돌, 그리고 짐승의 어깨뼈 등에 기록되기도 했다.[72] 이러한 부분적인 기록들은 상당히 광범위한 지역에 부분적으로 퍼져 있었고, 그 내용도 상당한 차이점을 보이고 있었다. 이슬람의 제 2대 지도자인 우마르Umar 가 구전 전승과 부분적인 기록들을 수집하게 하였다. 그리고 제 3대 지도자인 우스만Uthman 이 무함마드의 신임을 받았던 자이드Zayd ibn Thabit 라는 인물로 하여금 구전 전승과 부분적 기록들을 한 권의 책으로 편집하게 하였다.[73] 우스만이 코란을 한권으로 편집하고자 하였던 중요한 이유 중의 하나는 무함마드의 가르침을 담은 구전 전승과 부분적 기록들에 상당한 차이점이 있어서 앞으로 교리적 혼란이 생길 것을 염려하였던 것이다. 무슬림의 신앙에 따르면, 코란은 무함마드가 알라 신으로부터 문자 그대로 신의 뜻을 계시 받은 것으로 믿어진다. 따라서 코란은 문자 하나하나가 다 신의 절대적 계시에 의해서 주어진 것으로 전혀 오류가 없다고 믿었다. 그런데 그러한 코란의 전승이 다양하였으며 심지어 상호 모순적인 내용도 존재하였다. 기록 당시에도 이런 점이 문제가 되었다. 그래서 우스만은 다양한 전승의 내용을 통일시켜서 한 권의 책으로 편집하려 하였다.[74] 이것은 무함마드의 죽음 이후 약 20년이 지난 때에 해당한다. 여기서 간과할 수 없는 사항은 우스만이 부분적인 파편들을 모아서 한 권의 책으로 편집하기 전에 코란은 신약성경의 경우처럼 완성된 한 권의 책으로 존재하지 않았다.

---

71 Bruce Bickel and Stan Jantz, *Guide to Cults, Religions, & Spiritual Beliefs* (Eugene: Harvest House Publishers, 2002), 76.

72 안점식, 세계관과 영적전쟁 (서울: 죠이선교회출판부, 1998), 269.

73 Norman L. Geisler and Abdul Saleeb, *Answering Islam: The Cresent in Light of the Cross*, 91-93.

74 위의 책.

또한 예수님의 생애를 기록한 신약의 4복음서와 같은 양식으로, 무함마드의 생애를 기록한 무함마드의 전기는 AD 767년에 쓰였다. 이것은 무함마드가 죽은 후 약 135년이 지나서야 그의 전기가 문서로 기록되었다는 것을 의미한다.[75]

그러면 무함마드의 평소 생활과 가르침, 여러 가지 교훈들을 묶어 놓은 경전 '하디스'[Hadith]는 어떨까. 하디스에는 '나는 그 선지자로부터 이런 상황에서 이런저런 이야기를 들었다'라는 내용들이 주로 나온다. 무함마드의 가르침과 교훈들을 묶어놓은 하디스는 이슬람 교인들의 평소 생활에 중요한 교본이 된다. 이슬람인의 생활 규범이 되는 이 하디스는 언제 쓰였고 편집되었는가? 그것은 무함마드가 죽은 지 200년이 지나서야 알북하리[Al-Bukhari]와 무슬림[Muslim]에 의해서 최초로 쓰였고 편집되었다. 그 후 수백 년에 걸쳐서 그 내용은 계속적으로 다듬어지게 되었다.[76]

표면적으로 보기에는 코란의 문자기록이 비교적 이른 시기에 이루어졌다고 볼 수 있다. 그런데 문제는 기독교보다 약 600년 후에 생겨난 이슬람교가 그 종교의 중요한 개념 중 상당 부분에 유대교와 기독교 그리고 이방 종교에 이미 나온 것들을 활용하고 있다는 사실이다.[77] 사실 코란의 내용 중에서 약 70% 정도가 성경적 주제들, 즉 창조, 타락, 홍수, 천사, 지옥, 사람의 부활 등의 내용을 다루고 있다.[78] 그리고 성경의 정보와 비슷한, 수많은 사건들이 기록되어 있다.[79] 예를 들어, 코란에는 예

75 리 스트로벨, 예수 사건, 111.

76 Mark A. Gabriel, *Jesus and Muhammad: Profound Difference and Surprising Similarities* (Lake Mary: Charisma House, 2004), 220-222.

77 Norman L. Geisler and Abdul Saleeb, *Answering Islam: The Cresent in Light of the Cross*, 161.

78 피터 바이어하우스, 현대선교와 변증, 이선민 역 (서울: CLC, 2004), 211.

79 Bruce Bickel and Stan Jantz, *Guide to Cults, Religions, & Spiritual Beliefs*, 84-85.

수님에 관련된 신약성경 인용이 48번이나 나온다.[80] 따라서 무함마드는 당시 잘 알려진 유대교와 기독교 그리고 이방 종교의 사상을 인용하였거나 응용했다고 볼 수 있다. 바로 이런 의미에서 그리스정교회의 신학자들은 이슬람교를 새로운 이단이라고 간주하였다.[81]

그뿐만 아니라 우스만 때 편집된 코란은 현대 고고학에서 발견된 다른 코란들과 상당한 차이점을 보이고 있다. 초기 코란 문서에는 있는 내용이 오늘날 코란에는 없는 것이 제법 있다. 이것은 당시 존재하였던 여러 가지 유형의 내용 중에서 우스만이 한 가지 유형만 선택하였다는 것을 말해준다. 또한 이러한 사실은 무함마드의 가르침이 정확히 현재 사용 중인 코란에 그대로 전달되지 않았음을 방증해 주는 것이다. 실제로 현재 모든 무슬림이 다 동일한 코란을 사용하지 않는다는 점을 주목할 필요가 있다. 몇몇 다른 내용의 코란이 사용되고 있다.[82] 이것은 무엇을 말해 주는 것인가? 비록 무슬림은 코란이 '문자 그대로 알라의 계시가 무함마드를 통하여 전달된 것'이라고 믿고 있지만, 코란의 다양한 내용과 서로 상충하는 면이 존재한다는 것은 '코란이 문자 그대로 알라의 계시로 완벽하다는 점'에 큰 의문을 던져주고 있다.

5) 정리

위에서 살펴보았듯이, 대부분의 종교 경전은 실제 역사적 인물과 그 인물에 관한 이야기가 문자로 기록되기까지 상당한 시간적 차이를 보인다. 단군신화에 의하면, 단군이 생존해서 나라를 세웠던 시기와 그의 이

---

80 Mark A. Gabriel, *Jesus and Muhammad: Profound Difference and Surprising Similarities*, 236-238.
81 피터 바이어하우스, 현대선교와 변증, 211.
82 Norman L. Geisler, "Qur'an, Alleged Divine Origin of" *In Baker Encyclopedia of Christian Apologetics* (Grand Rapid: Baker Books, 1999), 623.

야기가 입으로 전해져서 역사책에 기록된 시기까지 최소한 2,400여 년의 차이를 보인다. 조로아스터교에서, 조로아스터의 사상이 구전되어 문자로 기록되기까지 최소한 1,000년 이상의 시간 간격이 존재한다. 불교에서 부처의 가르침이 그의 제자들에 의해서 구전되었다가 문자로 기록된 것은 부처의 죽음 이후 최소한 230년에서 600년 사이에 이루어졌다. 그리고 이슬람교의 경전은 약 20년에서 200년의 시간 차이를 보인다. 무함마드의 가르침이 코란으로 편집되는 데는 20년, 무함마드의 전기 기록은 135년의 시간이 필요하였다. 그리고 이슬람의 하디스 경전이 편집되기까지는 약 200년의 시간차이가 필요하였다.

이와 같이 실제인물과 그의 가르침이 문자로 기록되기까지는 상당한 시간차가 존재한다. 앞에서 살펴보았듯이, 신약성경의 기록은 예수님의 죽음 이후 약 18년에서 60년 사이에 문자로 완성되었다. 이러한 점에서 단군신화의 2,400년, 조로아스터교의 1,000년, 불교의 230~600년, 이슬람의 20~200년의 시간차와 비교해 볼 때, 신약성경이 현저히 짧은 구전전승 기간을 가지고 있다는 것을 알 수 있다. 이러한 사실은 성경의 역사적 탁월성을 잘 뒷받침해 준다.

각 종교	종교 창시자 죽음 이후 저술 완료 시기 비교
단군신화	약 2,400년 이후 저술 완료
조로아스터교	약 1,000년 이후 저술 완료
불교	약 230~600년 사이 저술 완료
이슬람교	약 20~200년 사이 저술 완료
기독교	약 18~60년 사이 저술 완료

진짜 예수 도올의 잘못된 성경관 바로잡기(상)

3. 동·서양 고대문헌과 신약성경의 역사적 신뢰성 비교

우리는 앞에서 신약성경의 역사적 가치를 알기 위해서 다른 종교들과 신약성경의 저술 시기에 대해서 살펴보았다. 이제 우리는 동양과 서양의 고대 문헌들의 역사성을 검토해 보겠다. 동·서양의 고대 문헌과 신약성경의 역사성을 비교, 검토해보는 것은 신약성경의 역사성을 이해하는데 큰 도움이 될 것이다. 이를 위해서 필자는 첫째, 중국 고대 문헌들의 역사성을 살펴보도록 하겠다. 둘째, 고대 헬라의 철학자들과 로마 역사가들의 문헌에서 역사성을 검토하도록 하겠다.

1) 중국 고대 문헌들의 역사성에 대한 탐구

중국의 고대 문헌들은 참으로 방대하다 할 수 있다. 필자는 방대한 중국 문헌들 중에서 대표적 문헌이라고 할 수 있는, 사마천의 공자세가와 논어, 노자의 역사성을 중심으로 살펴보고자 한다.

(1) 사마천의 「공자세가」

예수님의 생애에 관한 전기가 4복음서라면, 공자의 생애에 관한 전기는 사마천의 「공자세가」이다. 도올에 따르면, "「공자세가」는 공자의 생애에 관한 기술로서는 최초의 문헌이며, 유일한 문헌"[83]이다. 공자의 생애에 관한 유일한 책인 사마천의 「공자세가」는 언제 쓰인 책인가? 공자의 죽음 이후 어느 정도의 세월이 흘렀을 때 공자의 전기가 쓰였을까?

이 질문에 대한 답은 어렵지 않게 알 수 있다. 공자는 BC 552∼479년에 존재하였던 인물이다. 공자의 죽음(BC 479) 이후 공자의 생애가 역

---

[83] 김용옥, 기독교성서의 이해, 187.

사가 사마천에 의해 완성되었던 시기는 BC 104~91년경이다. 그러니까 공자의 생애가 복음서 형식으로 갖추어진 것은 그가 죽은 후 최소한 375년 이후에 이루어졌다. 여기에 대해서 도올은 『도올 논어(1)』에서 다음과 같이 주장한다. "사마천이 孔子_{공자}의 정통적 전기를 집필한 것이 공자가 죽고난 후 꼬박 400년 후의 사건이다."[84] 중국 고전의 전문가인 도올의 주장이 사실이라면, 공자의 전기는 그가 죽은 지 약 400년 후에 완성되었다. 그런데 사람들은 이 문헌을 통해서 공자의 생애와 그에 대한 역사적 사건들을 파악한다.

도올은 그의 책 『기독교성서의 이해』를 통하여 사마천의 「공자세가」에 소개된 공자의 모습이 역사적 실상에 가까운 모습인가에 대한 논란이 있음을 밝힌다. 그럼에도 불구하고, 그는 사마천이 「공자세가」를 통해서 역사적 공자에 관한 충실한 전기를 썼다고 평가한다. 도올은 다음과 같이 주장한다.

> 사마천이 그린 공자의 모습이 과연 역사적인 실상에 가까운 공자의 모습인가에 관하여서는많은 논란이 있다. 「공자세가」를 구성하는 단편자료들 사이의 중복, 모순, 불일치, 시대적 배열의 문제점들이 수없이 발견되기 때문이다. 그러나 사마천이 그리려고 하는 **공자는 역사적으로 실존했던 한 인간의 충실한 전기적 구성이다.** 그러나 마가는 애초부터 그런 식으로예수를 바라보지 않는다. 앞서 내가 복음서의 예수를 바울의 법신적 예수에 비하여 색신_{色身}적 예수라고 말했지만, 이 색신이라는 것도 **사마천이 공자를 바라보는 것과도 같은 역사적 인물로서의 색신을 말하는 것은 아니다.** (굵은 글씨, 필자 강조)

---

84 김용옥, 도올 논어[1] (서울: 통나무, 2000), 20.

진짜 예수 도올의 잘못된 성경관 바로잡기(상)

여기서 그는 사마천의 「공자세가」가 공자의 생애에 관해서 비교적 역사적인 충실성이 있는 것으로 평가하고 있다. 그에 반해 예수님의 사후 약 30~40년 이내에 기록된 마가복음의 역사성에 대해서는 의심하는 뉘앙스_{경향}를 보이고 있다.

그런데 도올이 『도올 논어(1)』에서는 「공자세가」에 대해 전혀 다른 평가를 내리고 있다. 그는 「공자세가」에 나타난 공자의 이야기는 결국 역사적 사실을 기술한 것이 아니라, 역사적 가치가 없는 한편의 소설이라고 주장한다. 그의 주장을 들어보자.

> 나의 결론은 매우 진솔하다. 墨孟_{묵맹}으로부터 사마천의 「공자세가」에 이르는 모든 공자에대한 이야기가 결국 小說_{소설}이라는 것이다. 小說_{소설}을 놓고 정밀한 역사적 사실을 論究_{논구}한다는 것 자체가 참으로 우매한 짓이다…그것은 어차피 小說_{소설}이기 때문에 너무도 小_소해서 아무렇게나 말해도 되는 說_설인 것이다. 사마천의 「공자세가_는 孔子_{공자}에 관하여 최후로 쓰여진 장편 소설이다. 그 이전의 모든 단편소설을 묶어 장편으로 편집한 것이다. 물론 장편소설을 쓰는 가운데 사마천의 케리그마_{선포}가 개입되었을 것이다.그리고 그것은 향후의 모든 공자논의의 조형이 되었다. 그것은 최후의 장편소설이며 최초의장편소설인 것이다.[85] (한자음, 강조 필자 첨가)

사마천의 「공자세가_는 어떠한 경우에도 사실로 간주될 수 없다. 그것은 우리에게 해석을 요구하는 하나의 자료일 뿐인 것이다. 「공자세가」의 기술이 역사적 사실과 합치될 수 없다는 것은 이미 崔述_{최술, 1740~1816}의 『洙

85　위의 책, 29.

泗考信錄』수사고신록이 낱낱이 밝힌 것이다.[86] (한자음, 강조 필자 첨가)

위의 인용문에서 도올은 분명히 「공자세가」에 기술된 공자는 역사적 사실을 논할 수 없는 소설에 불과하다고 강조하고 있다.

그러나 도올은 『기독교성서의 이해』에서는 「공자세가」에 대해서 "역사적으로 실존했던 한 인간의 충실한 전기적 구성이다"라고 상반된 주장을 하고 있다. 여기서 그는 마치 마가의 기록이 역사성이 결여되어 있는 것처럼 묘사하면서, 상대적으로 사마천의 「공자세가」는 역사성에 충실한 것처럼 주장한다. 도올은 왜 「공자세가」에 대해 역사적 가치성을 부여할 수 없는 줄 잘 알면서도 마치 역사성에 충실한 것처럼 포장해서 말하는 걸까? 그 이유는 '복음서의 역사적 가치를 의도적으로 낮추려는 도올의 의도이지 않은가'하고 합리적으로 추론할 수 있다.

예수의 죽음 후 30~40년경에 쓰인 예수님의 전기인 『마가복음』과 공자가 죽은 후 400년이 지난 시점에 쓰인 사마천의 「공자세가」의 역사성을 비교해 본다면 과연 어느 것이 더 역사적 사실에 충실하다고 평가할 수 있겠는가? 공자의 생애를 기록한 「공자세가」는 단 하나의 기록만 존재하지만, 예수의 생애를 기록한 전기는 마가복음 외에도 마태복음, 누가복음, 그리고 요한복음이 있다. 그 네 가지 복음서의 기술 양식은 각기 다르지만, "예수가 하나님의 아들"임을 증거하는 것에는 일치됨을 보이고 있다. 이러한 객관적인 사실을 고려해 볼 때, 마가복음과 공자세가의 역사성에 대해서 우리는 어떤 판단을 내릴 수 있겠는가? 신중히 생각해 보라! 여기에 대한 해답을 도올 자신이 그의 책 『도올 논어(1)』를 통해 이미 제시해 주고 있다. 그의 해답을 들어보자.

---

86 위의 책, 29.

사마천이 孔子공자의 정통적 전기를 집필한 것이 공자가 죽고 난 후 꼬박 400년 후의 사건이다. 생각해보자! 陝西섬서 夏陽하양의 사람이 400년 전의 山東산동 曲阜곡부의 어느 大漢대한의 이야기를 세밀하게 집필한다고 하자! 어떠한 사료에 어떻게 근거하든지 간에 400년 전에 살았던 한 인간의 삶의 이야기를, 태어나서 죽을 때까지 편년체로 세밀하게 기록한다는 것이 어떠한 경우에도 사실 그 자체일 수 없다는 것은 너무도 명백하다.[87]

그의 말대로 사마천의 「공자세가」는 역사적 신뢰성이 결여되어 있다고 평가할 수 있다.

(2) 논어論語

논어에는 공자의 말씀과 대화가 들어 있다. 전통적으로 논어는 공자가 가르침을 주었고, 그의 제자들이 그 말을 듣고 배웠으며, 그 공자의 가르침이 공자 제자의 제자들에 의해서 후대에 기록되었다고 알려져 있다. 그런데 논어論語에 대한 도올의 이해는 좀 더 급진적 성향을 보이는 것 같다. 도올에 따르면, 논어는 공자의 말씀을 그의 직전 제자들이 암기하여 문자로 기록해 놓은 것이 아니라, 오랜 세월에 걸쳐서 공자의 후대 학파들이 다양한 전승을 모아서 편집한 것이라고 한다. 그의 주장을 직접 들어보자.

『논어』 그 자체가 공자의 삶의 직접적 전달이 아니라는 것이다. 공자가 직접 쓴 것도 아니고, 공자의 직전 제자들이 편찬한 것도 아니라는 것이다. 그것은 공자 사후에 오랜 세월에걸쳐 공자문인들의 다양한 류파에

---

87 위의 책.

의하여 성립한 단편들이 집적된 것이다. 그렇다면 『논어』가 『세가』나 여타문헌에 비해 그 오리지날리티를 보장받을 수 있는 근거가 매우 희박해진다. 어찌 『논어』만이 공자의 진실한 모습을 전달한다고 호언할 수 있단 말인가? 『논어』도 공자가 죽은 후 삼사백년 후에 날조된 것이라고 한다면?[88]

위에서 언급된 도올의 주장이 옳다면, 공자의 가르침을 모아놓은 논어도 역사적 신뢰성이 높다고 말하기 어렵게 된다. 논어의 정체성과 역사적 신뢰성에 대하여 도올은 다음과 같이 확신 있게 주장하고 있다.

『논어』는 분명 공자 사후에 제자들의 활약으로 분기되어나간 여러 학파들의 전승, 또 孔子공자를 흉내내는 유사집단들에게 화제가 된 전승 등을 통하여 오랜 시간에 걸쳐 집적된 것이다.[89]

위 도올의 주장과 같이, 논어는 공자의 가르침을 받은 제자들에 의해 오랜 시간 동안 구술로 전승되면서 한 권의 책으로 구성되었다고 볼 수 있다. 우리는 논어의 서술방식과 호칭 등을 통해서 논어는 공자의 직제자에 의해서 쓰인 것이 아니라, 후대의 제자들에 의해서 그 가르침이 편집되었다는 것에 충분히 동의할 수 있다. BC 300년 이전의 문헌으로 추정할 수 있는 논어의 죽간竹簡이 발견된 점으로 미루어 보아,[90] 논어는 공자의 사후 150~300년 사이에 집적되었다고 추정할 수 있다.

---

88 위의 책, 48.
89 위의 책, 49.
90 위의 책, 55.

진짜 예수 도올의 잘못된 성경관 바로잡기(상)

(3) 노자도덕경 老子道德經

노자도덕경의 저자는 누구이며, 언제 써졌는가? 중국학에서도 여기에 대한 해답을 명확하게 제시해 줄 수 없다. 왜냐하면, '노자도덕경'이라는 책 이름 자체도 이 책의 원래 이름이 아니라고 한다.[91] 또한 이 책의 저자가 한 사람이었는지 아니면 여러 사람이었는지에 대해서도 논란이 있다. 그리고 사마천의 사기史記에 나오는 노자열전老子列傳에서조차 노자가 누구인지에 대해서 확실히 말하지 못하였다.[92] 따라서 노자도덕경의 저자가 누구이며, 언제 저술되었는가에 대해 명확히 알 수 없다.

오늘날 우리가 보고 있는 노자도덕경은 AD 242년경에 중국학자 왕필(왕삐)에 의해서 변형되었고 인위적으로 편집된 책이다. 왕필에 의해 편집된 오늘날 사본을 왕본王本이라 한다. 여기에 대해서 도올은 다음과 같이 주장한다.

> 우리가 현재 『노자도덕경』이라고 부르는 것은 일단 왕필이라는 어린, 그렇지만 만고의 걸출한 사상가의 손에서 변형된 텍스트이며, 대강 우리의 『노자도덕경』의 이해의 틀도 왕필의 玄學的현학적 분위기 속에서 이루어지지 않을 수 없다는 대전제를 확실히 고백하지 않을 수 없다.[93]

오늘날의 도덕경王本은 고대 다른 사본의 노자 도덕경과 상당한 차이를 보인다. 그렇다면 어느 정도의 내용상 차이를 보이는 것일까? 1974년 초에 발굴된 '백서'帛書와 비교해 볼 때, 약 80% 정도가 일치하

---

91   김용옥, 노자와 21세기[1] (서울: 통나무, 2003), 85.
92   위의 책, 86.
93   위의 책, 96.

고 20% 정도는 내용이 다르다.[94] 그뿐만 아니라 노자도덕경의 또 다른 사본인 '간본'簡本의 장절章節의 체계가 오늘날 도덕경과 크게 다르며, 문자 표현방식이 다르다는 점을 감안하면 '간본'簡本 자체도 여러 다른 전승이 모여서 편집되었다고 볼 수 있다.[95]

이렇게 노자도덕경의 사본인 왕본王本, 백서帛書 그리고 간본簡本의 차이점을 면밀히 고려해 볼 때, 노자도덕경은 최소한 20%-30% 정도가 그 내용이나 표현 방식에서 차이점이 존재한다고 말할 수 있다. 이로써 노자도덕경이 중국의 문헌학상 단행본으로서 가장 적은 분량에 속한다는 사실을 감안한다면, 노자도덕경의 사본은 내용상 상당한 차이점이 있다고 말할 수 있다.[96] 이와 같은 사실 때문에 도올은 노자도덕경에 대해서 다음과 같이 추론적인 입장을 견지하고 있다.

> 孔子공자와 동시대쯤에, 老子노자라고 하는 어떤 X의 역사적 인물이 있었고, 그 인물이 단일 저작물로써 『老子』라는 책을 썼다고 한다면, 그것은 오늘날의 『老子』와는 다른 모습이면서도, 그 배태를 형성하는 매우 질박한 사상형태였을 것이다. 그것은 오늘날과 같은 현묘한 형이상학적 인식론의 체계나, 지나친 정치철학적 주장이나, 유가철학이나 他諸家타제가에 대한 명백한 비판의식을 수반하는 것이 아닌 질박한 내용의 것이었다는 것이다. 그것이 한 이·삼백년 동안의 첨삭을 거치면서 발전하여 전국말기쯤에는, 오늘 우리가 보는 今本금본과 상응되는 새로운 프로토타입으로 되었을 것이라는 것이다.[97]

---

94 위의 책, 88.
95 위의 책, 91-92.
96 김용옥, 노자철학 이것이다 (서울: 통나무, 2000), 142.
97 김용옥, 노자와 21세기[1], 92-93.

위의 말은 무슨 뜻인가? 노자라는 사람이 그 책을 썼다고 하더라도 오늘날의 노자도덕경의 내용과는 상당한 차이를 보이며, 그 책의 내용은 200~300년 동안 계속해서 첨가되고 삭제되면서 오늘날의 노자도덕경으로 나타났다는 것을 말하고 있다. 이것은 역사적 인물로서 노자의 사상이 오늘날까지 온전히 보존되고 전달되지 않았음을 명백하게 말해주고 있다.

2) 고대 헬라 세계와 로마 역사 문헌들에 대한 역사성 탐구

서양의 고대 헬라세계의 역사와 로마의 역사 문헌을 고찰하는 것은 신약성경의 신뢰성을 판단하는데 있어서 매우 유익하다. 이를 위해서 필자는 고대 헬라세계의 통일을 이룩한 알렉산더 대왕_{Alexander the Great}에 대한 역사 기록과 로마의 황제들에 대한 역사 기록을 중심으로 살펴보겠다.

(1) 알렉산더 대왕 Alexander the Great, BC 356~323

알렉산더 대왕은 10년이라는 짧은 기간에 방대한 헬라세계를 이룩하였다. 그가 정복한 지역은 "아시아와 시리아, 이집트, 바빌론, 페르시아, 사마르칸트, 박트리아와 인도 서북부 인더스강 유역까지 포괄하는 방대한 영역이었다."[98] 알렉산더 대왕의 정복으로부터 시작된 헬레니즘 시대_{the Hellenistic Period}는 서양 문명의 토대와 산실이 되었다. 도올도 그의 책 『기독교성서의 이해』를 통해 알렉산더 대왕의 정복으로 수립된 헬레니즘 문명과 알렉산더 대왕의 행적에 대해서 비교적 자세히 다루고 있다.[99]

그렇다면 도올을 비롯한 모든 역사가가 알렉산더 대왕의 업적에 관

---

98 김용옥, 기독교성서의 이해 (서울: 통나무, 2007), 40.
99 위의 책, 39-43.

해 기술할 때, 알렉산더 대왕의 생애에 관한 정보를 어디에서 찾아내는 가? 그들은 대부분 아리안과 플루타르크의 전기 기록에 의존한다. 그러면 그 전기는 언제 기록되었는가? 알렉산더 대왕의 전기는 알렉산더 대왕이 죽은 지 약 400년이 지나서야 기록되었다.[100] 알렉산더 대왕의 일생에 관한 최초의 전기는 BC 323년에 알렉산더가 죽고 약 400년이 지나서 아리안과 플루타르코스에 의해서 쓰였다. 그런데 놀랍게도 현대의 역사가들은 일반적으로 그 기록이 신뢰할 만하다고 여기고 있다. 물론 도올도 400년 후에 기록된 그들의 전기에 의존해서 헬라 역사를 서술하고 있다.

(2) 로마의 황제들

로마 황제들에 대한 기록은 언제 쓰였는가? 로마 황제들에 관해서 기록한 대표적인 역사가는 코넬리우스 타키투스Cornelius Tacitus, 수에토니우스Suetonius, 그리고 디오 카시우스Dio Cassius 등이 있다. 이들이 로마 황제의 생애에 관해서 기술할 때, 황제의 당대와 역사가들의 기록 시기까지 시차는 얼마나 되겠는가? 로마의 황제들 중에서 줄리어스 시저Julius Caesar와 아우구스투스Augustus, 그리고 티베리우스Tiberius에 대해서 살펴보도록 하겠다.

① 줄리어스 시저와 아우구스투스

줄리어스 시저는 BC 100년에 출생해서 BC 44년에 죽었다. 그는 로마 제국의 기초를 닦은 인물로 로마 제국의 첫 번째 황제가 되었다. 시저에 관한 로마 역사가들의 기록은 언제 써졌는가? 로마 역사가 타키투

---

100 리 스트로벨, 예수사건, 111.

스와 「로마의 열두 황제들의 전기」The Twelve Caesars 를 쓴 수에토니우스는 시저의 생애와 업적을 AD 110년에서 120년경에 책으로 기록하였다. 따라서 그들의 기록은 줄리어스 시저가 죽고 약 150년 후에 완성됐다. 또 다른 로마 역사가인 디오 카시우스의 기록은 더욱더 후대에 쓰였다. 디오 카시우스는 AD 230년경에 방대한 로마사 80권을 저술하였다. 시저에 관한 디오 카시우스의 기록은 시저가 죽고 약 270년 후에야 저술됐다.[101]

이 세 로마 역사가의 기록에 따르면, AD 14년에 죽은 아우구스투스에 대한 기록도 사후 약 100년 또는 200년이 지나서야 기술됐다. 이것이 오늘날 우리가 보는 그에 관한 유력한 역사 기록으로 남아 있다.

② 티베리우스

티베리우스 황제는 예수 당대의 로마 황제였다. 그는 AD 14년에서 37년까지 로마를 다스렸다. 티베리우스는 예수와 매우 잘 비교할 수 있는 역사적 인물이다. 왜냐하면 두 사람은 동 시대에 살았고, 티베리우스의 생애에 관한 로마의 역사 기록은 4가지 자료이다. 그런데 예수님의 생애에 관한 기록도 4복음서라는 네 가지 자료를 갖고 있다고 볼 수 있다.

티베리우스의 생애에 관한 로마 역사기록 중에서 첫 번째 것은 비교적 이른 시기에 쓰인 자료이긴 하나, 티베리우스라는 황제가 있었다는 정도의 언급 외에는 별다른 내용이 없다. 두 번째와 세 번째 자료는 타키투스와 수에토니우스가 남긴 기록이다. 이 자료들은 티베리우스 황제가 죽은 지 약 80년이 지나서 기록됐다. 네 번째 자료는 디오 카시우스가 기록한 것인데, 그것은 티베리우스 황제가 죽고 약 190년 후에 쓰인

---

101 박담회, 박명룡, 기독교 지성으로 이해하라 (서울: 도서출판 누가, 2006), 196-197을 참조하라.

역사 기록이다.[102]

고대의 역사 기록 중에서 로마의 역사 기록은 비교적 정확하고 매우 빠르게 기록됐다는 평가를 받고 있다. 그런데 그렇게 정교한 역사기록을 자랑하는 로마의 역사 문헌도 역사적 인물과 그 인물에 관해 역사에 기록되기까지 시차가 적어도 80년에서 200년 이상 벌어진다. 위에서 언급한 대표적인 역사가 외에 로마 역사가로 잘 알려진 리비우스Livy는 어떠한가. 그가 쓴 로마 역사서들은 그가 살았던 시대보다 약 100년 전의 역사를 기록한 것들이 많다.[103] 따라서, 고대 로마의 역사 기록은 실제 역사 인물이 살았던 시기보다 상당한 시간이 흐른 후에 기록되었다고 볼 수 있다. 로마 황제에 관한 역사적 기록에 이 정도의 시간 차이가 있다는 사실을 우리는 꼭 기억해야 할 필요가 있다.

3) 정리

우리는 지금까지 중국 고대 문헌과 서양 고대 문헌의 역사적 신뢰성에 대해서 검토해 보았다. 첫째, 중국의 고대 문헌 중에서 공자의 생애를 기록한 유일한 문서인 사마천의 「공자세가」는 공자가 죽은 지 약 400년 후에 한 권의 책으로 저술되었다. 그래서 도올은 사마천의 「공자세가」는 역사성이 결여된 소설에 불과하다고 평가절하 한다. 공자의 말씀과 대화가 들어 있는 논어論語는 공자의 사후 최소한 150년에서 300년 사이에 집적되었다고 볼 수 있다. 또한 노자도덕경老子道德經은 그 저자를 확실히 알 수 없는 책이며, 고대의 사본과 오늘날의 사본을 비교할 때 약 20~30% 정도가 그 내용이나 표현 방식이 다른 것으로 드러났다. 도덕

---

102 Gary R. Habermas, *The Historical Jesus*: one in a continuing series of lecture and debates in the defense of the faith, CD (Biola University, La Mirada, CA. USA)

103 위의 자료.

경의 내용은 약 200~300년 동안 계속해서 첨가되고 삭제되면서 오늘날의 노자도덕경으로 만들어진 것이다. 고대 중국의 대표적인 문헌들은 이처럼 역사적 인물의 당대와 그 인물에 관한 기록이 완성되기까지 현저한 시간 차이를 보인다.

둘째, 고대 헬라의 기록이나 로마의 역사기록 역시 실제 역사적 인물과 그 인물에 관한 이야기가 문자로 기록되기까지는 상당한 시간적 차이를 보인다. 알렉산더 대왕의 전기는 알렉산더 대왕이 죽고 약 400년이 지난 후에 문자로 기록되었다. 로마 황제들의 역사적 기록도 실제 역사적 인물과 역사로 기록하기까지 100년에서 200년 이상의 차이가 있었다. 특히 예수와 동시대에 살았던 티베리우스 황제의 생애와 업적을 기록한 로마 역사기록은 티베리우스 황제의 죽음 이후 약 80년에서 200년 사이에 기록되었다.

그런데, 로마 황제 티베리우스와 비교할 수 없고 이스라엘 변방 출신으로 평범한 인물이었던 예수의 생애에 관한 기록은 어떠한가? 예수에 관한 기록은 예수가 죽은 후 약 30년에서 60년 사이에 4가지 복음서에 다양한 시각으로 기록되었다. 그리고 그 내용적 핵심에서도 공통점을 보인다. 이것은 고대 문서의 역사적 신뢰성과 비교해 볼 때 상상할 수 없을 정도로 높은 신뢰성을 가졌다고 평가할 수 있다.

그렇다면 동서양의 모든 고대 문헌과 신약성경의 역사적 신뢰성을 비교해 볼 때 우리는 어떤 결론을 내릴 수 있을까? 신약성경의 기록은 예수님의 사후 약 18년에서 60년 사이에 완성되었다. 사후 18년쯤 가장 먼저 기록된 바울 서신은 물론 신약성경의 다른 문서들까지 예수님의 사후 60년 이내에 완성된 것만 보아도, 우리는 신약성경의 탁월한 역사적 신뢰성을 확인할 수 있다.

4. 신약성경의 탁월한 역사적 신뢰성

우리는 지금까지 고대 문헌의 역사성과 신약성경의 역사성을 비교, 분석하였다. 이 세상의 종교 문헌들, 즉 단군신화, 조로아스터교의 경전, 불교의 경전, 그리고 이슬람 경전 등을 살펴볼 때, 다른 경전에 비해 신약성경이 현저히 짧은 구전전승 기간을 가지고 있다는 것을 알 수 있다. 또한 우리는 동·서양의 고대 문헌과 신약성경의 역사성을 비교해 보았을 때, 신약성경이 탁월한 역사적 신뢰성을 가지고 있음을 확신할 수 있다. 고대 중국 문헌인 사마천의「공자세가」,「논어」,「노자 도덕경」, 알렉산더 대왕의 전기, 로마 황제들에 관한 역사기록을 신약성경과 비교할 때 신약성경의 역사적 신뢰성이 훨씬 더 탁월하다는 사실을 알았다. 만일 누군가 신약성경의 역사성을 부인하려 한다면, 고대 동·서양의 종교와 역사에 관련된 거의 모든 문헌의 역사성도 모두 부인해야 공평할 것이다. 신약성경의 역사적 신뢰성은 일반 고대 역사 문헌과 비교해 볼 때 매우 탁월하다고 할 수 있다.

하지만 신약성경의 탁월한 역사적 신뢰성은 여기서 멈추지 않는다. 우리가 이스라엘의 구전 전승 문화를 고찰하고, 신약성경의 구전 전승 기간을 검토해 보며, 신약성경의 원본과 사본의 시간 간격과 사본의 개수, 그리고 원문 편차 등을 살펴본다면 신약성경의 역사적 신뢰성을 도저히 부인할 수 없을 것이다.

1) 탁월한 구전 전승 문화

요즘은 멀티미디어가 일상화 된 시대이다. 거의 모든 것을 동영상으로 볼 수 있다. 그러나 활자 기술이나 카메라가 발달되지 않았던 고대 세계에서 교육은 어떤 방식으로 이루어졌겠는가? 고대 세계에서 교육은 주로 암기에 의존하였다. 암기는 고대 세계에서 가장 보편적인 교육의 수단이었다.[104] 배운다는 것은 암기를 의미하였다. 특히 고대 이스라엘 사회의 교육에서 암기와 암송은 가장 중요한 위치에 놓여 있었다. 이스라엘에서 성경암송 문화는 매우 보편적인 현상이었다. 구약성경 신명기 6장 6절에서 8절의 말씀을 보라.

> [6] 내가 오늘 너희에게 명하는 이 말씀을 마음에 새기고, [7] 자녀에게 부지런히 가르치며, 집에 앉아 있을 때나, 길을 갈 때나, 누워 있을 때나, 일어나 있을 때나, 언제든지 가르쳐 라. [8] 또 너희는 그것을 손에 매어 표로 삼고, 이마에 붙여 기호로 삼아라. (표준새번역)

위 말씀처럼 유대인들은 하나님의 말씀을 배우고 암송하고 되새기는 것을 일상화하였다. 그들은 자녀들에게도 하나님의 말씀을 암송하도록 가르쳤다. 이러한 유대인의 암송 문화는 유대의 묵시 문학인 바룩의 묵시 Apocalypse of Baruch 에도 잘 나타난다. 여기에서 하나님은 다음과 같이 말씀하신다. "바룩아, 이 말씀을 귀 기울여 듣고 네가 마땅히 배워야 하는 모든 것을 네 마음의 기억에 새겨 넣어라"(2 Baruch 50:1). 또한 구약성경의 잠언은 다음과 같이 조언하고 있다: "인자와 진리가 네게서 떠나지 말게 하고 그것을 네 목에 매며 네 마음판에 새기라"(잠 3:3);『이것을 네 손가락에 매며 이것을 네 마음판에 새기라』(잠 7:3). 여기서 마음판에 새긴다는 것은 하나님의 말씀이 생활화 될 수 있도록 암기하는 것을 전제로 한 말씀이다.

실제로 후대의 유대 랍비들이 구약성경의 본문을 암기했을 뿐만 아니

---

104 Richard Bauckham, Jesus and the *Eyewitnesses: The Gospels as Eyewitness Testimony* (Grand Rapids: William B. Eerdmans Publishing Company, 2006), 280.

라 그들의 구전 전통oral traditions까지 모두 다 통째로 암송할 수 있었다는 사실은 의심의 여지가 없다.[105] 유대인들은 암기를 통하여 그들의 신앙을 온전히 후세에 전수하였다. 이러한 유대 사회의 보편적인 암송 문화는 교부시대에도 그대로 유지되었다. 순교자 폴리캅Polycarp에게서 기독교 신앙의 전통을 전해들은 이레니우스Irenaeus는 이렇게 말하였다. "나는 그것들을 종이에 적지 않고 내 마음에 새겨놓았다."[106] 이처럼 고대 유대사회로부터 신약시대에 이르기까지 유대사회의 보편적인 교육이 구전 전통과 암기에 의존했다는 것은 확실한 사실이다. 만약 고대 사회에서 일반적으로 구전 전통이 중요했다면, 특히 유대 문화에서는 더욱 더 중요하였다.[107]

이와 같이 암기와 암송 문화가 매우 발달된 유대 사회에서 예수님의 말씀은 제자들의 기억과 암기를 통하여 구술로 전파되었다. 예수님의 삶, 가르침, 죽음, 그리고 부활 등을 직접적으로 목격한 제자들과 다른 목격자들은 그들이 듣고 본 복음을 구술로 전파하였다. 사도들과 목격자들은 예수님에 관한 복음을 수백 번 또는 수천 번씩 반복적으로 가르치고 선포하였다.[108] 바로 이러한 그들의 산 증언과 가르침은 초기 교회의 전통이 되었다.

그리고 초기 사도적 증언은 사도 바울의 시대 이전에 이미 초대교회에서 '전통'이라고 불리는 신앙의 표준으로 존재하게 되었다.[109] 사도 바

---

105 위의 책.
106 위의 책, 281.
107 J. Ed Komoszewski, M. James Sawyer & Daniel B. Wallace, *Reinventing Jesus: How Contemporary Skeptics Miss the Real Jesus and Mislead Popular Culture* (Grand Rapids: Kregel, 2006), 37.
108 위의 책, 29.
109 D. H. Williams, *Retrieving the Tradition and Renewing Evangelicalism*, (Grand Rapids: William B. Eerdmans Publishing Company, 1999), 51.

울은 이 전통에 대해서 다음과 같이 증거하고 있다.

『여러분이 모든 일에서 나를 기억하고 또 내가 여러분에게 전해준 대로 전통을 지키고 있으므로, 나는 여러분을 칭찬합니다.』(고전 11:2, 표준새번역)

『그러므로 형제자매 여러분, 든든히 서서, 우리의 말이나 편지로 배운 전통을 굳게 지키십시오.』(살후 2:15, 표준새번역)

사도 바울은 초기 교회에 전통이 존재하였음을 우리들에게 명확히 알려주고 있다. 바로 이 전통이 초기 사도들과 예수님을 직접 눈으로 보았던 목격자들의 구술복음 선포이다. 교회의 전통이 된 사도들의 증언은 그들이 직접적으로 예수님의 가르침을 받고 경험했던 것을 토대로 하고 있다. 이러한 사도적 교회 전통에 따라 초기 교회는 신앙생활을 하였으며, 이 구전 전통은 2세기 후반 이레니우스Irenaeus의 시대까지 그대로 전수되었다. 이레니우스는 영지주의적 성경해석에 대항하여 싸우면서 사도적 교회 전통의 중요성에 관해서 다음과 같이 말하였다.

만약의 경우, 심지어 사도들이 그들의 글들을 우리에게 남겨두지 않았다고 하더라도, 그 사도들이 헌신하였던 그 교회 사람들에게 전해준 바로 그 전통의 원칙을 따르지 말아야 한단말인가?[110]

이러한 이레니우스의 글을 통해서, 우리는 사도들의 구전 전통은 초기 교회로부터 그 후 2~3세기 동안 교회의 중요한 신앙원칙이 되었음을

---

[110] Irenaeus, *Against Heresies* III.4.1; D. H. Williams, *Retrieving the Tradition and Renewing Evangelicalism*, 45 재인용.

확인할 수 있다. 바로 이러한 사도적 구전 전통은 복음서가 기록되기 전에 초기 교회 안에서 계속해서 반복적으로 선포되고 가르쳐졌다. 이 구전 전통은 4복음서의 기록과 정확히 일치하는 내용이다.

그러므로 암기와 암송이 교육방법으로 보편화되어 있는 유대 사회에서 예수님의 가르침은 구전 전통을 통하여 온전히 전달되었다. 이 구전 전통은 복음서가 기록되는 근간이 되었고, 복음서의 기록 이후에도 2-3세기 동안 계속적으로 교회 신앙의 기초가 되었다. 이처럼 암기와 구술 전수를 중요하게 여기는 유대 사회에서 예수님의 가르침은 온전히 보존되고 전수되었다고 판단할 수 있다.

그런데 도올은 그의 책 『기독교성서의 이해』에서 불타와 예수를 비교하면서 불타의 가르침은 학적이고 지적이었기 때문에 그의 제자 아난다를 통하여 암송 형태로 불타의 말이 잘 결집되었다고 주장한다. 그러나 불타에 비해 예수의 말씀은 학적이거나 이성적이거나 사변적인 내용도 아니며, 그의 제자들 또한 지적인 사람들이 아니었기 때문에 예수님의 말씀이 성경으로 온전히 전달되지 않은 것처럼 묘사하고 있다.[111] 마치 예수님의 말씀을 담은 신약성경의 역사성이 뒤떨어지는 것처럼 표현하고 있다. 그의 말을 직접 들어보자.

불타는 깨달음大覺 자체가 매우 지적인 내용이 있었다. 그래서 그의 설법은 매우 지적이었다. 그리고 아난(阿難陀, Ananda)과 같은 다문多聞의 지적인 제자가 있어 그의 설법의 기록을 전담했다. 물론 아난의 기록은 암송의 형태였다. 그리고 불타가 입적한 직후에 이미 500명의 장로. 비구가 왕사성(王舍城, Rajagrha)에 모여 불타의 말씀을 결집하여 아함과 율장

---

111 김용옥, 기독교성서의 이해, 166-170. 여기서 도올은 기독교는 경전의 종교가 아님을 강조하면서 불교에 비해 기독교 경전의 역사성이 뒤떨어지는 것처럼 표현하고 있다.

의 일정한 형태로 만들었다.(물론 이것도 구송의 결집이었는데 제 3차 결집 때에 문서화시켰다.) 그러니까 불교는 출발부터 경전불교였던 셈이다. 그러나 기독교의 경우는 상황이 매우 달랐다.[112]

불타의 깨달음 속에는 요즈음 말로 심리학이라고 말할 수 있을 정도로 학적인 내용이 있지만, 예수의 말씀에는 그러한 학적이고 이성적이고 사변적인 내용이 없다.[113]

여기서 도올은 불교의 경전은 학문성과 역사성이 있는 것처럼 묘사하고 예수님의 말씀은 역사성이 떨어지는 것처럼 표현하고 있다. 도올은 부처의 가르침은 지적이었기 때문에 불교가 경전 종교이며, 예수님의 가르침은 지적인 내용이 아니었기 때문에 기독교는 경전 종교가 아니라고 주장한다.[114] 그러나 이러한 도올의 주장은 역사적 사실과는 상당히 거리가 먼 주장이다. 여기서 우리는 도올의 편견과 잘못된 주장을 볼 수 있다. 이에 대한 필자의 견해는 다음과 같다.

첫째, 부처의 가르침이나 예수의 가르침 둘 다 구술 전승으로 후대에 전해졌다. 그러나 기독교의 구술 전승의 기간은 불교에 비해서 매우 짧다. 부처의 가르침도 제자들의 기억에 의해서 암송되어 다음 세대에 전해졌다. 부처의 가르침이 얼마나 오랜 기간 입에서 입으로 전해져서 책으로 문자화 되었는가? 부처의 말씀이 문자로 기록된 시기는 부처의 사후 최소한 230년이 지나서였다. 그리고 대부분의 부처의 전기는 그의 사후 600년 후에 기록되었다. 따라서 불교의 경전은 부처가 죽은 후 약

---

112 위의 책.
113 위의 책, 167.
114 위의 책, 167-168.

230년에서 600년 사이에 입에서 입으로 전해진 내용을 기초로 해서 경전으로 기록되고 결집되었다.

그러나 예수의 가르침은 제자들의 기억과 암송을 통해서 얼마나 오랜 기간 구술, 전승되었는가? 우선 예수님의 사후 약 30년에서 60년 사이에 4복음서가 문자로 기록되었다. 그뿐 아니라 예수님의 가르침에 기초한 사도 바울의 편지는 예수님의 죽음 이후 18년경부터 기록되기 시작했다. 이처럼 신약성경은 예수님의 죽음 후 약 18년에서 60년 사이에 완성되었다.

그렇다면 사후 230년에서 600년 동안 구술로 전승되어 온 내용이 더 정확한 것인가? 아니면 사후 18년에서 60년의 기간에 구술로 전승되어 온 가르침을 더 정확한 역사적 내용으로 평가할 수 있겠는가? 이것은 상식적인 수준에서 판단할 수 있는 문제이다.

둘째, 유대의 독특한 암기문화 속에서 성장한 기독교의 구두 전승이 불교의 구두 전승보다 내용전달 면에서 뒤떨어진다고 말할 수 있는 근거가 전혀 없다. 다시 말해서, 기독교는 원래 암기와 암송 문화 속에서 예수님의 말씀이 보존되고 전승되었다. 한편 부처가 살았던 시대와 그 나라의 문화가 이스라엘의 암송문화보다 더욱더 탁월하였다는 문헌적 근거는 전혀 찾아볼 수 없다.

셋째, 부처의 가르침이 지적이고 사변적인 내용이라면, 부처의 가르침을 정확하게 후대에 그대로 전달하기가 더 어렵다고 볼 수 있다. 반면에 예수의 가르침은 평이하였고, 이야기 형태와 비유적인 내용이 많았으며, 시적인 형식의 가르침이었기에 기억하고 암송하기가 용이하였다. 따라서 예수님의 가르침이 후대에 온전히 전달되기가 더욱 쉬웠다고 판단된다. 좀 더 자세히 살펴보면, 도올의 주장대로 부처의 가르침은 매우 지적이었고 사변적이었다. 그래서 그의 탁월한 제자 아난다阿難陀, Ananda

진짜 예수 도올의 잘못된 성경관 바로잡기(상)

가 부처의 가르침을 모두 다 기억해서 500여 명의 사람들에게 알려주었다고 하더라도, 이것은 일차적으로 아난다가 이해하여 해석한 내용이다. 또한 부처의 가르침이 이성적이고 철학적이라면 그 내용을 후대까지 구술로 전승하는데 많은 어려움이 있었다고 볼 수 있다. 예컨대, 필자는 미국에 있는 탈봇신학대학원에서 형이상학, 인식론, 심리철학, 종교철학 등 여러 철학 과목을 배웠다. 그런데 그 철학 과목을 배운 후 그 핵심내용을 내 생각으로 정리해서 다른 사람들에게 알려주는 것은 참으로 힘들다는 것을 절실히 느꼈다. 하물며 내가 그 철학적 내용을 다른 사람에게 설명하여 암기하게끔 한다고 해도 그 사람들이 또 다른 사람들에게 그 철학적 사고를 그대로 전수하기란 매우 어려우리라는 것은 자명한 이치이다. 여기서 필자는 부처의 가르침이 후대에 전달되지 않았다고 말하는 것이 아니라, 부처의 가르침이 철학적이고 사변적이라면 그것을 구술로 제대로 전승하기는 매우 어렵다는 것을 지적하고자 한다.

반면에, 예수님의 가르침을 생각해 보라. 그분의 가르침은 비유가 많았고, 이야기 형태로 전달했고, 주로 시적인 형태로 가르쳐졌다. R. 리스너R. Riesner는 예수님의 가르침 중 80% 정도가 시적인 형태라고 주장한다.[115] 예수님의 가르침이 이렇게 시적인 형태였고, 이야기 형태이었기 때문에 사람들이 기억하고 암기하기가 매우 용이하였다고 볼 수 있다. 그리고 예수님의 제자들은 예수님의 죽음과 부활의 역사적 현장에서 직접적인 경험을 했기 때문에 그들의 증언은 더욱더 생생하게 전달됐을 것이다.

필자는 미국에서 배운 철학 과목의 내용은 잘 생각나지 않지만, 어릴 때 어머니에게서 들었던 옛날이야기들은 지금도 생생하게 기억하고 있

---

[115] J. Ed Komoszewski, M. James Sawyer & Daniel B. Wallace, *Reinventing Jesus: How Contemporary Skeptics Miss the Real Jesus and Mislead Popular Culture*, 38.

다. 이와 마찬가지로 예수님의 가르침은 주로 이야기와 시적인 형태였기 때문에 사람들이 그 내용을 기억하고 암송하는데 별 어려움이 없었을 것이다. 따라서 예수의 가르침이 구술 전승에 훨씬 더 유리하다.

부처의 가르침은 지적이었고 사변적이었기 때문에 경전 종교라고 할 수 있지만, 예수의 가르침은 평이한 내용이었기 때문에 경전 종교가 아니라고 말하는 도올의 주장은 합리성이 결여되어 있다고 볼 수 있다. 어떤 종교가 경전의 종교라고 평가할 수 있는 기준은 무엇인가? 일단 그 종교의 사상이 얼마나 사변적인지 아닌지가 기준이 될 수 없다. 도리어 얼마나 일찍 그 종교 지도자의 가르침이 문자로 기록되었는가? 얼마나 그 종교가 그 경전 자체에 의존하고 있는가? 얼마나 짧은 구전전승 기간을 거쳤는가? 그 종교 지도자의 가르침이 온전히 그 경전에 기록되었는가? 바로 이런 것들이야말로 종교의 경전성을 평가할 수 있는 기준이 될 수 있다. 또한, 이러한 기준은 그 종교 문서의 역사적 신뢰성을 측정하는 잣대이기도 하다.

이와 같은 관점에서 볼 때, 도올의 주장과는 달리, 최소한 사후 230년에서 600년의 구전 전승 기간을 거친 불교의 경전보다는 유대인의 구전 전통 속에서 사후 18년에서 60년의 구전 전승 기간을 거친 신약성경이 더욱더 역사적 신뢰성이 있다고 평가할 수 있다. 신약성경은 유대인들의 독특한 구전 문화 속에서 전승되었고 기록되었다는 점을 다시 한 번 기억할 필요가 있다.

2) 탁월한 구전 전승 기간

어떤 사람들은 신약성경에 나타난 예수님의 기적 행하심과 부활 등에 관한 기록에 의문을 제기한다. 그래서 예수님의 오병이어의 기적이나 물 위로 걸어오심, 그리고 예수님의 육체적 부활 등의 초자연적 사건은 역사적 사실이 아니라, 하나의 신화나 전설이 발전된 것이라고 주장하는 사람들이 있다.

그러나 신약성경에 나타난 이야기가 신화나 전설로 발전된 것이라는 주장은 합리적 근거가 없는 주장이다. 왜냐하면, 신약성경은 하나의 역사적 사건이 신화로 발전하는 기간을 거치기 전에 이미 문자로 기록되었기 때문이다. 전설이나 신화를 연구하는 학자들에 따르면, 하나의 역사적 사건이 신화로 발전하기 위해서는 최소한 두 세대 이상의 시간이 걸린다고 한다. 영국 옥스퍼드대학 출신으로 그리스-로마의 역사 연구에 명망 있는 A. N. 셔윈-화이트A. N. Sherwin-White는 "하나의 역사적 사건이 입으로 전해져서 역사적 진실을 뛰어넘어 전설적인 경향성을 보이게 되는 데는, 심지어 두 세대도 너무나 짧은 기간이다"라고 말한다.[116] 셔윈-화이트의 견해에 따르면, 지금까지 그리스-헬라 신화와 역사 속에서 최소한 60년 이내에 어떤 사건이 전설이나 신화로 발달한 증거는 없다고 한다.[117]

그런데 신약성경은 언제 쓰였는가? 신약성경은 예수님의 사후 18년에서 60년 사이에 기록됐다. 그뿐만 아니라 예수님의 부활을 기록한 초기 신경은 예수님의 죽음 후 불과 2-3년 안에 형성된 신앙고백이다. 여기에는 전설이 발생할 시간적 틈이 전혀 없다. 따라서 그리스-로마 역사가인 셔윈 화이트는 "역사를 통해서 복음서의 내용을 그토록 빠르게 완전히 왜곡시킬 정도로 전설이 발전했을 가능성은 전혀 없다"[118]고 단언한다. 또한 19세기에 독일의 신학자 율리우스 뮐러가 회의주의 학자들

---

116 A. N. Sherwin-White, *Roman Society and Roman Law in the New Testament* (Oxford: Clarendon Press, 1963), 188-191.
117 위의 책.
118 리 스트로벨, 예수 사건, 292.

을 향해 만일 복음서의 기록이 신화화되었다면, "역사상 어딘가에 전설이 그렇게 빨리 발달한 단 한 가지 예만이라도 찾아보라"[119]고 도전하였다. 그러나 그때부터 지금까지 그 누구도 그의 도전에 응답한 학자는 없었다. 그렇다면 신약성경의 기록은 신화나 전설로 발달하지 않은 역사 기록물이라고 할 수 있다. 이처럼 신약성경은 매우 탁월한 구전전승 기간을 가졌다.

3) 신약성경의 원본과 사본간의 시간 간격과 사본의 개수

신약성경의 역사성을 부인하는 어떤 반기독교 웹사이트에서 "신약성경의 원본이 남아 있지 않기 때문에 복사본은 원래 예수의 이야기가 아닐 수 있다. 그래서 신약성경은 믿지 못할 책이다"라고 주장하는 글을 보았다. 이런 잘못된 주장은 고대 문서에 대한 충분한 이해가 부족한 데서 비롯된 것이다. 즉, 지금까지 알려진 고대 문서들은 모두 원본이 없다. 모두가 원본을 베껴 적은 필사본에 의존하고 있다. 따라서 관건은 신약성경과 다른 고대 문서의 기록을 비교해볼 때 원본과 사본의 시간 간격이 짧은 것은 어느 것인지, 그리고 현재 얼마나 많은 사본의 개수를 보유하고 있는지 살펴보는 것이다.

신약성경의 신뢰성을 확인하기 위해서는 고대 헬라 세계에서 전해 내려오는 다른 고대 역사기록물과 비교, 검토해볼 필요가 있다. 우선, 시저의 갈리아 전쟁 Gallic War 은 BC 58년에서 50년 사이에 쓰였는데 아홉 권 또는 열 권의 사본만이 온전히 현존하며, 가장 오래된 사본이 시저의 시대보다 900년 후에 베껴 놓은 것이다.[120] BC 59에서 AD 17년까지

---

119 위의 책, 351.

120 F. F. Bruce, *The New Testament Documents: are they reliable?* (Downers Grove: Inter Varsity Press), 16.

살았던 리비우스Livy의 로마 역사서는 20개의 사본이 남아 있고 그중에 가장 오래된 것은 4세기에 필사된 것이다.[121] 121 AD 100년경에 쓰인 역사가 타키투스Tacitus의 역사서 14권은 20개의 사본이 남아 있고, BC 460년에서 400년까지 생존했던 역사가 투키디데스Thucydides의 책은 8편의 원고만 남아 있는데 최고로 오래된 사본은 AD 900년의 것이다. BC 488년에서 428년까지 생존했던 역사가 헤로도토스Herodotus의 역사도 마찬가지다.[122] 결국, 투키디데스와 헤로도토스의 저작물은 기록된 지 약 1,300년 후에 필사된 사본만이 현재까지 전해진다.

이 사실에 대해서 저명한 학자 F. F. 브루스Bruce는 "오늘날 우리가 사용하는 그들의 역사서가 원본보다 1,300년 후대의 것이라고 해서 헤로도토스나 투키디데스의 저서의 신뢰성을 의심하는 고전학자들은 아무도 없다"[123]고 말한다. 이렇게 원본과 사본의 시차가 심하게 벌어지는 것은 헬라의 철학자 플라톤이나 아리스토텔레스의 경우도 마찬가지이다. 보통 일반 역사 저작물의 경우 적게는 몇 백 년에서, 많게는 천 몇백 년 이상의 차이가 있는 것이 보편적이다. 그래도 역사가들은 그 저작물의 역사성을 의심하지 않는다. 아래의 표를 보면 더욱 자세히 알게 될 것이다.[124]

---

121 위의 책.
122 위의 책.
123 위의 책, 16-17
124 조시 맥도웰, 기독교의 역사적 증거들 (서울: 여운사, 1989), 107-108에서 나오는 도표를 주로 참조하였음.

저 자	쓰인 시기 (원본)	최고(古) 사본	시간 간격	현존 사본 수
시저 (Caesar	BC 100–44	AD 900	1000년	10개
리비우스(Livy)	BC 59–AD 17	4세기, 10세기	400년, 1000년	20개
플라톤(4부극)	BC 427–347	AD 900	1200년	7개
타키투스(연대기)	AD 100	AD 1100	1000년	20(–)개
타키투스(소품들)	AD 100	AD 1000	900년	1개
플리니 2세(역사)	AD 61–113	AD 850	750년	7개
투시디드스(역사)	BC 460–400	AD 900	1300년	8개
수에토니우스 (시저의 생애)	AD 75–160	AD 950	800년	8개
헤로도토스(역사)	BC 480–425	AD 900	1300년	8개
호레이스 소포클레스	BC 496–406	AD 1000	1400년	193개
루크레티우스	BC 55 또는 53사망		1100년	2개
카룰루스	BC 54	AD 1550	1600년	3개
유리피데스	BC 480–406	AD 1100	1500년	9개
데모스테네스	BC 383–322	AD 1100	1300년	200개*
아리스토텔레스	BC 384–322	AD 1100	1400년	49개
아리스토텔레스	BC 450–385	AD 900	1200년	10개
호머의 일리아드	BC 900	BC 400(일부분) AD 100(단편전체)	500년 1000년	643개
신약성경	AD 48–90	AD130(요한복음 일부분) AD 250(신약 대부분) AD 350(신약전체)	40년 160년 260년	24,000여 개 (헬라어 5,664개) (라틴어 10,000개) (기타언어 9,300개)

* 모두 한 사본에서 전해짐

진짜 예수 도올의 잘못된 성경관 바로잡기(상)

위의 표를 통해서 쉽게 알 수 있듯이 다른 고대 문서의 경우 원본과 필사본의 시차가 엄청나게 벌어져 있다. 1,000년 이상의 시간 차이가 있는 것이 꽤 많다. 또한 현재까지 보존되고 있는 사본의 수도 너무 적다.

그러나 신약성경은 전연 다르다. 4복음서가 대체로 AD 60년경부터 90년경 사이에 쓰였다고 보는데, 요한복음의 일부가 기록된 최초의 사본은 130년경(좀더 정확히 하면 100년에서 150년 사이)에 필사된 책이 현재까지 보존되고 있다. 만일 요한복음이 90년경에 쓰였다면, 우리는 불과 몇 십 년 이내에 필사된 사본을 가지고 있는 것이다. 또한 4복음서의 일부와 사도행전이 포함되어 있는 3세기경의 사본과, 바울의 8개 편지 가운데 많은 부분과 히브리서의 일부가 담겨 있는 200년경의 사본도 현존하고 있다.[125] 그리고 AD 350년에 쓰인 사본에는 신약성경 전체가 완전히 포함되어 있다. 이것은 최초의 원본과 필사된 사본의 시간 간격이 300년에 불과하다는 것을 말해준다. 이러한 사실은 신약성경이 다른 고대의 문서에서는 전혀 찾아볼 수 없는 놀라운 신뢰성을 가졌다는 것을 확실하게 보여준다.

신약성경은 어떤 고대 문서보다 원본과 필사본의 시간 간격이 엄청나게 짧을 뿐만 아니라 손으로 베껴 적은 필사본의 숫자도 실로 엄청나다. 헬라어로 된 사본이 5,664개, 라틴어로 된 사본이 약 10,000개, 그리고 그 외 다른 나라의 언어로 쓰인 사본이 8,000개 정도가 된다. 따라서 모두 합쳐서 대략 24,000개 이상의 사본이 현존하고 있다.[126] 이것은 고대의 다른 문서와 도저히 비교가 되지 않는 숫자이다. 예를 들어 다른 고대 문서들은 역사의 사막에 흐르는 실오라기처럼 가는 물줄기라고 한다면, 신약성경은 그 역사의 물줄기가 한강수처럼 넓고 풍부하게 흐르고

---

125 리 스트로벨, 예수 사건, 78-79.
126 위의 책, 81.

있다고 비유할 수 있다. 이에 브루스(F.F. Bruce) 박사는 "이 세상의 문서들 중에서 신약성경만큼 훌륭한 필사본의 부(富)를 누리고 있는 고대 문헌이 없다"[127]고 말하였다. 사본이 이렇게 풍부하다는 것은 신약성경의 높은 신뢰성을 드러내는 동시에 그리스도인들이 얼마나 성경을 거룩하게 여기고 중요하게 생각했는지를 말해준다. 고대 문헌 중에서 신약성경만큼 원본과 사본의 시간 간격이 짧고 많은 수량의 사본이 현재까지 존재하는 문서는 없다. 이러한 점을 고려해볼 때, 이 세상 모든 고대 문서들 중에서 신약성경의 역사성이 가장 뛰어나다고 말할 수 있다.[128]

4) 신약성경의 탁월한 원문 편차

거의 모든 고대 문서들의 원본은 오늘날 존재하지 않는다. 오직 사본들만이 현재까지 보존되고 있다. 그런데 현재까지 보존되고 있는 고대 사본을 자세히 살펴보면 그 사본의 내용이 조금씩 차이가 나는 경우가 허다하다. 이로 인해 서로 다른 사본의 내용을 깊이 있게 분석하여 과연 어느 사본의 내용이 좀 더 원본에 가까운 것인지를 판별하는 본문 비평학이 오늘날 발전하였다.

그렇다면 신약성경은 고대의 그 어떤 문헌보다 더 많은 사본을 보유하고 있는데, 그 사본들은 내용상 어느 정도 일치될까? 다시 말해 신약성경의 원본은 헬라어로 쓰였는데, 그 원본을 필사한 수많은 헬라어 사본들은 그 내용에 있어서 얼마나 상호 일치를 보이겠는가? 이 문제에 대해서 깊이 연구한 노먼 가이슬러 Norman Geisler 와 윌리엄 닉스 William Nix 는 "신약성경은 고대의 어떤 책보다도 더 많은 사본을 가지고 있을 뿐만 아니라 다른 어떤 책보다도 더 순수한 형태로, 즉 99.5퍼센트의 순수성을

---

127 조시 맥도웰, 기독교의 역사적 증거들, 106.
128 박담회, 박명룡, 기독교 지성으로 이해하라, 184-188 참조.

가지고 보존되었다"[129]라고 결론 맺는다. 헬라어를 손으로 필사할 때 실수로 철자 하나만 바꿔 적어도 뜻이 달라진다는 것과 약 5,000개의 사본들 중에서 한 단어만 철자가 달라도 5,000개의 차이점으로 계산한다는 사실을 고려해 볼 때 신약성경의 정확성과 신뢰도는 실로 엄청나다고 말할 수 있다.[130]

이와는 달리 중국의 노자 도덕경은 어느 정도 원문 편차를 보이고 있는가? 현재 우리가 사용하고 있는 노자도덕경은 왕필이 편집한 왕본王本이다. 이 왕본을 1974년 초에 발굴된 다른 사본 '백서'帛書와 비교해볼 때, 약 80%가 대강 일치하고 20% 정도는 내용이 다르다.[131] 여기에 노자도덕경의 또 다른 사본인 '간본'簡本의 장절章節의 체계와 문자 표현방식이 다르다는 점을 감안하면 사본 간의 차이점은 더욱 많아진다.

이렇게 노자도덕경의 사본인 왕본王本, 백서帛書 그리고 간본簡本의 차이점을 고려해볼 때, 노자도덕경은 최소한 20-30% 정도가 그 내용이나 표현방식에서 차이점이 존재한다고 볼 수 있다. 이런 점에서 신약성경의 원문 편차와 비교해볼 때 실로 엄청난 차이가 난다고 말할 수 있다.[132]

한편 가이슬러Geisler와 닉스Nix는 고대 헬라인들의 성경이라고 할 수 있는 호머의 일리아드와 신약성경을 비교한 원문 편차를 제시한다. 15,600행으로 구성되어 있는 일리아드의 사본들을 분석한 결과 약 5%의 원문 편차가 있었다고 한다. 그런데 20,000행으로 되어 있는 신약성경의 원문 편차는 0.5%에 불과하다. 신약성경의 이런 미미한 편차는 사본들 사이에 약간의 차이점이 있을 뿐이며, 일반적으로 보면 별로 중요

---

129 리 스트로벨, 예수 사건, 84.
130 조시 맥도웰, 기독교의 역사적 증거들, 109.
131 위의 책, 88.
132 김용옥, 노자철학 이것이다, 142.

한 차이가 아니라고 브루스 메쯔거 Bruce Metzger 박사는 주장한다.[133] 사실 이러한 사소한 차이점은 우리가 신약성경을 약 1,000권쯤 손으로 베껴 적을 때 실수로 몇 자씩 잘못 적을 수 있는 것처럼 아주 쉽게 일어날 수 있는 일이다. 따라서 신약성경은 그 내용적인 면에서 전적으로 일치하고 있다고 판단할 수 있다. 이와 같이 다양한 배경 속에서 필사된 수많은 사본이 서로 일치한다는 것은 신약성경의 원본과 사본이 동일하다는 사실을 증명하는 것이다. 이것은 원래 예수님의 가르침이 기록된 문서를 통해서 오늘날까지 정확하게 잘 전달되었다는 사실을 의미한다. 따라서 예수께서 가르친 말씀은 오늘날 우리에게 그대로 전달되었다고 결론지을 수 있다. 신약성경은 고대의 문헌과 비교해볼 때 원문 편차에서도 가장 탁월하다고 말할 수 있다.

5) 정리

지금까지 우리는 신약성경의 탁월한 역사성에 대해서 살펴보았다.

첫째, 신약성경은 유대인들의 독특한 구전전승 문화 속에서 전승, 기록되었기 때문에, 고대의 그 어떤 문헌보다 더욱 온전히 예수님의 말씀이 그대로 문자로 기록될 수 있었다.

둘째, 신약성경은 고대 문헌 중에서도 제일 짧은 구전전승 기간을 거쳐 기록됐기 때문에 역사적 사건이 신화나 전설로 발전할 틈이 없었다. 이것은 신약성경이 고대 문헌 중에서 가장 탁월한 구전전승 기간을 가졌음을 말한다.

셋째, 신약성경은 고대 문헌 중에서 원본과 사본의 시간 간격이 가장 짧고, 제일 많은 수의 사본을 오늘날까지 보존하고 있다. 이로써 이 세

---

133 리 스트로벨, 예수 사건, 83.

상 모든 고대 문서 중에서 신약성경의 역사성이 가장 뛰어나다는 사실을 말해준다.

넷째, 신약성경은 고대 문서 중에서 가장 탁월한 원문 편차를 보인다. 이것은 수많은 사본의 내용이 서로 일치하고 있음을 말해준다. 다시 말해서 신약성경이 탁월한 원문 편차를 보인다는 것은 예수께서 가르친 말씀이 오늘날 우리에게까지 그대로 잘 전달되었음을 알려준다.

이와 같은 신약성경의 탁월한 역사적 신뢰성에 대하여 존 위워 몽고메리 John W. Montgomery 는 다음과 같이 주장한다.

신약성경 책들의 본문을 믿지 못하는 사람들은 모든 고대 작품들을 하나도 빠짐없이 다 모호한 것으로 여겨야 할 것이다. 왜냐하면 고대 시대의 그 어떤 문화도 신약성경만큼 서지학적으로 검증을 받은 문헌이 없기 때문이다.[134]

그렇다! 신약성경의 역사성을 신뢰하지 못한다면, 과연 이 세상의 고대 문헌 중에서 신뢰할 수 있는 책이 그 어디에 있겠는가? 신약성경은 그 어떤 고대 문헌보다 더 탁월한 역사적 신뢰성을 가지고 있다.

5. 결론

지금까지 우리는 고대 문헌의 역사성과 신약성경의 역사성을 비교, 분석하였다. 우리는 이런 비교, 분석을 통하여 신약성경의 역사적 신뢰성이 고대 문헌 중에서 가장 탁월하다는 사실을 알게 되었다. 신약성경

---

134 조시 맥도웰, 기독교변증 총서 1, 오진탁 외 2인 역 (서울: 순출판사, 2006), 167.

과 일반 고대 문헌의 역사성을 다시 한 번 요약하면 다음과 같다.

첫째, 우리는 신약성경과 세계의 종교 경전을 비교하여 보았다. 그 결과 각 종교의 역사적 인물과 그의 가르침이 문자로 기록되기까지는 상당한 시차가 존재함을 알았다. 역사적 인물과 그 인물에 관한 이야기가 구전 전승되어 문자로 기록되기까지는 다음과 같은 시간차가 존재하였다. 단군신화는 2,400년, 조로아스터교는 1,000년, 불교는 230~600년, 이슬람교는 20~200년의 시간 차이가 있었다. 그러나 다른 종교의 경전과는 달리 신약성경의 기록은 예수님의 죽음 이후 약 18년에서 60년 사이에 문자기록이 완성되었다. 이것은 신약성경이 다른 종교 경전에 비해 현저히 짧은 구전전승 기간을 가지고 있다는 것을 말해준다.

둘째, 우리는 동·서양의 고대 문헌과 신약성경의 역사성을 비교해 보았다. 그 결과 신약성경이 탁월한 역사적 신뢰성을 가지고 있음을 확인할 수 있었다. 고대 중국 문헌인 사마천의 「공자세가」는 공자가 죽은 지 약 400년 후에 한 권의 책으로 저술되었고, 논어論語는 공자의 사후 최소한 150년에서 300년 사이에 집적되었다. 그리고 노자의 도덕경은 약 200~300년 동안 계속적으로 첨가되고 삭제되면서 오늘날의 노자도덕경으로 만들어지게 되었다.

더욱이 알렉산더 대왕의 전기는 알렉산더 대왕이 죽고 약 400년이 지난 후에 문자로 기록되었다. 로마 황제들의 역사적 기록도 황제의 당대부터 역사로 기록되기까지 100년에서 200년 이상의 차이가 있었다. 특히 예수님과 같은 시대에 살았던 티베리우스 황제의 역사기록은 그 황제가 죽은 후 약 80년에서 200년 사이에 이루어졌다.

그런데 로마 황제와 도저히 비교가 될 수 없는 무명한 이스라엘의 한 청년, 예수에 관한 기록은 언제 쓰였는가? 그가 죽은 후 약 18년에서 60년 사이에 바로 여러 권의 책으로 완성되었다. 이러한 사실을 고려해볼 때, 예수의 생애와 그분의 가르침에 관한 증언인 신약성경은 고대 동·서양의 어떤 문헌보다 탁월한 역사적 신뢰성을 가졌음을 증거하고 있다.

셋째, 신약성경은 유대인들의 탁월한 구전전승 문화 속에서 전승되었기 때문에 고대의 그 어떤 구전보다도 더욱 탁월한 말씀의 보존이 가능하였다. 암기와 암송 문화가 매우 발달된 유대 사회에서 기억하고 전수하기에 편리한 시적 형태와 이야기 형태로 된 예수의 말씀은 제자들의 기억과 암기를 통해 온전히 전수될 수 있었다. 이러한 구술 전통은 몇십 년 후 신약성경에 그대로 전달되었고, 2~3세기 동안 교회의 구술 전통은 신약성경과 더불어 교회에 영향을 끼쳤다.

넷째, 신약성경은 이 세상에 존재하는 고대 문헌 중에서 보기 드물게 한 사건이 신화로 발전하기도 전에 이미 문자로 기록되었다. 한 사건이 전설이나 신화로 발전하기 위해서는 최소한 두 세대 이상의 시간이 필요한데, 신약성경은 그 이전에 이미 문자로 기록되었다. 이것은 다른 문헌에서 찾아볼 수 없는 탁월한 구전전승 기간이다.

다섯째, 신약성경은 고대 문헌 중에서 가장 탁월하게 원본과 사본의 간격이 짧다. 거의 모든 고대 문헌은 최소한 400년에서 1,500년 정도까지 원본과 사본간의 시차가 존재한다. 그러나 신약성경은 약 40년에서 260년 정도의 시차만 보인다. 게다가 신약성경은 원본을 손으로 베껴 적은 필사본의 숫자도 다른 고대 문헌에 비해서 비교할 수 없을 정도로 풍부하다. 다른 고대 문헌의 사본 숫자를 사막에 흐르는 실오라기 같은 물줄기에 비유한다면, 신약성경은 홍수 때 넘실거리는 한강물에 비유할 수 있다.

여섯째, 신약성경은 고대 문헌 중에서 가장 많은 사본을 가지고 있을 뿐만 아니라 그 많은 사본이 얼마나 원문에 가까운지를 나타내는 원문 편차 측정에서 99.5%의 순수성을 보였다. 그나마 그 0.5%의 차이조차 중요한 교리에 변화를 줄 수 없는 아주 사소한 상이점이라고 할 수 있다. 한편 호머의 일리아드는 95%의 순수성을, 노자의 도덕경은 70~80% 정도의 일치를 보인다. 이러한 사실은 신약성경의 내용이 가장 원문에 가깝게 보존되고 전수되었음을 말해준다. 다시 말해 예수님의 가르침은 거의 그대로 오늘날까지 보존되었고 전수되었음을 나타낸다.

그러므로 위의 사실을 통해서 우리가 내릴 수 있는 합리적인 결론은 무엇인가? 신약성경의 역사적 신뢰성은 일반 고대 역사 문헌 중에서도 가장 탁월하다고 판단할 수 있다. 만일 신약성경의 역사성을 부인하는 사람이 있다면, 그 사람은 반드시 고대 동·서양의 종교와 역사 문헌에 대한 역사적 신뢰성도 모두 거부해야만 할 것이다. 또한 만일 어떤 사람이 일반 고대 문헌의 역사성을 인정한다면 그 사람은 반드시 신약성경의 역사적 신뢰성도 받아들여야만 한다. 왜냐하면 신약성경은 고대 문헌들 중에서 가장 믿을 수 있는 문헌이기 때문이다.

3장

일반 역사 속의 예수와
신약성경의 예수

REAL
JESUS

지금까지 우리는 신약성경의 역사성에 대해서 일반 고대 문헌과 비교, 검증하여 보았다. 참으로 신약성경의 역사적 신뢰성은 고대 그 어느 문헌보다 훨씬 더 탁월하다. 이제 제3장에서는 탁월한 역사적 신뢰성을 지닌 신약성경에 나타난 예수의 모습과 일반 고대 문헌 속에 나타난 예수의 모습을 비교, 분석하고자 한다. 신약성경을 제외하더라도 과연 예수에 관한 기록을 일반 역사에서 발견할 수 있겠는가? 과연 성경에 나타난 예수의 모습은 일반 역사 문헌에 나타난 모습과 동일한가? 신약성경을 펼치지 않고서도 예수님에 관한 자료를 자세히 얻을 수 있는가?

　많은 사람들이 잘못 이해하고 있는 점은 우리가 오직 신약성경을 통해서만 역사적 예수님에 관해서 알 수 있다고 생각하는 것이다. 역사적 예수의 생애와 가르침은 오직 4복음서를 통해서만 알 수 있다고 잘못 생각하고 있다. 그러나 우리는 신약성경을 전혀 펼치지 않고서도 예수의 존재와 그분의 말씀에 관하여 자세히 알 수 있다. 예수가 실제 인물이라는 증거는 일반 세속 역사에 분명히 나타나 있다. 우리는 신약성경을 제외한 일반 역사를 통해서도 예수의 삶과 가르침, 그리고 죽음과 부활 등에 관해서 명확히 알 수 있다. 일반 세속 역사에서 찾을 수 있는 예수에 관한 기록은 총 45개의 고대 자료에 상세히 기술되어 있다. 또 예수의 생애, 가르침, 십자가와 부활 사건에 관한 기록은 모두 합쳐서 129가지 이상 된다.[135] 일반 역사로서 대표적인 기록은 유대인 역사가 요세푸스의 기록과 탈무드, 로마의 역사가 타키투스, 로마의 지방 총독 플리니, 루시안 등의 역사적 기록에 잘 나타나 있다. 또한 초기 기독교 교부들의 기록을 통해서도 예수님에 관해서 알 수 있다. 이제부터 이에 대해 자세히 살펴보도록 하겠다.

1. 유대인들의 역사 자료들: 요세푸스Josephus 와 바빌론 탈무드

요세푸스는 기독교인이 아닌 유대인으로서 AD 37년에 출생하였다. 그는 1세기 말경에 4개의 작품을 썼는데, 그중에서도 '유대 전쟁사'The War of the Jews 에 대한 기록이 정확하여 역사가로서 신뢰를 받는다. 또한 바빌론 탈무드에도 역사적 예수에 관한 기록이 나온다.

대부분의 경우, "고대 유대인들의 자료들은 기독교 창시자, 추종자 그리고 기독교 신앙에 대하여 비우호적이다. 이런 연유로, 예수의 삶 가운데 일어난 여러 가지 사건들에 대한 그들의 증언은 그러한 사건들의 역사성에 관한 매우 귀중한 증거가 된다."[136] 이제부터 예수님에 관한 유대인들의 역사 자료들에 대하여 살펴보도록 하겠다.

1) 요세푸스의 「고대사」The Antiquities

요세푸스의 고대사에 보면, 대제사장 아나니아가 야고보를 죽이기 위해 신약성경에도 언급된 로마의 총독 베스도를 어떻게 이용했는가에 대

---

135 Gary R. Habermas, *The Historical Jesus: Ancient Evidence for the Life of Christ* (Joplin: College Press Publishing Company, 2000), 189.
136 조시 맥도웰, 기독교변증 총서 2. 오진탁 외 2인 역(서울: 순출판사, 2006), 53.

진짜 예수 도올의 잘못된 성경관 바로잡기(상)

한 기록이 나온다.[137]

> "대제사장 아나니아는 산헤드린 공회를 소집한 후에 당시 그리스도라고
> 불린 예수의 형제인야고보와 어떤 사람들을 그들 앞에 데리고 왔습니다.
> 그리고 율법을 어겼다고 고소를 하고돌로 쳐 죽이도록 그들을 넘겨주었
> 습니다."[138] 【고대사 (The Antiquities, XX 9:1)】

여기서 분명히 그리스도라고 불리는 예수의 형제 야고보에 관한 기
록이 나온다. 예수의 형제였던 야고보는 예수님이 살아있을 때, 예수가
메시아라는 사실을 믿지 않았다. 여기에 대해서 요한복음 7장 5절은 이
렇게 말한다. "이는 그 형제들까지도 예수를 믿지 아니함이러라." 분명
히 야고보는 예수를 믿지 않았다. 그런데 어떻게 예수를 믿는 신앙 때문
에 고소를 당해서 돌에 맞아 죽는 죽임을 당하였을까? 여기에 대한 답
을 고린도 전서 15장 7절은 이렇게 알려준다. "그 다음에 야고보에게 나
타나시고, 그다음에 모든 사도들에게 나타나셨습니다."(표준새번역) 무슨
말인가? 비록 야고보가 예수님을 믿지 않았지만, 예수가 죽은 후 3일 만
에 부활해서 제자들에게 자신의 모습을 보이시고 예수의 형제 야고보에
게도 자신의 모습을 보여주셨다. 그래서 야고보는 부활한 예수의 모습
을 직접 자신의 눈으로 목격하고서 예수를 믿는 신실한 신앙인으로 살
아가게 되었고, 결국 자신의 믿음 때문에 순교를 당하게 되었다. 이러한
배경 속에서 요세푸스의 고대사는 그리스도라고 불린 예수와 그의 형제
야고보에 관한 기록을 분명하게 보여주고 있다.

---

137 조시 맥도웰, 기독교의 역사적 증거들 제 1권. 김경선 역 (서울: 여운사, 1989), 186.
138 리 스트로벨, 예수 사건, 100 재인용.

2) 요세푸스의 「플라비우스의 증언」 Testimonium Flavianum

이 책은 예수의 일생, 기적, 죽음, 그리고 부활에 대해 자세히 다루고 있다.

> 이 당시에 예수라 일컬어지는 지혜로운 사람이 있었다. 만약 그를 사람이라고 부르는 것이 합법적이라면 지혜로운 사람이라 부를 수 있을 것이다. 왜냐하면, 그는 놀랄 만한 기적을 행하는 자였고, 진리를 기쁘게 받아들이는 사람들의 스승이었기 때문이다. 그는 많은 유대인들과 헬라인들을 자기편으로 끌어들였다. 그는 그리스도였다. 빌라도가 우리 중에서 높은 지위에 있는 사람들의 제안으로 예수를 십자가에 처형하라고 선고했을 때, 처음부터 그를 사랑한 사람들은 끝까지 그를 버리지 않았다. 그는 죽은 지 사흘째 되는 날에 살아났다. 이는 하나님의 예언자들이 이미 이 사실과 그 밖의 수많은 기적들을 포함해 그에 대해서 예언했기 때문이다. 그의 이름을 따라서 그리스도인이라고 불리는 무리들이 오늘날까지 사라지지 않고 있다.[139]【고대사 (The Antiquities, XV III 33)】

바로 여기에 예수의 생애에 관한 자세한 이야기가 기록되어 있다. 그런데 이 요세푸스의 기록에 대해서 후대 사람이 약간의 구절을 첨가했다는 주장이 있다. 예컨대, 다음의 구절이 첨가되었다고 볼 수도 있다. 1) 만약 그를 사람이라고 부르는 것이 합법적이라면; 2) 그는 그리스도였다; 3) 그는 죽은 지 사흘째 되는 날에 살아났다. 주로 이 세 부분이 첨가되었다고 주장하는 학자들이 있다.[140]

---

139 Josh McDowell, A Ready Defense (Nashville: Thomas Nelson Publishers, 1993), 199 재인용.
140 리 스트로벨, 예수 사건, 102-103.

그러나 유대인과 헬레니즘 분야에서 권위자이며 마이애미대학의 교수인 에드윈 야마우치 박사는 위에서 인용된 요세푸스의 본문이 대체로 진실하다는 점에 대해서는 학자들 사이에서 놀랄 만한 일치를 보인다고 말한다.[141] 야마우치는 위에서 언급한 세 부분이 없다고 해도 요세푸스의 본문은 원래 예수님에 관해서 중요한 정보를 알려준다고 주장한다. 그는 다음과 같이 말한다.

> 요세푸스는 예수에 관한 중요한 정보를 확증해 주고 있어요. 즉 예수는 예루살렘 교회의 순교한 지도자라는 사실입니다. 그리고 몇몇 유대인 지도자들의 선동 때문에 빌라도의 결정 아래 십자가에서 못 박혀 죽음을 당했다는 사실에도 불구하고 광범위하고도 지속적인 추종자들을 가진 지혜로운 선생이라는 사실입니다.[142]

이러한 야마우치 박사의 주장은 상당히 합리적이다. 왜냐하면, 초기 그리스도인들은 예수를 가리켜 "지혜로운 사람"이라고 부르지 않았다. 이것은 오히려 기독교 공동체 밖의 사람이 부르는 표현에 가깝다. 또한 아무리 어떤 부분이 첨가되었다고 해도, 요세푸스의 본문 자체는 예수님에 관한 정보를 알려주는 것만은 틀림이 없다. 따라서 우리는 '예수님이 빌라도의 통치 하에서 십자가형을 받고 죽었고, 그 후 많은 예수의 추종자들이 생겨났다'는 것만은 부인할 수 없는 역사적 사실이라고 결론지을 수 있다.

---

141 위의 책. 102.
142 위의 책. 103.

3) 바빌론 탈무드

예수에 관한 역사 기록은 유대인 역사가 요세푸스의 역사책에만 나오는 것이 아니라, 유대인들이 중요하게 여기는 바빌론 탈무드에도 나온다. 바빌론 탈무드는 다음과 같은 내용을 소개하고 있다.

> 유월절 전날 밤에 그들은 예수Yeshu 를 매달았다. 그리고 통보자 한 사람이 나와서 예수앞에 서서 40일 동안 다음과 같이 말하였다: '이 자는 마술을 행하고, 이스라엘을 꾀어서 그릇된 길로 인도하였기에 곧 돌에 맞아 죽게 될 것이다. 이 자에게 유리한 어떤 것이라도알고 있는 자가 있다면 앞으로 나와서 이 자를 대신하여 탄원하기를 바란다.' 그러나 그를변호할 만한 어떤 것도 발견하지 못한 그들은 유월절 전날 밤에 그를 매달았다.
>
> (Sanhedrin 43a ; cf. t. Sanh. 10 : 11 ; y. Sanh. 7 : 12 ; Tg. Esther 7 : 9).[143]

우리는 위에 소개된 탈무드의 내용을 통하여 예수님이 유월절 전날에 십자가에 못 박혀 죽었음을 확인할 수 있다. 유대인 학자 조셉 클라우스너Joseph Klausner 는 "탈무드에서 '매달았다'는 표현은 '십자가에 못 박힘'을 나타내는 표현"이라고 주장한다.[144] "또한 이 십자가 못 박힘이 '유월절 전날 밤에' 일어났다는 표현은 요한복음 19장 14절의 진술과 통한다. 그러므로 이 본문은 분명히 예수와 그의 죽음의 역사성을 확인해 주고 있다."[145]

우리가 지금까지 살펴보았듯이, 기독교인들에 대한 강한 반감을 가지고 있었던 유대인들의 역사 기록에서도 분명히 예수 사건에 관한 구체

---

143 조시 맥도웰, 기독교변증 총서 2, 53-54.
144 위의 책, 54.
145 위의 책.

적인 정보를 얻을 수 있다. 따라서 우리는 유대인들의 자료에서도 역사 속의 예수를 발견할 수 있다.

2. 로마와 헬라의 역사가들

예수의 역사적 실존에 대하여 알려주는 로마의 역사가들과 헬라의 저술가로는 코넬리우스 타키투스, 로마 지방 총독 플리니, 그리고 루시안 등을 말할 수 있다. 이들이 증거하는 역사적 자료들을 살펴보겠다.

1) 로마의 역사가, 코넬리우스 타키투스 Cornelius Tacitus

로마의 역사가 타키투스(AD 52-54년경 출생)는 네로 황제의 통치에 관하여 글을 쓰면서, 신약성경 밖에서 볼 수 있는 예수님에 관한 중요한 정보를 제공하고 있다.[146] 타키투스는 예수와 그리스도인의 존재에 대해서 언급하였다. "AD 115년, 그의 분명한 진술에 의하면 네로 황제가 AD 64년 로마를 황폐화시킨 대화재에 대한 의심을 딴 데로 돌리기 위해 그리스도인들을 희생양으로 삼아 박해했다고 기록하고 있다."[147]

네로는 죄인들을 묶어 두고 혐오스러운 행위 때문에 미움을 받는 무리들, 즉 대중들이 그리스도인이라 부르는 사람들에게 격렬한 고문을 가했다. 그리스도는-그리스도인이란 명칭이 이 사람의 이름을 따라서 붙여진 것인데-티베리우스의 통치기간에 로마의 행정관이었던 본디오 빌라도의 손에 극단적인 형벌을 받았다. 그리고 매우 해로운 미신으로 간주되던 신앙이 당장에는 박해를 받았지만 그 악이 발생한 최초의 장소인 유대지

---

146 리 스트로벨, 예수 사건, 105.
147 리 스트로벨, 예수 사건, 105.

방에서 다시 일어났고, 심지어 로마에서도 생겨났다…그래서 유죄를 인정한 모든 사람들에 대해 최초로 체포가 행해졌다. 그때 그들의 정보를 바탕으로 엄청난 사람들이 유죄 판결을 받았는데 도시 방화죄때문이 아니라 인류에 대한 증오 때문이었다.[148] 【연대기 (Annals XV 44)】

여기서 타키투스는 몇 가지 중요한 사실을 말하고 있다. 1) 그리스도인이란 이름은 그리스도(예수)에 그 근거를 둔다는 점, 2) 그리스도는 본디오 빌라도의 손에 의해 극단적 형벌을 받았다는 점, 3) 그 십자가 처형이 티베리우스의 통치기간(AD 14-37년)에 이루어졌다는 점, 4) 예수의 죽음을 믿는 신앙이 해로운 미신으로 간주되었다는 점, 5) 그 신앙이 최초의 발생지인 유대지방에서 다시 일어났다는 점, 6) 그리스도의 제자들은 로마에까지 그 신앙을 가져왔다는 점, 그리고 7) 그리스도인들에 대한 체포가 이루어졌다는 점 등이다.[149]

이런 점들은 신약성경에서 말하고 있는 내용과 대부분 일치한다. 예를 들어, 1) 그리스도인이란 이름이 그리스도(예수)에 근거를 둔다는 점은 사도행전 11장 26절에, "제자들이 안디옥에서 비로소 그리스도인이라 일컬음을 받게 되었더라"는 말씀과 일치한다. 2) 그리스도는 본디오 빌라도의 손에 의해 극단적 형벌을 받았다는 점은 마가복음 15장 15절, "빌라도가 무리에게 만족을 주고자 하여 바라바는 놓아 주고 예수는 채찍질하고 십자가에 못 박히게 넘겨주니라"는 말씀과 일치한다. 3) 예수의 죽음을 믿는 신앙이 해로운 미신으로 간주되었다는 점은, "우리가 보니 이 사람은 전염병 같은 자라 천하에 흩어진 유대인을 다 소요하게 하는 자요 나사렛 이단의 우두머리라"(행 24:5); "소리 질러 이르되 천하를

---

148 위의 책, 재인용.
149 Gary R. Habermas, *The Historical Jesus*, 189.

어지럽게 하던 이 사람들이 여기도 이르매"(행 17:6)라는 말씀과 일치하고 있다. 따라서 타키투스의 기록은 예수님이 역사상 실제로 있었던 역사적 인물이라는 사실을 잘 뒷받침해 주고 있다.

그런데 "예수는 신화다"라는 책을 쓴 티모시 프리크와 피터 갠디는 그들의 책에서 다음과 같은 주장을 한다. "타키투스의 증거는 당대에 수집된 것이 아니다. 로마 대화재가 일어난 지 50년쯤 지난 후 수집된 것이다."[150] 따라서 타키투스의 증거는 예수가 역사적 인물이라는 사실의 독자적 증언이 될 수 없다고 주장한다. 다시 말해, 타키투스의 증거는 실제 사건이 발생하고 50년이 지난 후에 자료를 수집해서 정리한 것이기 때문에 역사적 가치가 없다고 한다.

그러나 이것은 고대 문서의 역사적 가치를 평가하는 일반적인 기준과는 아주 거리가 먼 주장이다. 즉, 그것은 편협한 주장일 뿐 아니라 합리적인 주장도 아니다. 왜냐하면, 그들의 주장대로라면 최소한 두 가지 문제가 발생한다.

첫째, 타키투스의 역사기록물 중에는 50년보다 훨씬 더 앞선 세대의 이야기도 기록되어 있다. 그는 150년에서 200년 전의 로마 역사도 기록하고 있다. 그렇다면 그 모든 타키투스의 역사기록물은 후대에 수집되었기 때문에 역사적 가치가 전혀 없다고 평가해도 되겠는가? 게다가 고대 문서의 역사적 기록은 당대에 일어난 사건을 동시대 사람들이 쓴 경우가 거의 없다.

예컨대 로마의 열두 황제들의 전기The Twelve Caesars를 쓴 수에토니우스Suetonius는 AD 110~120년경에 그의 책을 기록하였다. 그런데 그 책에 등장하는 로마 황제들 모두가 수에토니우스보다 훨씬 앞선 시기의

---

150 티모시 프리크 & 피터 갠디, 예수는 신화다 (서울: 동아일보사, 2002), 239.

인물이다. 줄리어스 시저 Julius Caesar 는 수에토니우스보다 200여 년을 앞섰고, 아우구스투스 Augustus 는 140년 전의 인물이다. 이 황제들은 역사가 수에토니우스보다 200년에서 100여 년 전에 살았던 인물이지만 그들의 전기는 그의 역사책에 기록되었다. 그리고 오늘날 사람들은 그의 책을 통하여 로마의 역사를 평가하고 있다.

이런 점을 감안한다면, 예수님에 관한 타키투스의 기록이 당대에 기술되지 않았고 약 50년 전 일어난 사건의 자료를 수집해서 썼다는 이유로 역사적 사실이 아니라고 주장할 수 없다. 또 당시 로마인들은 기록과 역사에 집착하는 경향이 있었다. 그런 추세를 고려해볼 때, 역사적 사실이 아니라면 로마의 역사가인 타키투스가 당시 사람들이 혐오하던 미천한 그리스도인들의 증언을 굳이 그의 역사책에 문자 그대로 옮겨 적은 이유를 찾을 수 없다.

둘째, 만일 우리가 그리스도인에 대한 타키투스의 역사적 증거물을 부인하게 된다면 다음과 같은 문제가 생긴다. 당시 로마 사람들과 유대인들은 십자가의 처형을 가장 수치스럽게 생각했는데, '가장 수치스러운 죽음을 당한 죄인을 경배하는 종교가 어떻게 그렇게 빠른 속도로 퍼져 나갈 수 있었는가' 하는 점이다. 예수가 실제로 존재하지 않았다면, 어떻게 20-30년도 채 안 되어서 당시 소아시아 지방과 로마 지역에 적게는 수만 명, 많게는 수십만 명의 사람들이 예수님을 하나님으로 경배하는 예수 운동이 생겨났는가? 예수가 역사적인 인물이라는 사실을 기초로 하지 않고는 이에 대해 합리적인 설명이 불가능하다. 예수님과 그 제자들에 관한 역사적 증거는 여기서 그치지 않는다.

2) 로마 지방 총독, 젊은 플리니 Pliny the Younger

플리니는 터키 북서부에 위치한 비두니아 지방의 총독이었다. 그가 그의 친구인 로마 황제 트라야누스와 주고받은 편지가 지금까지 보존되어 왔는데 그 내용은 다음과 같다.

> 나는 그들이 그리스도인인지를 물어보았다. 그런데 그들이 인정하면 두 번 세 번 똑같은 질문을 반복하면서 그들을 기다리는 것은 처벌뿐이라고 경고한다. 그들이 끝까지 주장을 굽히지 않으면 끝내 처형하라고 명령한다. 그들은 또한 자신들의 죄나 잘못을 다 합쳐도 이 정도밖에 안된다고 선포했다. 즉 어떤 날을 정해서 동이 트기 전에 정기적으로 모여서 하나님께 대하듯이 그리스도를 존경하는 마음으로 교대로 찬송 구절을 노래했을 뿐이었으며, 또한범죄를 저지를 목적에서가 아니라 도둑질, 강도, 그리고 간음을 하지 않기 위해서 맹세함으로써 자신들을 구속한 일밖에는 없다는 것이었다.[151] 【서신들 (Epistles X96)】

이 편지는 AD 111년경에 쓰였을 것으로 추정된다. 이 기록은 당시 초기 기독교가 급속도로 확산하였다는 사실을 보여주고 있다. 또한 그 확산 추세는 도시와 시골 지역을 가리지 않고 퍼져 나갔으며, 노예로부터 로마 시민권자에 이르기까지 각계각층의 사람들이 예수를 하나님의 아들로 존경하고 섬겼다는 사실을 증거하고 있다.[152]

이러한 사실은 무엇을 의미하는가? 어떻게 로마의 속국이었던 유대 땅에서, 그것도 문화적으로 천대를 받아왔던 변두리 지역인 갈릴리 지방에서 한 무명의 청년이 종교적 모함을 받고 가장 멸시받는 십자가형을 받고 죽었는데, 그의 추종자들이 그렇게 빠른 속도로 확산할 수 있었는가? 이것은 사실상 인간적인 이해를 넘어서는 것이다. 그리스도라고 불렸던

---

151 리 스트로벨, 예수 사건, 107.
152 위의 책, 107-108.

예수라는 청년이 실제로 없었더라면 이는 더더욱 불가능하였을 것이다.

3) 루시안 Lucian

사모사타의 루시안은 2세기 헬라 저술가인데, 교회사에서 가장 비판을 많이 받는 사람 중의 하나이다.[153] 그의 책에는 기독교인에 대해서 신랄한 비판이 실려 있다. 그의 비판적 글을 통하여 우리는 예수님과 당시 기독교인에 대하여 정확한 정보를 얻을 수 있다.

> 누구나 아는 바와 같이 그리스도인들은 오늘날까지 어떤 한 사람-그들에게 고상한 의식을 소개해 주고 그것 때문에 십자가에 처형된 특별한 한 사람-을 예배하고 있다. 잘못된 길로빠진 이 작자들은 영원히 죽지 않을 것이라는 일반적 확신에서 출발하고 있는데 그 때문에그들은 죽음을 우습게 여기며 기꺼이 헌신한다. 그리고 그런 모습은 그들 가운데서 아주 흔한 모습이다. 그리고 더욱 인상적인 것은 그들에게 처음 법을 제시해 준 그 사람에 의해 그들은 회심한 바로 그 순간부터 형제이며 헬라의 신들을 거부하고 그가 준 법에 따라 십자가에 처형당한 성인을 예배한다. 이 모든 것을 그들은 대단한 믿음으로 받아들이고 있으며 그결과 그들은 모든 세상적인 좋은 것들을 경멸하고 그것들을 공동의 소유물로 여긴다 (사모사타의 루시안. 예. 11-13)[154]

우리는 루시안의 글을 통해서, 1) 2세기의 그리스도인들은 예수를 경배하였으며, 2) 그 예배의 대상인 예수는 십자가에 처형되었으며, 3) 그들이 회심한 순간부터 형제자매가 되었으며, 4) 헬라의 신들을 거부하

---

153 조시 맥도웰, 기독교변증 총서 1, 오진탁 외 2인(서울: 순출판사, 2006), 213-214.
154 위의 책, 213.

였고, 5) 물질적 소유에 집착하지 않고 그 신앙에 헌신하였음을 잘 알 수 있다. 바로 이것이 역사적 예수와 그를 따랐던 초기 그리스도인들의 모습인 것이다. 우리는 루시안의 저술을 통하여 역사적 예수와 그 제자들에 관해서 분명한 역사적 자료를 얻을 수 있다. 이와 같이 우리는 신약성경을 제외한 일반 역사의 기록을 통해서도 예수님의 생애와 가르침에 관해서 정확한 정보를 얻을 수 있다.

3. 고대 그리스도인의 문서들

대개 고대 역사에 관한 전문 지식이 없는 사람들은 예수님의 죽음 이후 100~150년 후에 쓰인 고대 역사 문헌이 신뢰할 수 없는 기록이라고 오해하기 쉽다. 그런데 대부분의 고대 문서들은 그 역사적 인물이 죽은 지 최소한 100년에서 수백 년 후에 기록됐다. 예컨대 로마 역사가 리비우스Livy 가 쓴 로마의 역사도 그의 시대보다 약 100년 앞선 역사를 기록한 것이 많이 있다. 그래서 고대 헬라 문화에서 어느 특정한 역사적 인물에 관한 기록이 그의 사후 100년에서 150년 이후에 쓰인 것이라면 그것은 대개 역사적으로 신뢰할 만하다고 평가한다.

우리는 제2장에서 살펴본 티베리우스 로마 황제에 관한 기록을 상기할 필요가 있다. 주지하다시피 티베리우스 황제는 예수와 동시대의 인물이었다. 그래서 그는 예수와 매우 잘 비교될 수 있는 역사적 인물이다. 티베리우스 황제의 생애에 관한 대표적인 로마 역사기록은 4가지 문서이다. 또한 예수님의 생애에 관한 기록도 4복음서, 즉 4가지 문서가 있다.

티베리우스의 생애에 관한 기록 중에서 첫 번째 것은 매우 이른 시기에 기록된 자료이긴 하지만, 티베리우스 황제가 있었다는 정도의 아주 단순한 정보만 제공한다. 두 번째와 세 번째 자료는 로마의 역사가 타키투스와 수에토니우스가 기록한 것들이다. 이 자료는 티베리우스 황제가 죽은 후 최소한 약 80년이 지나서 완성된 역사 자료이다. 네 번째 것은 역사가 디오 카시우스가 기록했는데, 그것은 티베리우스 황제의 사후 약 190년에 쓰였다.[155] 이처럼 티베리우스 황제에 관한 역사기록도 그 황제가 죽고 최소한 80년에서 200년이 지난 후에 기록되었다. 따라서 고대의 역사기록에 100년에서 150년 정도의 시차라면 아주 괜찮은 역사기록이라고 평가할 수 있다.

이제 우리는 신약성경 외에 나타난 그리스도인들의 역사기록에 관해서 살펴보고자 한다. 과연 신약성경을 펼치지도 않은 상태에서 우리는 예수님의 생애와 가르침을 자세히 알 수 있겠는가? 실제로 우리는 4복음서를 전혀 펼쳐보지 않아도 예수님의 생애에 관하여 매우 자세히 알 수 있다. 그 방법으로 성경 외에 기록된 초기 교부들의 역사자료를 살펴본다.

성경 외의 자료는 주로 로마의 클레멘트Clement of Rome, 이그나티우스Ignatius, 폴리캅Polycarp, 파피아스Papias 등 초기 교부들의 저술과 초기 기독교 문서에서 찾아볼 수 있다. 초기 교회 교부들이 쓴 문서는 예수의 사후 100년을 전후로 해서 쓰였다. 예컨대 이그나티우스(AD 70~110년)는 안디옥의 주교였으며 순교자였다. 그는 사도들을 매우 잘 알고 있던 인물이었다. '그가 남긴 7개의 서신은 마태복음, 요한복음, 사도행전, 로마서, 고린도전서, 갈라디아서, 에베소서, 빌립보서, 골로새서, 데살로니가전·후서, 디모데전·후서 야고보서, 베드로전서에서 인용했다.'[156] 또한 이그나티우스는 예수님에 관한 정보를 다음과 같이 우리에게 알려주고 있다.

---

155 Gary R. Habermas, *The Historical Jesus*: one in a continuing series of lecture and debates in the defense of the faith, CD (Biola University, La Mirada, CA, USA)
156 조시 맥도웰, 기독교변증 총서 1, 182.

예수 그리스도는 다윗의 자손이며, 마리아의 아들이며, 실제로 태어났고 먹고 마셨으며, 실제로 본디오 빌라도에게 고난을 받았으며, 하늘과 땅 위와 땅 아래에 있는 자들이 지켜보는가운데 실제로 십자가 상에서 죽임을 당했으나 죽은 자들 가운데서 진정 다시 살아났다. 그를 일으킨 자는 그의 아버지인데, 그는 장차 똑같은 방식으로 예수를 믿는 우리들을 일으키실 것이다(트랄레스서, 9).[157]

위와 같은 이그나티우스의 증언은 신약성경의 기록과 정확히 일치하고 있다.

폴리캅(AD 70~156년)은 86세에 순교를 당하였는데 사도 요한의 제자이며 서머나의 주교였다. 그는 그의 서신에 신약을 많이 인용하였다. 신약을 인용한 다른 사람들은 바나바(AD 70년경), 허마(AD 95년경) 그리고 이레니우스가 있다.[158] 그뿐만 아니라 좀더 후대의 교부들은 더 많이 신약성경을 인용하였다. 그 교부들의 신약성경 인용에 관하여 조시 맥도웰은 다음과 같이 정리하고 있다.

알렉산드리아의 클레멘트(AD 150~212년). 2,400여 회에 이르는 그의 신약 인용은 신약성경가운데 3권을 제외한 모든 책에서 인용했다. 터툴리안(AD 160~220년)은 카르타고 교회의 장로였으며 신약성경을 7,000회 이상 인용하고 있으며 그 가운데 3,800회가 복음서에서 인용됐다. 히폴리투스(AD 170~235년)는 1,300회 이상 인용했다. 오리겐(AD 185~235 또는 254년). 이 대단한 작가는 6,000권 이상의 저술을 남겼다. 그는

---

157 조시 맥도웰, 기독교변증 총서 2, 68-69.
158 조시 맥도웰, 기독교변증 총서 1, 183.

18,000회 이상 신약을 인용하고 있다.[159]

이와 같이 초기 교부들은 니케아 종교회의(AD 325년) 이전에만 3만2천
번 이상 신약성경을 인용하였다.[160] 이렇게 풍부한 성경인용 자료들이
존재하기 때문에 데이비드 달림플 David Dalrymple 경은 만일 신약성경의
사본이 3세기 말엽에 다 분실되었다고 하더라도, 초기 교부들의 저술을
모아서 신약성경을 온전히 복원할 수 있다고 말한다. 그는 신약성경 중
에서 오직 11구절을 제외한 신약의 전 내용을 다 찾아낼 수 있었다고 말
하였다.[161] J. 헤럴드 그린리도 초기 교부들이 성경을 인용한 폭이 매우
광범위하기 때문에 그들의 문헌들만으로도 신약성경 전체를 복원할 수
있다고 주장하였다.[162]

초대 교부들의 신약 인용						
저자	복음서	사도행전	바울서신	일반서신	계시록	합계
순교자 저스틴	268	10	43	6	3(266회 암시)	330
이레니우스	1,038	194	499	23	65	1,819
클레멘트 (알렉산드리아)	1,107	44	1,127	207	11	2,406
오리겐	9,231	349	7,778	399	165	17,992
터툴리안	3,882	502	2,609	120	205	7,258
히폴리투스	734	42	387	27	188	1,378
유세비우스	3,258	211	1,592	88	27	5,176
총계	19,368	1,352	14,035	870	664	36,289

(조시 맥도웰, 기독교변증 총서 1, p. 180. 도표 참조)

---

159 위의 책.
160 위의 책.
161 위의 책, 181-182.
162 위의 책, 181.

진짜 예수 도올의 잘못된 성경관 바로잡기(상)

우리는 이러한 초기 교부들의 신약성경 인용문과 예수님에 관해서 저술한 그들의 문헌을 통해서 예수에 관한 정확하고 구체적인 정보를 충분히 얻을 수 있다. 이것은 신약성경이 현재 존재하지 않는다고 해도 초대 교회 교부들의 문헌만으로도 예수의 말씀을 충분히 알 수 있음을 나타낸다. 따라서 우리는 신약성경으로도 예수님에 관한 정보를 알 수 있을 뿐만 아니라 처음부터 신약성경을 존중했던 초기 교부들의 저작을 통해서도 다시 한 번 예수님에 관한 구체적인 정보를 확인할 수 있다. 이 초기 교부들의 저작은 일반적인 잣대로 보아도 역사적 가치가 충분하다고 평가할 수 있다.

4. 예수의 생애에 관한 고대 자료, 45개

여러분은 예수님의 생애, 가르침, 십자가에 못 박힌 사건, 그리고 부활에 관한 고대 역사자료가 과연 몇 가지나 된다고 생각하는가? 역사적 예수에 관한 연구의 권위자인 게리 하버마스Gary R. Habermas는 그의 책 「역사적 예수」The Historical Jesus에서 예수님의 생애에 관한 고대 자료는 45개가 있다고 밝혔다. 그는 그 책에서 초기 교리적인 자료 19개, 4개의 고고학적 자료들, 17개의 비그리스도인의 자료들, 그리고 5개의 신약성경을 제외한 초기 그리스도인의 자료를 일일이 소개하고 분석했다.

하버마스는 17개의 비기독교인의 역사자료를 면밀히 분석한 후 다음과 같이 그 결과를 말한다. "17개 자료 중에서 대다수가 예수의 생애에 대한 관점을 언급하고 있고, 12개 자료가 예수의 죽음에 대해서 기록하고 있다. 그 12개 비기독교인 자료들 중에서 6개가 예수의 신성에 대해서 기록하고 있는데, 예수의 신성에 대하여 직접적으로 언급하거나 당시 그리스도인들이 예수의 신성을 믿었다고 기록하고 있다."[163] 게다가 하버마스는 예수의 생애에 관한 45개의 고대 자료 중에서 예수님의 실제 생애, 인격, 가르침, 죽음, 부활, 그리고 제자들의 초기 메시지 등을 철저히 분석하였는데, 그 결과 "예수님과 관련된 고대 역사의 사건 기록은 총 129가지나 된다"고 말한다. 그는 그의 책에 이러한 역사적인 사건을 일일이 열거하고 있다.[164] 이렇게 고대 자료를 꼼꼼히 분석한 하버마스는 다음과 같이 결론을 내린다.

예수님은 자신에 관한 역사적 자료를 많이 가졌을 뿐만 아니라 상당히 많은 분량의 우수한 자료를 가진 역사적 인물 중의 한 사람이다. 그분에 대한 자료는 고대에서 가장 공식적으로 언급된 것이며, 가장 입증된 삶을 보여주는 자료 중에 하나이다.[165]

또한 보스턴대학의 명예 교수인 하워드 클라크 키 Howard Clark Kee 는 신약성경 이외의 자료를 연구한 후에 다음과 같이 주장했다.

예수에 관한 전통이 이 정도로 다양한 방식으로 전수되었음에도 불구하고, 이후의 인류사에 그토록 심오한 영향을 계속 끼쳐온 이 인물의 생애, 가르침과 죽음에 대한 내용들이 명료하면서도 놀랄 만큼 일관되게 정돈되어 있다는 증거들을 우리는 가지고 있다.[166]

---

163 Gary R. Habermas, *The Historical Jesus*: one in a continuing series of lecture and debates in the defense of the faith, CD.

164 Gary R. Habermas, *The Historical Jesus*, 250.

165 위의 책, 251.

166 조시 맥도웰, 기독교변증 총서 2, 76-77.

진짜 예수 도올의 잘못된 성경관 바로잡기(상)

따라서 예수님에 관한 다양한 역사기록과 그 신뢰성은 다른 고대 인물의 것과 비교해볼 때 가장 탁월하다고 말할 수 있다.

5. 결론

우리는 제3장을 통하여 다음의 질문을 살펴보았다. '신약성경을 펼치지 않고서도 예수님에 관한 자료를 일반 역사에서 얻을 수 있겠는가?' '과연 성경에 나타난 예수님의 모습은 일반 역사 문헌에 나타난 모습과 동일한가?' 이 질문에 대한 대답은 확실히 긍정적이라고 말할 수 있다.

앞에서 살펴본 바와 같이 성경 외에 일반 역사에 나타난 예수님의 생애에 관한 자료는 예수가 역사적 인물임을 입증하는 충분한 증거를 보여주었다. 일반 역사에 나타난 예수에 관한 기록으로서 총 45개의 고대 자료를 찾을 수 있었고, 이 고대 자료를 자세히 분석한 결과 예수님의 생애에 관련된 역사기록은 모두 합쳐서 129가지 사건이 있음을 알 수 있다.

또 우리는 신약성경을 전혀 펼치지 않고서도 초기 교회 교부들의 문헌을 통해 예수의 생애와 가르침을 온전히 알 수 있음을 살펴보았다. 심지어 초기 교부들의 문헌을 통해 신약성경을 거의 다 온전히 재구성할 수 있다.

게다가 우리는 일반 세속 역사의 기록물을 통해서도 예수님의 존재와 가르침에 관해서 알 수 있었다. 일반 역사에 나타난 예수에 관한 역사기록은 유대인 역사가 요세푸스, 로마의 역사가 타키투스, 로마의 지방 총독 플리니, 헬라의 저술가 루시안, 그리고 탈무드 등의 저술에서 확인할 수 있다. 따라서 우리는 일반 역사의 기록을 통해서도 예수님에 관한 자세한 정보를 얻을 수 있다.

그렇다면 이러한 일반 세속 역사 속에 나타난 예수님에 관한 기록과 신약성경에 나타난 예수님에 관한 기록이 내용상 상호 일치하고 있는 가? 이 문제에 관하여 깊이 있게 연구한 마이애미대학의 교수인 에드윈 야마우치 박사는 일반 역사에 나타난 예수님에 관한 기록을 면밀히 검 토한 후에 다음과 같이 결론을 내리고 있다.[167]

1. 예수는 유대인 선생이었다.
2. 많은 사람들은 예수가 치유를 행하고 귀신을 쫓아내는 일을 했다고 믿고 있었다.
3. 어떤 사람들은 그가 메시아라고 믿었다.
4. 그는 유대 지도자들에 의해 배척을 받았다.
5. 디베랴 지방의 본디오 빌라도의 통치 하에서 십자가에 못 박혀 죽음을 당했다.
6. 십자가라는 수치스러운 죽음에도 불구하고 그가 여전히 살아 있다고 믿은 추종자들은 빠른 속도로 확산되어 AD 64년경에는 로마에서도 많은 사람들이 믿었다.
7. 도시와 시골 할 것 없이, 모든 부류의 사람들, 남자와 여자, 노예와 자유인들 모두가 예수님을 하나님으로 경배하였다.

이와 같은 내용은 신약성경이나 교부들의 문서를 전혀 펼쳐 보지 않 은 상태에서 오직 세속 역사 속에 나타난 예수님에 관한 기록을 요약한 것이다. 그렇다면 이러한 일반 문서에 나타난 기록과 신약성경의 기록 에서 차이점은 무엇이겠는가? 사실상 두 가지 기록 모두가 내용상 동일 하다고 결론지을 수 있다. 신약성경의 저자들은 예수님을 향한 믿음을 갖고서 기록하였고, 일반 역사가들은 예수님을 하나님으로 믿지 않지 않은 상태에서 역사적 사실을 기록하였다는 차이만 있을 뿐이다.

이러한 증거를 고려해 볼 때, 우리가 내릴 수 있는 합리적인 결론은 무엇인가? 예수님은 역사상 실제로 존재하였던 인물이다. 그분은 명백

---

167 리 스트로벨, 예수 사건, 112.

진짜 예수 도올의 잘못된 성경관 바로잡기(상)

히 역사적 실존 인물이었을 뿐만 아니라 이 세상에 존재했던 모든 세계 종교의 창시자 중에서 신뢰할 만한 역사기록을 가장 많이 가지고 있는 역사적 인물이라고 결론지을 수 있다. 다른 고대 종교 지도자 중에서 예수만큼 다양하고 신뢰성 있는 세속 역사의 기록을 가진 인물이 있다면 한 번 제시해보기를 바란다.

예수에 관한 역사기록은 기독교 문서 내에서 발견될 뿐만 아니라 일반 역사기록에서도 충분히 발견된다. 그리고 양측의 기록은 내용상 일치점을 가지고 있다. 이런 사실은 고대에 존재하였던 역사 인물 중에서 예수에 관한 기록이 가장 풍부하며 가장 믿을 수 있는 기록임을 다시 한 번 입증해 준다.

예수는 역사적 실존인물이었고 가장 풍부한 역사기록을 가지신 분임을 분명히 알아야 한다. 또 성경을 제외한 세속 역사의 기록만으로도 예수의 생애와 관련된 사실을 명확히 알 수 있고, 그 세속 역사의 기록이 신약성경의 내용과 일치한다는 사실은 역사적 예수 사건이 오늘날까지 온전히 전수돼 왔음을 말해준다. 그러므로 4복음서에 나타난 예수님의 모습은 실제 역사 속에 사셨던 예수님의 모습과 동일하다고 결론지을 수 있다.

4장

복음서의 역사성을 부인하는
도올의 질문에 대한 답변

REAL
JESUS

도올은 예수의 생애와 가르침을 기록한 복음서가 역사적 사실과는 거리가 먼 허구라고 주장한다. 그는 그리스도인들이 하찮은 복음서 기사의 진실성에 매달리게 되면 진정한 복음의 내용을 망각하게 된다고 경고까지 한다.[168] 제4장에서는 도올이 신약성경의 역사성을 부인하는 몇 가지 대표적인 사례에 대해 분석함으로써 그의 주장이 믿을 만한 타당한 이유가 없는 잘못된 주장임을 밝혀낼 것이다. 이를 위해 우리는 예수의 동정녀 탄생, 예수의 족보문제, 원적지 호구조사, 그리고 베들레헴 유아살해사건 등의 주제들에 대하여 집중적으로 분석하고자 한다. 이와 같은 논의의 과정을 거쳐 신약성경은 역사적 사실에 충실한 책이며, 예수님의 말씀이 그 안에 온전히 담겨 있다는 사실에 대하여 논증해 보겠다.

1. 예수의 동정녀 탄생

도올은 예수님의 동정녀 탄생을 부인한다.[169] 예수님이 초자연적인 역사로 처녀의 몸에서 태어났다는 성경의 주장이 역사적 사실이 아니라

---

168 김용옥, 기독교성서의 이해 (서울: 통나무, 2007) 245-263.
169 위의 책, 245-254.

고 말한다. 그는 "기독교인들이 동정녀 탄생설화와 같은 하찮은 복음서 기사의 진실성에 매달리게 되면 진정한 복음의 내용을 망각하게 될 수 있다"[170]고 주장한다. 그는 예수가 동정녀 마리아의 몸에서 태어났다는 이야기는 예수의 말씀을 드러내기 위한 하나의 '드라마적 장치'에 불과하다고 본다. 그러므로 그는 예수의 동정녀 탄생을 거짓으로 보고 역사적 사실로 믿지 않는다.

그러면 도올이 예수의 처녀 탄생을 부정하는 이유는 무엇인가? 그가 내세우는 이유를 간단히 요약하면 다음과 같다.

> 첫째, 마태복음 1장 23절에서 인용하고 있는 구약의 동정녀 탄생 예언은 그릇된 인용이다.
> 둘째, 사도 바울의 서신에는 동정녀 탄생에 관한 언급이 없다.
> 셋째, 예수님의 말씀 어록인 Q 자료에도 동정녀 탄생에 대한 언급이 없다.
> 넷째, 동정녀 탄생은 박혁거세가 알에서 나왔다는 우리나라 설화 정도에 불과하다.
> 다섯째, 예수는 자신이 동정녀에서 태어났다는 자기 이해가 없다.
> 여섯째, 마리아는 어차피 처녀가 아니며, 7명의 자식이 있었다.[171]

이와 같은 이유로 인해서 그는 예수님의 동정녀 탄생은 역사적 사실이 아니라고 주장한다. 그렇다면, 이러한 도올의 주장은 과연 합당한가? 그의 주장이 합당한지 또는 성경의 기록을 믿는 기독교 신앙이 더 타당한지에 대해 좀 더 구체적인 검토가 필요하다. 우리는 이 문제의 진위를 가리기 위해서 도올이 동정녀 탄생을 부정하는 이유를 중심으로 살펴볼 것이다.

---

170 위의 책, 248-249.
171 위의 책, 245-250.

진짜 예수 도올의 잘못된 성경관 바로잡기(상)

1) 동정녀 탄생에 대한 구약의 예언(사 7:14)

그동안 도올은 수많은 매체를 통하여 예수님의 동정녀 탄생이 역사적 사실이 아님을 강조해 왔다. 도올이 예수의 동정녀 탄생을 부정하는 가장 강력한 이유로 내세우는 것은 마태복음 1장 23절에 인용된 동정녀 탄생에 대한 구약의 예언(사 7:14)이다.

> 그러므로 주께서 친히 징조로 너희에게 주실 것이라 보라 처녀가 잉태하여 아들을 낳을 것이요 그 이름을 임마누엘이라 하리라.(사 7:14)

그는 마태가 동정녀 탄생에 대한 구약의 예언이 성취되었다고 인용한 이사야 7장 14절은 완전히 잘못된 인용이라고 주장한다. 그에 따르면, 이사야의 예언은 예수의 동정녀 탄생에 대한 예언이 아니라 앗시리아를 의존하려 하는 유다의 아하스 왕에게 하나님의 징표가 나타날 것을 경고하는 장면이다. 여기에 나오는 '처녀'는 다름 아닌 아하스 왕의 새 부인을 가리키며, 이사야의 예언은 "아하즈 왕의 새 부인이 곧 아들을 낳게 될 것이라고 예언하고 있는 것"[172]이라고 주장한다. 도올의 주장을 직접 들어보자.

> 상기의 예언은 이사야가 아하즈 왕의 이러한 앗시리아 충성주의를 비판하면서 아하즈 왕에게 하나님의 징표가 나타날 것이라고 경고하는 장면이다. 이때 "처녀"는 성교를 경험하지 않은 처녀가 아니고, 바로 아하즈 왕이 새로 맞이한 젊은 부인을 가리킨다. 아하즈 왕의 새부인이 곧 아들을 낳게 될 것이라고 예언하고 있는 것이다.[173]

---

172 위의 책, 247.
173 위의 책.

위에서 언급된 그의 주장이 사실이라면, 마태는 왜 마태복음을 기록하면서 '처녀'를 '동정녀 마리아'에게 적용하였겠는가? 도올은 여기에 대한 이유로, 젊은 여인을 뜻하는 히브리어 '알마'alma 를 헬라어 성경으로 번역할 때, 셉투아진트(구약 헬라어 역본)에서 '처녀'로 오역하였기 때문이라고 한다. 마태복음의 저자가 잘못 번역된 셉투아진트를 읽고 인용하였기 때문에 이렇게 "엉뚱한 오판"을 자아냈다고 주장한다. 그의 주장을 인용하여 보겠다.

> 그 히브리 원어는 "알마아"alma 인데 그것은 젊은 여자a young woman 를 뜻한다. 히브리말로 처녀는 "베툴라아"이다. 헬라어에 있어서도 "알마아"는 "네아니스"에, "베툴라아"는"파르테노스"parthenos 에 해당되므로 양자는 혼동될 수가 없다. 그런데 무슨 이유에서인지 셉츄어진트가 "알마아"(젊은 여자)를 "파르테노스"(처녀)로 번역해버린 것이다. 이 단순한 오역이 마태복음 기자의 엉뚱한 오판을 자아냈으나 그것은 오늘까지 신약성서에서 동정녀마리아 탄생 설화를 입증하는, 700여 년 앞을 내다 본 구약의 예언으로서 크리스마스 때가 되면 모든 교회에서 뇌까리는 주술이 되고 있는 것이다.[174]

위의 말을 정리하면, 젊은 여자를 뜻하는 히브리어인 '알마'를 헬라어로 번역한 셉투아진트에서 '처녀'로 오역하였고, 마태가 이 오역된 성경을 보고 잘못 인용한 것이라는 주장이다.

도올의 이러한 주장은 과연 믿을 만한 근거가 있는가? 사실 도올의 주장은 믿을 만한 합당한 근거가 없을 뿐만 아니라 매우 잘못된 지식에

---

174 위의 책, 247-248.

근거하고 있다. 그의 주장은 사실이 아니다. 우리가 이사야 7장 14절의 배경지식과 '알마'라는 히브리 단어를 주의 깊게 분석해 본다면 도올의 주장이 잘못되었음을 어렵지 않게 알 수 있다.

(1) 알마 alma 의 용례 분석

먼저 이사야 7장 14절에 쓰인 '알마'라는 단어의 용례를 분석해 본다면 도올의 주장이 잘못되었음을 쉽사리 알 수 있다. "보라! 처녀가 잉태하여 아들을 낳을 것이요."(사 7:14) 이 본문에서 '처녀'를 나타내는 말로 '알마'라는 단어가 쓰였다. '알마'는 '젊은 여자' a young woman 또는 '젊은 소녀' a young girl 를 나타낼 때 쓰는 히브리말이다. 그런데 중요한 점은 구약성경에서 '알마'가 '결혼한 여인'을 나타낼 때 사용된 적이 단 한 번도 없다는 사실이다.[175] 여기에 대하여 에드워드 힌슨 Edward Hindson 은 "성경에서 사용된 알마는 단 한 번도 결혼한 여자를 가리킨 적이 없으며 항상 미혼의 여자를 가리키고 있다"[176]고 주장한다.

실제로 구약성경에서 '알마'는 총 7번 사용되었는데, 한 번도 '결혼한 젊은 여자'를 가리킨 적이 없다. 여기에 대하여 간략히 살펴보면 다음과 같다.[177]

---

175 Norman L. Geisler, "Virgin Birth of Christ" in *Baker Encyclopedia of Christian Apologetics* (Grand Rapids: Baker Books, 1999), 760.
176 조시 맥도웰, 기독교변증 총서 2 (서울: 순출판사, 2006), 388.
177 여기에 대한 자세한 이해는, 위의 책 387-392를 참조하라.

성경구절	본문 내용	'알마' 설명
창 24:43	"처녀가 물을 길으러 오면…"[178]	여기 처녀는 장차 이삭의 아내가 될 '리브가'를 가리킨다.
출 2:8	"그 소녀가 가서 그 아기의 어머니를 불러오니"	여기의 소녀는 모세의 누이 '미리암'이다. 바로의 딸에게 아기 모세에게 젖을 먹일 유모(자기 어머니)를 찾아볼 것을 제안하였다.
시 68:25	"소고 치는 처녀들 중에서 노래 부르는 자들은 앞서고 악기를 연주하는 자들은 뒤따르나이다"	셈족의 풍습에 의하면 일반적으로 미혼 여성들이 신부의 행렬과 다른 잔치 때 참여하였다.[179]
잠 30:19	"남자가 처녀와 음행한 자취이다."[180]	이 구절에 나오는 처녀는 결혼한 여인을 말한다고 볼 근거가 없다.
아 1:3	"처녀들이 너를 사랑하는구나"	여기서 처녀들은 남편을 구하지 못한 처녀들을 말하고 있다.
아 6:8	"왕비가 육십 명이요 후궁이 팔십 명이요 시녀가 무수하되"	여기서 궁정에 사는 시녀는 처녀임이 분명하다.
사 7:14	"보라 처녀가 잉태하여 아들을 낳을 것이요"	여기서도 분명히 결혼하지 않은 젊은 여자를 처녀라고 부르고 있는 것이 확실하다.

지금까지 살펴본 바와 같이, 위에 사용된 '알마'는 단 한 번도 결혼한 젊은 여자를 가리키는 용어로 사용된 용례가 없다. 그래서 그레셤 마헨은 다음과 같이 강조한다. "구약에 사용된 일곱 번의 '알마' 가운데 그 단어가 처녀가 아닌 사람에게 사용된 곳은 하나도 없다."[181] 따라서 위에서 살펴본 '알마'의 용례들을 근거해 볼 때, '알마'란 결혼한 젊은 여인을 가리키는 것이 아니라 일반적으로 '결혼 적령기의 젊은 여자, 즉 '처녀'

---

178 표준새번역
179 위의 책, 389.
180 현대인의 성경
181 조시 맥도웰, 기독교변증 총서 2, 391.

를 가리키는 단어임을 명확히 알 수 있다. 그러므로 구약성경 속에 등장하는 '알마'의 모든 용례는 그 문맥 속에서 이미 처녀성을 포함하고 있기 때문에 이사야 7장 14절도 처녀성을 포함하고 있는 것으로 보아야 마땅하다고 결론지을 수 있다.[182]

그런데 도올은 구약에서 사용된 이러한 '알마'의 용례를 전혀 몰랐기 때문에 '알마'는 처녀가 아니라 단순히 '젊은 부인'을 뜻하며, 이사야 7장 14절에 나오는 '처녀'는 아하스 왕의 새 부인을 가리킨다는 잘못된 주장하였던 것이다. 그뿐만 아니라 도올은 자신의 잘못된 지식을 근거로 해서 셉투아진트(70인역)의 번역이 '오역'이라는 근거 없는 주장을 펼친다.

셉투아진트는 BC 약 200년경에 구약에 관한 유대 전문학자 70명이 함께 모여서 심혈을 기울여 히브리어 구약성경을 헬라어로 번역한 헬라어 구약성경이다. 그 70명의 유대 학자들은 구약성경의 전문가로서 구약성경이 하나님의 말씀이라고 믿었기에 한 글자 한 글자 올바르게 번역하기 위해서 최선을 다하였다. 그들은 구약에 나오는 일곱 번의 '알마'의 용례에 대하여 그 누구보다도 깊이 있는 이해를 가졌기에 '알마'를 헬라어 '파르테노스' parthenos 로 번역하였던 것이다. 파르테노스는 헬라어로 '처녀'를 뜻한다.

위에서 언급한 '알마'에 대한 구약 용례와, 히브리어와 헬라어에 전문지식을 가지고 있었던 70인 유대학자들의 학문적 자질을 고려해 볼 때, 이사야 7장 14절의 '알마'는 '처녀'(파르테노스)로 번역하는 것이 가장 합당하다고 말할 수 있다. 이러한 이유로 벤 위더링턴 3세는 이렇게 주장한다.

---

182 위의 책, 392.

만일 '알마'라는 단어가 일반적으로 처녀라는 의미를 내포하고 있지 않았더라면 70인 역을 번역했던 사람들이 거기에 해당하는 헬라어 파르테노스라는 단어를 사용한 이유를 알아내기가 어렵다.[183]

만일 도올이 '알마'가 결혼한 젊은 부인을 뜻한다는 것을 합당하게 주장하려면, 구약 전체를 통하여 처녀성을 전제로 일곱 번 사용된 '알마'의 용례를 거부할 만한 확실한 반론을 제시할 수 있어야만 한다. 또한 도올의 히브리어와 헬라어에 대한 이해의 수준이 70명의 유대 학자들의 학문적 수준을 능가하며, 그들의 결론을 뒤집을 만큼 월등하다는 객관적인 근거가 제시되어야 그의 주장에 설득력이 있을 것이다. 그러나 필자가 보기에는 그 두 가지 중 어느 것도 불가능하게 보인다.

우리가 지금까지 살펴본 '알마'의 용례를 통하여 생각해 볼 때, '알마'는 도올의 주장과 같이 '결혼한 젊은 부인'(특히 아하스 왕의 새 부인)을 가리킨다고 볼 근거가 없음을 명확히 알 수 있다. 오히려 '알마'의 용례와 셉투아진트의 번역을 고려해 볼 때, '알마'는 '젊은 처녀'를 가리키는 단어임을 확증할 수 있다.

(2) 이사야 7장 14절: 자연적 표적? 초자연적 표적?

이사야 7장 14절은 처녀의 몸에서 태어나는 아기에 대한 초자연적 표적을 예언하고 있다. 이 놀라운 표적은 유대 역사의 어려운 시기에 주어졌다. 유대 왕국의 제12대 왕 아하스Ahaz가 통치하고 있을 때, 시리아의 왕 르신과 이스라엘 왕 르말랴의 아들 베가가 연합하여 유다의 예루살렘을 치려고 전쟁을 일으켰다. 그 때 유대 왕 아하스는 공포에 휩싸였으

---

183 위의 책, 397.

며, 그 위기를 극복하기 위해서 앗수르에 군사적 원조를 요청하려 하였다. 이때 이사야 선지자는 아하스 왕을 만나서 앗수르와 손잡는 것이 얼마나 큰 올무인지를 경고하면서 하나님께서 예루살렘을 건져주실 것이라고 알려주었다.

그때 이사야는 아하스 왕에게 두 가지 메시지를 전달하였다. 먼저 유다를 침략한 그 두 왕은 '연기 나는 부지깽이'에 지나지 않는다는 것을 말하였다. 다른 하나는 하나님께서 진실로 유다를 구원할 수 있는 능력을 가지고 계신다는 것을 확증해 주기 위해, 아하스 왕은 무슨 표적이라도 하나님께 구할 수 있다는 것을 말하였다. 그러나 아하스 왕은 하나님께 대한 불신과 앗수르에 의존하고자 하는 정치적 고려 때문에 하나님께 표적 구하는 것을 거부해 버린다.

바로 그때 이사야 선지자는 아하스 왕의 불신을 책망하면서 하나님께서 직접 초자연적인 표징을 보이시겠다는 것을 이사야 7장 14절에서 다음과 같이 말하였다. "그러므로 주께서 친히 징조를 너희에게 주실 것이라 보라 처녀가 잉태하여 아들을 낳을 것이요 그 이름을 임마누엘이라 하리라." 이사야의 예언은 분명히 하나님만이 하실 수 있는 초자연적인 표적에 대하여 언급하고 있다. 여기서 징조는 "하나님의 말씀이 사실이라는 것을 확증해 주는 기적"[184]을 말한다. 하나님께서 친히 다윗 왕조(사 7:13-14)에 보여주실 표징은 단순히 평범한 일상생활 속에서 자연스럽게 얼마든지 일어날 수 있는 것이라고 보기 힘들다.[185] 이사야가 예언한 바대로 하나님의 위대하심을 보여줄 수 있는 징조는 반드시 초자연적인 표적이 분명하다.

바로 이런 의미에서 처녀가 잉태하여 아기를 낳는다면 이것은 분명히

---

184 위의 책, 393.
185 위의 책, 393-394.

자연적 현상이 아니요, 초자연적인 역사가 분명하다고 볼 수 있다. 따라서 이사야 7장 14절의 예언은 남자를 알지 못하는 처녀가 아기를 낳는 초자연적인 현상을 말한다. 또한 앞에서 살펴본 바대로, '알마'라는 단어가 구약성경에서 처녀성을 전제로 하는 젊은 소녀를 말하기 때문에 본문의 예언은 분명히 하나님의 초자연적 역사로 일어나는 동정녀 탄생을 말하는 것이라고 결론지을 수 있다. 이 사실에 대하여 종교개혁자 존 칼빈은 다음과 같이 명확하게 말하였다.

> 만일 그가 한 남자와의 성관계를 통해 아기를 잉태한 것에 대해 말을 했었다면 선지자가 말한 내용이 뭐 그리 경이로운 것이었겠는가? 이런 것을 징조니 기적이니 하는 것은 틀림없이 말도 안되는 소리가 되었을 것이다. 그것이 한 젊은 여자가 일반적인 과정을 거쳐 임신하는 것이었다고 가정해 보자. 그렇게 되면 자신이 뭔가 이상하고 흔히 볼 수 없는 걸 말한다고 해 놓고, "젊은 여자가 임신할 것이다."라는 말을 한다면 그것은 누가 보아도 그 선지자는 어리석고 조롱할 대상으로 보이게 될 것이다. 따라서 그가 말하고 있는 것은 일반적인 자연의 방법이 아닌 성령의 은혜를 힘입어 처녀가 잉태할 것을 말하고 있는 것이다.[186]

따라서 이사야는 '처녀가 잉태하여 아기를 낳는' 초자연적 현상에 대하여 예언을 하고 있다고 보는 것이 합당하다. 그래서 리처드 니센은 다음과 같이 결론을 맺고 있다. "이사야 7장 14절의 징조는 자연적 과정 그 이상의 어떤 것을 가리킨다. 그것은 무의미한 나열이 아니라 멸절 위기에 놓인 다윗 왕조의 지속과 관련이 있고 그 경우에 꼭 알맞은

---

186 위의 책, 394-395.

징조이다."[187]

그런데 도올은 그의 책, 『기독교성서의 이해』에서 동정녀 탄생에 대한 예언을 아하스 왕의 새 부인이 아들을 낳게 될 것이라는 자연적 현상으로 곡해하고 있다. 그는 다음과 같이 주장한다.

이 때 "처녀"는 성교를 경험하지 않은 처녀가 아니고, 바로 아하즈 왕이 새로 맞이한 젊은부인을 가리킨다. 아하즈 왕의 새 부인이 곧 아들을 낳게 될 것이라고 예언하고 있는 것이다.[188]

이러한 그의 주장은 지금까지 우리가 논의해 본 사실을 근거로 볼 때, 상당히 비합리적인 주장이며 근거 없는 주장이라고 볼 수 있다. 분명히 이사야 선지자의 예언은 초자연적인 표징을 말하고 있는 것이다.

(3) '알마'는 누구인가?

구약성경에 쓰인 알마의 용례는 처녀성을 전제한 젊은 소녀 a young girl 를 나타내고 있다. 또한 이사야 7장 14절의 예언은 다윗 왕조에 주어진 초자연적인 하나님의 표징에 대하여 예언한 것이다. 따라서 이사야 선지자는 하나님의 능력으로 처녀의 몸에서 아기가 태어나게 되는 초자연적인 표적에 대해 예언하고 있다. 그렇다면 이스라엘 역사 속에서 이러한 기준에 부합하는 처녀는 누구겠는가? 신·구약성경 전체를 통해서 처녀의 몸에서 아기가 태어났다는 것을 말하는 것은 오직 마리아의 동정녀 탄생에 관한 주장뿐이다.

사실상 이사야 7장 14절의 예언은 마태가 올바르게 보았듯이, 메시아

---

187 위의 책, 396.
188 김용옥, 기독교성서의 이해, 247.

에 관한 동정녀 탄생으로 이해되어야만 정당하다. 도올은 마태가 마태복음 1장 23절에서 이사야 7장 14절의 동정녀 탄생의 예언을 인용한 것에 대하여 "단장취의"斷章取義라고 혹평하였다.[189] 다시 말해서 마태가 이사야의 예언을 전후 문맥의 뜻을 자세히 살펴보지 못한 채 문장의 일부를 자기 마음대로 따서 임의로 사용한 것이라고 주장한다.

그러나 이것 역시 사실이 아니다. 실제로 마태가 인용한 이사야 7장 14절은 이사야 선지자의 메시아 예언이 시작되는 부분이다. 이사야서 7장부터 11장은 이전 문맥을 검토해 볼 때 '메시아 예언'에 관한 단락인 것을 쉽게 알 수 있다. 다시 말해서 이 부분은 메시아에 관한 예언이 담겨 있는 부분이다. 그 내용 중에서 일부만 소개하면 다음과 같다.

『그러므로 주께서 친히 징조를 너희에게 주실 것이라 보라 처녀가 잉태하여 아들을 낳을 것이요 그 이름을 임마누엘이라 하리라』(사 7:14)

『임마누엘이여 그가 펴는 날개가 네 땅에 가득하리라 하셨느니라』(사 8:8 후반부)

『이는 한 아기가 우리에게 났고 한 아들을 우리에게 주신 바 되었는데 그 어깨에는 정사를 메었고 그 이름은 기묘자라, 모사라, 전능하신 하나님이라, 영존하시는 아버지라, 평강의 왕이라 할 것임이라』(사 9:6)

『[1] 이새의 줄기에서 한 싹이 나며 그 뿌리에서 한 가지가 나서 결실할 것이요 [2] 그의 위에 여호와의 영 곧 지혜와 총명의 영이요 모략과 재능의 영이요 지식과 여호와를 경외하는 영이 강림하시리니 [3] 그가 여호와를 경외함으로 즐거움을 삼을

---

189 위의 책, 246.

진짜 예수 도올의 잘못된 성경관 바로잡기(상)

것이며 그의 눈에 보이는대로 심판하지 아니하며 그의 귀에 들리는 대로 판단하지 아니하며 [4] 공의로 가난한 자를 심판하며 정직으로 세상의 겸손한 자를 판단할 것이며 그 입의 막대기로 세상을 치며 그의 입술의 기운으로 악인을 죽일 것이며 [5] 공의로 그의 허리띠를 삼으며 성실로 그의 몸의 띠를 삼으리라」(사 11:1-5)

이와 같이, 이 부분은 전체가 메시아 예언에 관련된 말씀으로 연결되어 있다. 바로 이러한 전후 문맥을 파악한 마태는 마태복음 1장 22-23절에서 이렇게 말하고 있다.

『이 모든 일이 된 것은 주께서 선지자로 하신 말씀을 이루려 하심이니 이르시되 보라 처녀가 잉태하여 아들을 낳을 것이요 그의 이름은 임마누엘이라 하리라 하셨으니 이를 번역한즉 하나님이 우리와 함께 계시다 함이라』

여기서 마태는 성령의 영감으로 동정녀 마리아의 몸에서 나신 아기 예수를 통해서 메시아의 예언이 이루어진 것을 깨달았던 게 분명하다.

2) 예수의 동정녀 탄생은 초대 교부들의 핵심 신앙 내용이었다

예수 그리스도가 성령의 능력으로 동정녀 마리아의 몸에서 태어났다는 믿음은 초대 교회 신앙의 핵심이었다. 예수의 동정녀 탄생에 대한 믿음은 초기 교회 안에 확고하게 가르쳐졌던 사도들의 전통에서도 발견할 수 있다. 신앙의 규범으로서 사도들의 전통은 초대 교부들에게 온전히 전수되었다. 따라서 우리는 초기 교회의 교부들의 글에서도 동정녀 탄생에 대한 근거를 발견할 수 있다.

안디옥의 주교 이그나티우스Ignatius 는 AD 110년경에 에베소의 교인들에게 편지를 보내면서 예수님의 동정녀 탄생에 관해서 다음과 같이 명확하게 밝히고 있다. "우리 하나님 예수 그리스도는 마리아의 모태에서 성령에 의해 잉태되었다."[190] 이그나티우스는 예수가 실제 인간의 몸을 가지고 있지 않았다고 하는 가현설적 이단들 the Docetic heretics 의 주장을 반박하면서 예수는 동정녀 마리아에게서 태어났으며, 보통 인간의 몸으로 오셨다는 것을 강조하였다.[191] 이그나티우스는 그의 스승 사도 요한으로부터 이 신앙을 물려받았다. 우리는 이러한 이그나티우스의 글을 통하여 예수님의 동정녀 탄생이 초기 교회 신앙의 핵심 중 하나이며, 1세기가 끝나기 전에 이미 그 신앙이 널리 퍼져 있었던 것을 충분히 짐작할 수 있다.

또한 AD 125년경에 아리스티데스 Aristides 가 쓴 『로마 황제에 대한 그리스도인의 변호』 Apology for the Christians to the Roman Emperor 라는 글을 통하여, '예수는 성령에 의해 히브리 처녀의 몸에서 태어났다'고 증언하고 있다.[192] 그뿐만 아니라 AD 150년경 순교자 저스틴 Justin Martyr 은 『트라이포와의 대화와 변호』 Apology and Dialogue with Trypho 라는 글을 통해서 동정녀 탄생에 관하여 분명하게 진술하고 있다.

> 예수 그리스도는 성관계에 의해 탄생한 게 아니라 하나님의 능력이 한 처녀에게 임하여 그 처녀가 여전히 처녀인 채로 잉태케 하셨다…왜냐 하면 그는 하나님의 능력에 의해 처녀에게 잉태되었고…그의 아들 예수 그리스도는 처녀 마리아에게서 탄생했다(『변증』1:21~33;『유대인 트라이포와 대화』).[193]

---

190 조시 맥도웰, 기독교변증 총서 2, 418.
191 Robert Gromacki, *The Virgin Birth* (Grand Rapids: Kregel, 2002), 98.
192 위의 책, 98. 그리고 조시 맥도웰, 기독교변증 총서 2, 420을 참조하라.
193 조시 맥도웰, 기독교변증 총서 2, 420, 재인용.

진짜 예수 도올의 잘못된 성경관 바로잡기(상)

이와 같이 초기 교회의 교부들은 예수님의 신성과 더불어 그의 동정녀 탄생을 분명히 믿고 있었다. 이러한 교부들의 증언은 상당한 역사적 신뢰성을 가지고 있다. 예수님의 죽음 이후 약 80년에서 130년 후에 쓰인 동정녀 탄생에 대한 교부들의 기록은 로마 황제 시저나 티베리우스의 역사기록과 동등하거나 그보다 더 나은 역사적 신뢰성을 가졌다고 볼 수 있다. 왜냐하면 그 황제들에 관한 기록은 그들의 사후 최소한 80년에서 200년 후에 써진 것이기 때문이다.

그렇다면 교부들은 예수님의 신성과 더불어 그분의 동정녀 탄생에 관한 믿음을 어디로부터 전해 받았겠는가? 여기에 대한 답변으로 교부 이레니우스Irenaeus, AD 175는 초기 교회에서 사도들이 직접 가르쳐준 '사도들의 전통'에서 발견할 수 있다고 말하였다. 이레니우스는 예수님을 직접 목격한 사도들의 증언이 교회 안에서 '신앙의 규범'rule of faith 형태로 고스란히 전수되었다고 말한다.[194] 그는 신앙의 규범으로서 이 전통 속에 예수님의 신성과 더불어 그분의 동정녀 탄생에 대한 믿음을 다음과 같이 명확히 밝히고 있다.

전 세계에 두루 퍼져 있고, 심지어 땅 끝까지 흩어진 교회는 사도들과 그들의 제자들로부터 이러한 믿음을 물려받았다: 교회는 한분 하나님, 전능하신 아버지, 하늘과 땅과 그 안에 있는 모든 것을 만드신 분을 믿는다; 그리고 한 분 그리스도 예수, 하나님의 아들, 우리의 구원을 위해서 성육신 하신 분을 믿는다; 그리고 성령, 예언들을 통한 하나님의 섭리들과 초림과 동정녀로부터의 탄생과 수난과 죽음으로부터 부활과 하늘로 오르심, 그리고 아버지의 영광 속에서 하늘로부터 나타나실 것을 선포하신 분

---

194 D. H. Williams, *Retrieving the Tradition and Renewing Evangelicalism* (Grand Rapids: William B. Eerdmans Publishing Company, 1999), 89.

을 믿는다. (이레니우스, Against Heresies I.10; 강조 필자 첨가)[195]

위와 같이, 초기 교회의 교부들은 사도들의 가르침에 따라서 처음부터 예수님의 신성과 더불어 그분의 동정녀 탄생을 굳게 믿고 있었다. 그들은 이러한 신앙으로 초기 이단들을 반박하면서 기독교 신앙을 굳건히 지켜나갔다.

따라서 예수님이 동정녀 마리아의 몸에서 성령의 역사로 태어났다는 믿음은 복음서의 증언이었을 뿐만 아니라 초기 교회 안에서 사도들이 직접 구술로 전수해준 전통 중에서도 중요한 믿음으로 자리 잡고 있었음을 알 수 있다. 그러므로 동정녀 탄생에 대한 믿음은 사도들의 믿음이었고, 초기 교회의 역사를 통해서 1세기와 2~3세기를 걸쳐서 계속적으로 믿고 고백해왔던 교회의 핵심 신앙고백이었음을 분명히 알 수 있다.

3) 다른 복음서와 바울 서신의 동정녀 탄생에 대한 침묵의 문제

도올은 예수님의 동정녀 탄생에 관한 이야기가 마태복음과 누가복음에만 나오고, 바울 서신에는 그에 대한 언급이 일절 없다는 사실 때문에 동정녀 탄생에 대한 진위를 의심한다.[196] 이러한 문제제기는 예수님의 동정녀 탄생을 믿지 않는 회의주의자들이 자주 던지는 의문이기도 하다. 그러나 이런 비평이 이미 존재하고 있는 동정녀 탄생에 대한 명백한 역사적 증거를 결코 능가할 수 없다.

첫째, 마태복음(1:18-25)과 누가복음(1:26-38)은 예수님의 처녀 탄생에 대한 명백한 자료를 제시하고 있다. 마태복음에 나오는 예수 탄생 이야

---

195 Irenaeus, *Against Heresies I.10; D. H. Williams, Retrieving the Tradition and Renewing Evangelicalism*, 89 재인용.
196 김용옥, 기독교성서의 이해, 245.

기는 요셉의 순종을 강조하고 있고, 누가복음에 나오는 예수 탄생은 마리아의 순종에 초점을 맞추고 있다. 이 두 이야기를 표면적으로 관찰하여 볼 때, 이야기의 구성이나 강조점에서 사실상 차이를 보이고 있다. 그러나 그 이야기의 본질과 핵심에서는 일치성을 보여주고 있다.[197] 또한 두 기사 모두 예수님의 탄생은 자연적인 현상이 아니라 초자연적인 하나님의 역사로 이루어졌다는 것을 강조하고 있다. 이처럼 마태와 누가는 예수님의 동정녀 탄생에 관한 명백한 자료를 제시한다.

둘째, 동정녀 탄생에 관한 증언을 담고 있는 마태복음과 누가복음은 고대 문헌의 특성상 상당한 역사적 신뢰성을 가지고 있다. 알렉산더 대왕의 전기는 알렉산더 대왕이 죽은 후 약 400년이 지나서야 문자로 기록되었다. 로마 황제들의 역사적 기록도 실제 역사인물과 그 기록의 완성까지 시차가 100년에서 200년 이상 벌어진다. 특히 예수님과 같은 시대에 살았던 티베리우스 황제의 역사 기록은 그 황제가 죽은 후 약 80년에서 200년 사이에 기술됐다.

그런데 당시 로마 황제와 도저히 비교될 수 없었던 무명의 이스라엘 청년, 예수의 생애에 관한 기록인 마태복음과 누가복음은 언제 기록되었는가? 그것은 예수님의 죽음 이후 최소 30년에서 50년 사이에 책으로

---

197 제임스 오르는 그의 책, 『그리스도의 동정녀 탄생』에서 마태복음과 누가복음의 처녀탄생 기사에서 12가지 유사점들에 대하여 다음과 같이 언급하고 있다. ① 예수님은 헤롯 통치 말기에 태어났다(마2:1, 13; 눅1:5). ② 그는 성령에 의해 잉태되었다(마1:18, 20; 눅1:35). ③ 그의 어머니는 처녀였다(마1:18, 20, 23; 눅1:27, 34). ④ 그녀는 요셉과 정혼한 사이였다(마1:18, 눅1:27; 2:5). ⑤ 요셉은 다윗 가문의 후손이었다(마1:16, 20; 눅1:27; 2:4). ⑥ 예수님은 베들레헴에서 나셨다(마2:1; 눅 2:4, 6). ⑦ 신의 계시에 의해 그는 예수라는 이름으로 불렸다(마1:21; 눅1:31). ⑧ 그는 구주로 선포되었다(마1:21; 눅2:11). ⑨ 요셉은 사전에 마리아의 상태와 원인을 알고 있었다(마1:18-20; 눅 2:5). ⑩ 그럼에도 불구하고 그는 마리아를 아내로 데려왔고 그녀가 낳은 아이에 대한 아버지로서의 책임을 다했다(마1:20, 24, 25; 눅2:5하). ⑪ 수태고지와 탄생엔 계시와 환상이 뒤따랐다(마1:20 등; 눅1:26, 27 등). ⑫ 예수님의 탄생 후 요셉과 마리아는 나사렛에 살았다(마2:23; 눅2:39). 이와 같이 마태복음과 누가복음에 나타난 동정녀 탄생 기사들은 그 내용 핵심에 있어서 일치를 이룬다. 조시 맥도웰, 기독교변증 총서 2, 401, 재인용.

쓰였다. 이러한 사실은 복음서의 기록이 문자 기록에서는 로마 황제의 기록보다 훨씬 더 탁월함을 보여준다. 동양의 고대 문헌과 비교해 보면 복음서의 역사적 신뢰성이 더더욱 뛰어나다는 것을 알 수 있다. 따라서 예수의 동정녀 탄생에 관한 기록은 고대 동·서양의 그 어느 문헌과 비교해 보아도 역사적 신뢰성이 탁월하다고 말할 수 있다.

셋째, 예수님의 동정녀 탄생에 관한 증언은 한 가지 자료에만 언급되는 것이 아니라 두 가지 출처에서 구체적으로 증언해 주고 있다. 이것은 동정녀 탄생의 역사적 신뢰성이 매우 높다는 것을 보여준다. 그레고리 보이드Gregory A. Boyd는 사실 대부분의 고대 역사기록은 한 가지 출처에만 기초를 두는 경우가 많으며, 그런 경우에도 그 사건이 역사적 사실로서 인정된다고 주장한다.[198] 따라서 예수의 동정녀 탄생에 관한 기록의 출처가 두 군데나 있다는 사실은 그 사건에 대한 충분한 증거가 된다고 볼 수 있다.

게다가 동정녀 탄생에 관한 마태복음과 누가복음의 기록은 강조점과 서술방식이 다른 점으로 미루어 볼 때, 독립적인 기사라고 할 수 있다.[199] 이것은 각각의 기사가 서로의 기사를 베끼지copy 않고 독립적으로 보존된 것을 의미한다. 그럼에도 두 기사는 동정녀 탄생이 초자연적인 역사로 일어났다는 동일한 관점을 가지고 있다. 이러한 증거는 동정녀 탄생이 역사적 사실인 것을 잘 드러낸다.

넷째, 도올은 사도 바울의 서신에서 예수님의 동정녀 탄생에 관한 이야기가 나오지 않는다는 점을 들어 동정녀 탄생이 역사적 사실이 아니라고 주장한다. 그러나 이러한 반론은 명백하게 드러나 있는 역사적 증언을

---

198 리 스트로벨, 예수 사건 (서울: 두란노, 2000), 152.
199 Millard J. Erickson, *Christian Theology*, 2nd ed. (Grand Rapids: Baker Books, 2000), 761.

반박할 만큼 가치 있는 주장이 아니다. 물론 사도 바울의 서신에는 예수님의 동정녀 탄생에 관한 직접적인 언급은 없다. 그러나 바울 서신에 동정녀 탄생에 관한 언급이 없다고 해서 동정녀 탄생이 역사적 사실이 아니라고 주장할 근거는 되지 못한다. 예컨대, 바울 서신에는 예수님의 비유나 예수님의 생애에 관한 자세한 묘사가 없다. 그렇다고 해서 예수님이 실제로 비유를 가르치지 않았다거나 예수님의 실제 생애가 없었다고 주장할 수 있겠는가? 침묵은 침묵일 뿐이며, 강조점의 차이라고 볼 수 있다.

사실 바울 서신에는 예수님의 동정녀 탄생에 관한 언급은 없지만 예수님이 한 사람의 인간이 아니라 하나님의 아들이요, 신성을 가지신 신적인 존재임을 분명히 밝히고 있다.(빌 2:6-11; 골 1:15-20) 하나님이신 그분이 인간의 몸으로 이 세상에 오셨다는 것은 바울 신학의 기본 전제이다. 그렇다면 이러한 신적인 존재에 관한 증언을 하는 바울의 서신은 예수님의 동정녀 탄생과 불일치하지 않는다. 도리어 예수님의 성육신을 강조하는 바울 서신은 기본적으로 예수님의 동정녀 탄생을 지지한다고 말할 수 있다.

다섯째, 도올은 요한복음과 마가복음에서도 예수님의 동정녀 탄생에 관한 기사를 볼 수 없기 때문에 그것은 역사적 사실이 아니라고 주장한다. 그러나 이 주장 또한 동정녀 탄생을 부정할 수 있는 논리적 근거가 되지 못한다. 요한복음을 자세히 읽어보라. 요한복음에 묘사된 예수님은 한 사람의 평범한 인간으로 묘사되고 있는가? 아니면 신적 표적을 행하는 하나님의 아들로서 예수님을 소개하고 있는가? 요한복음의 강조점은 이미 '태초부터 계신 말씀이신 그분이 육신의 몸으로 오셨다'(요 1:1, 14)는 성육신을 전제로 하기 때문에 동정녀 탄생에 관한 언급이 불필요하였을 것이다. 이 성육신 사건은 동정녀 탄생과 그 맥을 같이한다고 볼 수 있다. 또한 요한복음에는 예수님의 동정녀 탄생뿐만 아니라 시험 받으신 사건, 변화산 사건, 최후의 만찬, 겟세마네 동산의 번민과 같은 기사가 빠져 있다. 그렇다고 해서 이것을 근거로 해서 이 모든 사건이 전혀 일어나지 않았다고 주장할 수 있겠는가?

마가의 침묵도 마찬가지다. 마가복음에 동정녀 탄생이 나오지 않지만, 분명히 마가는 예수님을 기적을 행하시는 분으로, 하나님의 아들로 소개하고 있다. 따라서 마가가 동정녀 탄생에 관해서 침묵한 것은 그의 강조점이 다르다는 것을 나타낼 뿐이지, 그의 침묵이 동정녀 탄생을 부정하는 입장을 취한다고 볼 수 없다. 4복음서는 저자에 따라 각기 강조점이 다르다. 각 저자의 강조점에 따라서 예수를 다른 각도에서 조명하고 있다. 각기 다른 강조점에도 불구하고 마태복음과 누가복음은 예수의 동정녀 탄생에 관하여 자세한 정보를 제공한다. 이러한 사실은 고대 문헌을 판단하는 잣대로 볼 때 동정녀 탄생이 역사적으로 매우 신뢰성이 있는 기사임을 뒷받침해 준다고 말할 수 있다.

4) 동정녀 탄생은 신화에 불과한가?

도올은 예수님이 성령으로 말미암아 동정녀 마리아의 몸에서 잉태되었다는 마태복음과 누가복음의 기록을 하나의 신화에 불과한 것으로 취급한다. 성경의 동정녀 탄생에 관한 기록을 우리나라 시조설화들과 마찬가지로 여긴다. 그는 신라시조 박혁거세朴赫居世가 양산楊山 밑 나정蘿井 곁 큰 알에서 깨어 나왔다는 것과, 김씨 시조 김알지金閼智는 계림의 금 궤짝에서 나왔고 고구려 시조 주몽朱蒙은 큰 알에서 나왔다는 것을 소개한다. 도올은 이러한 우리나라 설화說話와 성경의 동정녀 탄생을 동일한 수준의 설화로 취급해버린다.[200]

---

200 김용옥, 기독교성서의 이해, 245.

그러나 동정녀 탄생 기사를 역사성이 결여된 우리나라 시조설화와 동일하게 여기는 것은 분명히 문제가 있다. 우리나라 시조설화와 성경의 동정녀 탄생 기사의 역사성을 비교해보면 어렵지 않게 그 차이를 알 수 있기 때문이다. 예를 들어 신라의 건국신화로 알려진 박혁거세신화朴赫居世神話에 따르면 박같이 생긴 알에서 사내아이가 나온다. 이 신화는 『삼국사기』와 『삼국유사』에 쓰여 있다. 알에서 태어난 박혁거세는 BC 57년에 나라를 세우고 AD 4년에 죽음을 맞이하였다. 이러한 그에 대한 신화는 구전 전승되어 고려시대에 문자로 기록되었다. 그러니까 박혁거세신화가 입으로 전해져서 『삼국사기(AD 1145)』에 기록된 것은 그가 죽은 지 약 1,100년이 지난 후의 일이다. 또한 『삼국유사(AD 1285)』의 기록은 박혁거세가 죽은 지 약 1,280년 후에 문자로 기록되었다. 최소한 천년 이상의 기간 입에서 입으로 전해진 이야기가 박혁거세의 난생설화이다.

계림鷄林 지역의 금빛 궤에서 나왔다고 알려진 경주 김 씨의 시조 김알지金閼智의 신화는 어떤지 살펴보자. AD 65년 신라 탈해왕 9년에 태어난 김알지에 대한 설화는 『삼국사기』와 『삼국유사』에 소개되어 나온다. 즉 김알지 설화는 구전 전승되어 오다가 약 1,080년 후에 『삼국사기』에 기록되었고, 약 1,220년 후에 『삼국유사』에 기록됐다.

고구려 시조 주몽朱蒙의 난생설화도 마찬가지로 상당한 역사적 간격이 존재한다. 큰 알에서 태어났다는 주몽은 BC 37년에 고구려를 세웠고 BC 19년에 죽음을 맞이하였다. 그의 신화는 입에서 입으로 전승되어 그가 죽은 지 1,164년 후에 김부식에 의해 『삼국사기』에 기록되었고, 약 1,300년 후에 일연 스님에 의해서 『삼국유사』에 기록되었다.

이처럼 박혁거세, 김알지, 그리고 주몽과 같은 시조 설화들은 역사적 인물이 죽고 그들에 관한 이야기가 구전으로 전승되어 최소한 1,000년 이상의 세월이 흐른 뒤에 문자로 기록되었다. 진위를 가리기에는 역사적 인물과 그 인물에 대한 기록의 시간 간격이 엄청나게 길다.

그렇다면 역사적 인물인 예수님의 동정녀 탄생에 관한 기사는 언제 문자로 기록되었는가? 마태복음과 누가복음에 나오는 예수님의 동정녀 탄생에 관한 이야기는 예수님이 죽은 지 최소한 40년에서 50년 후에 문자로 기록됐다. 예수님에 관한 이야기는 상당히 짧은 구전 전승기간을 가지고 있다. 그럼에도 불구하고 도올은 예수님의 사후 40-50년 내에 기록된 역사적 기록을 최소한 천년 이상의 구전 기간을 거친 한국 시조 설화와 동일한 수준으로 치부해버린다. 이것은 역사적으로 비교의 대상이 되지 않는 것을 억지로 비교하여 동일시하는 것과 전혀 다를 바 없다.

혹자는 이러한 반론을 제기할 것이다. "비록 동정녀 탄생의 기록이 예수님 사후 40-50년 안에 기록되었더라도, 그 기록이 구전 전승 단계를 거치면서 신화화 되지 않았겠는가?" 가능한 문제제기이다. 그러나 이러한 주장을 뒷받침할 수 있는 타당한 근거를 발견하지 못한다. 오히려 동정녀 탄생 기사가 역사성이 결여된 신화와 같은 설화가 아니라는 것의 증거가 훨씬 압도적이다.

그리스-로마 문화권에 발생한 전설이나 신화를 연구하는 학자들이 있다. 그들에 따르면, 하나의 역사적 사건이 신화로 발전하기 위해서는 최소한 두 세대의 시간이 걸린다고 한다. 영국 옥스퍼드대학 출신으로 그리스-로마 역사 연구에 명망 있는 A. N. 셔윈-화이트A. N. Sherwin-White 는 "하나의 역사적 사건이 입으로 전해져서 역사적 진실을 뛰어넘어 전설적인 경향을 보이는 데는 심지어 두 세대도 너무나 짧은 기간"이라고 말한다.[201] 셔윈-화이트는 지금까지 그리스-헬라 신화와 역사 속에서 60년 이내에 어떤 사건이 전설이나 신화로 발달된 증거는 없다고 주장

---

201 A. N. Sherwin-White, *Roman Society and Roman Law in the New Testament* (Oxford: Clarendon Press, 1963), 188-191.

한다.[202]

　그렇다면 동정녀 탄생 기사는 언제 기록되었는가? 앞에서 이미 언급하였듯이, 예수님의 죽음 이후 40-50년 사이에 기록되었다. 예수의 복음이 전파된 문화권에서 이 정도로 짧은 구전 기간에 어떤 사건이 신화로 발전된 사례는 전무하다. 그래서 그리스-로마 역사가인 셔윈-화이트는 "역사를 통해서 복음서의 내용을 그토록 빠르게, 완전히 왜곡시킬 정도로 전설이 발전했을 가능성은 전혀 없다"[203]고 단언하였다. 또한 19세기 독일의 신학자 율리우스 밀러는 회의주의 학자들을 향해 만일 복음서의 기록이 신화화되었다면, "역사상 어디서든 전설이 그렇게 빨리 발달한 단 한 가지 예만이라도 찾아보라"[204]고 도전하였다. 그러나 그때부터 지금까지 누구도 그의 도전에 응답한 학자는 없다. 따라서 마태복음과 누가복음에 나타난 동정녀 탄생에 관한 기사는 신화나 전설로 발달되지 않은 역사적 기록인 게 틀림없다. 그러므로 도올의 주장과는 달리 예수의 동정녀 탄생 사건은 전설이나 신화가 아니라 역사적 사실이라고 결론지을 수 있다.

5) 기타 문제 제기

　이제 도올이 동정녀 탄생을 반대하며 제기하는 몇 가지 간단한 문제를 살펴보고자 한다. 첫째, 그는 예수님의 말씀 어록인 Q 자료에 동정녀 탄생에 관한 언급이 없는 것을 문제 삼는다.[205] 그러나 이러한 그의 인식은 Q자료에 대한 올바른 지식의 결여에서 비롯된 주장이다. 왜냐하면

202　위의 책.

203　리 스트로벨, 예수 사건, 292.

204　위의 책, 351

205　김용옥, 기독교성서의 이해, 245.

예수님의 말씀으로 구성되었다고 추정할 수 있는 Q 자료에서는 당연히 동정녀 탄생에 관해 예수님 자신이 언급하지 않을 수 있다. 그 대신에 Q 자료 안에서도 비범한 심판주로서 예수의 모습을 충분히 볼 수 있다.

둘째, 도올은 "AD 60년대까지만 해도 예수가 순결한 동정녀로부터 잉태되었다는 담론은 전혀 초대 교회 내에서 존재하지 않았다"[206]라고 주장한다. 그러나 이 또한 1세기 유대 문서에 대한 지식의 결여에서 비롯된 잘못된 주장이다. 사실 동정녀 탄생에 대한 교회의 가르침은 아주 초창기부터 시작되었다고 볼 수 있다. 그 이유는 예수를 믿지 않았던 초기 유대인들(AD 70년 이전)이 '예수는 사생아였다'고 주장했기 때문이다.[207] 유대인들은 예수님의 동정녀 탄생에 대하여 부정적인 주장을 제기하였다. 그래서 교회가 성립된 아주 초창기부터 교회와 외부 유대인 사이에 예수 탄생에 대한 논란이 있었다는 것을 분명히 알 수 있다.[208] 이 사실에 대하여 에델베르트 스타우퍼Ethelbert Stauffer는 다음과 같이 설명한다.

AD 70년 이전으로 거슬러 올라가는 한 족보에는 예수님이 '결혼한 어떤 여자의 사생아'로 나와 있다. 분명히 전도자 마태는 그런 목록을 잘 알고 있었을 것이며 그것들에 대해 경고를 했을 것이다. 나중에 랍비들은 냉

---

206 위의 책.

207 유대인 회의주의자인 휴 숀필드(Hugh Schonfield)는 이렇게 기록하고 있다: "R. 시므론 벤 아자이는 이렇게 말했다: '나는 예루살렘에서 두루마리 족보 하나를 찾아냈는데 거기엔 이렇게 적혀 있었다. 누구누구는 어떤 창녀의 서자다.'" R. 시므온은 AD 1세기 말 2세기 초에 살았던 사람이었다. 숀필드는 이 두루마리는 AD 70년 예루살렘 멸망할 때까지 존재했었던 것이 틀림없다고 생각한다. 고대 유대인들의 기록에는 예수님의 이름이 "누구 누구"로 기록되어 있다. 그런 다음 숀필드는 더 나아가 "그리스도인들의 원래(족보)가 예수님의 탄생이 정상적인 것이 아니었다고 주장하지 않는 한[그 두루마리를] 만드는 것에 반대는 없었을 것"이라고 말하고 있다. R. 시므온에 대한 언급 때문에 숀필드는 "그가 어떤 창녀의 사생아라는 예수님에 대한 비난은, 아주 초기로 거슬러 올라간다."고 말하고 있다. 조시 맥도웰, 기독교변증 총서 2, 422.

208 조시 맥도웰, 기독교변증 총서 2, 421.

정하게 예수님을 음녀의 아들이라고 불렀다. 그들은 또한 '알려지지 않은 아버지'의 이름을 알고 있으며 그 이름은 판데라$_{Panthera}$ 라고 주장했다. 오래된 랍비 사본들에는 예수님이 판데라의 아들(벤 판데라)이며 선출된 플라톤주의자라고 언급되어 있는 걸 종종 볼 수 있다. AD 160년경의 셀수스$_{Celsus}$ 는 마리아와 전설로 전해오는 판데라에 대한 온갖 종류의 일화들을 자세하게 열거하고 있다.[209]

이와 같이 초기 유대인들(AD 70년 이전)의 기록에는 예수님이 '사생아'나 '어떤 창녀의 서자'라는 주장이 나온다. 예수를 믿지 않았던 유대인들 사이에서 예수의 출생에 관한 의혹이 제기된 이유는 무엇이겠는가? 이는 예수님의 죽음 이후, 초기 교회가 예수님의 동정녀 탄생을 강하게 주장하였으며, 분명히 가르치고 있었다는 사실을 방증해 준다. 만일 초기교회가 예수님의 동정녀 탄생에 관하여 아무것도 가르치지 않았다면, 유대인들 사이에서 이와 같은 구체적인 반박이나 의혹제기는 없었을 것이다.

이와 더불어, 예수님의 동정녀 탄생에 관한 가르침이 초기 교회부터 시작되었다는 강력한 증거 중 하나는 '사도적 전통'에 동정녀 탄생에 관한 가르침이 있다는 사실이다. '사도들의 전통'은 초기 교회부터 후대 2-3세기 교회에 이르기까지 구술로 전해진 사도들의 직접적인 가르침이다. 이러한 사도들의 구술 전통에 동정녀 탄생이 포함되어 있다. 이

---

209 위의 책, 422. 도올은 이방인 철학자 셀수스(Celsus)가 예수는 사생아이며 그의 아버지는 로마병정 판테라(Panthera)이라고 주장한다는 것을 밝히면서, 초기 교부들이 여기에 대한 구차한 변명을 한다고 주장한다. 그러나 셀수스의 주장은 본인의 자료에 근거한 것이 아니라, AD 70년 이전의 유대 랍비들의 주장을 근거로 한 것이다. 따라서 예수의 동정녀 탄생에 대한 그리스도인과 유대인들 사이의 언쟁은 AD 70년 이전에 있었다는 사실을 뒷받침 해주는 것이다. 이러한 사실은 초기 기독교 안에서는 동정녀 탄생에 대한 담론이 없었다는 그의 주장을 정면으로 반박하는 역사적 자료가 된다.

사도적 전통에 나타난 동정녀 탄생에 관하여 교부 이레니우스Irenaeus 는 다음과 같이 명확히 밝히고 있다.

> 전 세계에 두루 퍼져 있고, 심지어 땅 끝까지 흩어진 교회는 사도들과 그
> 들의 제자들로부터이러한 믿음을 물려받았다: 교회는 한분 하나님, 전능
> 하신 아버지, 하늘과 땅과 그 안에 있는 모든 것을 만드신 분을 믿는다;
> 그리고 한 분 그리스도 예수, 하나님의 아들, 우리의 구원을 위해서 성육
> 신 하신 분을 믿는다; 그리고 성령, 예언들을 통한 하나님의 섭리들과 초
> 림과 동정녀로부터의 탄생과 수난과 죽음으로부터 부활과 하늘로 오르
> 심, 그리고 아버지의영광 속에서 하늘로부터 나타나실 것을 선포하신 분
> 을 믿는다. (이레니우스, Against Heresies I.10; 강조 필자 첨가)[210]

위와 같이, 예수님의 직제자였던 사도들의 가르침에 동정녀 탄생이 확실히 나타나 있다. 이 사실은 무엇을 말해주는가? 예수님이 동정녀 마리아의 몸에서 성령으로 잉태되었다는 신앙은, 교회가 성립된 초창기부터 가르쳐졌고 전해 내려왔다는 사실을 다시 한 번 확인해 준다. 그러므로 '초기 교회에서는 동정녀 탄생에 관한 어떠한 가르침도 없었다'는 도올의 주장은 역사적 사실과 거리가 먼 주장이다.

셋째, 도올은 "예수는 마리아가 낳은 첫째 아기가 아니며, 예수의 동생으로 알려져 있는 야고보가 형일 수 있다"는 의문을 제기한다.[211] 그는 "야고보가 예수님의 형일 수 있는 이유로, 초대 교회 안에서 보여준 야고보의 의젓한 리더십을 상고해 볼 때 그런 생각을 가질 수 있다"고 주

---

210 Irenaeus, *Against Heresies* I.10; D. H. Williams, Retrieving the Tradition and Renewing Evangelicalism, 89 재인용.
211 김용옥, 기독교성서의 이해, 250-251.

장한다.[212] 그러나 이것은 상당히 무리가 있는 억측일 뿐이다. 생각해 보라. 예수님은 그의 3년 공생애 기간에 12명의 제자들을 포함하여 최소한 120여명의 추종자를 모을 수 있었다. 그들에게 예수님은 강력한 영향력을 끼쳤다. 그리고 초대 교회가 태동하게 된 근본 동기는 예수님에게 있다는 사실을 기억할 필요가 있다. 또한 초기 교회의 두 기둥이었던 야고보와 베드로, 그들도 예수님을 모든 것의 멘토로 삼고 있었다. 이러한 점을 고려해 볼 때 예수님의 리더십은 참으로 대단하였다고 평가할 수 있다. 예수님의 리더십은 인류 2천 년의 역사를 통하여 지금까지 계속되고 있지 않은가? 그렇다면 예수님을 기반으로 해서 생겨난 초대 교회의 지도자 야고보의 리더십이 더 뛰어나다고 보아야 하겠는가? 아니면 인류 2천년의 역사를 통하여 지금도 계속 영향을 미치고 있는 예수님의 리더십이 더 크다고 하겠는가? 야고보의 리더십을 고려해 볼 때, 야고보가 예수님의 형일 가능성이 있다는 도올의 주장은 설득력이 결여된, 매우 빈약한 주장이라고 평할 수 있다.

넷째, 도올은 '예수는 자신이 동정녀에서 태어났다는 자기 이해가 없다'[213]고 말한다. 그는 다음과 같이 주장한다.

> 만약, 예수의 자기이해에 있어서, 예수님 스스로 "나는 순결한 처녀의 몸에서 태어났다"라는 말씀으로 당신의 하나님의 아들 됨을 선포하고 있다고 한다면 우리에게 동정녀탄생은 의미있는 케리그마가 된다. 그러나 예수는 단 한마디도 그러한 자기이해를 내비친 적이 없다.기독교인들이 동정녀 탄생설화와 같은 하찮은 복음서 기사의 진실성에 매달리게 되면 진

---

212 위의 책, 251.
213 위의 책, 248.

정한 복음의 내용을 망각하게 될 수 있다는 것이다.[214]

여기서 도올은 예수 스스로 자신이 "처녀의 몸에서 태어났다"고 말하지 않은 점을 들어 예수님은 신적 존재로서 하나님의 아들이라는 자기 이해가 없었다는 뉘앙스를 풍기고 있다. 그렇다면 과연 예수께서 자신의 동정녀 탄생을 주장하지 않았다고 해서 그분 스스로 신적 존재로서 자기 이해가 없었으며, 하나님의 아들로서 자기 인식이 없었다고 말할 수 있겠는가?

복음서 저자들의 증언에 의하면, 예수님은 분명히 자기 자신이 "하나님의 아들이다"라는 분명한 자의식을 가지고 있었다고 말한다. 다음의 기록에서 예수님의 자기 이해를 볼 수 있다.

• 요한복음 10장 30절: "나와 아버지는 하나이니라."

• 요한복음 14장 9절: "나를 본 자는 아버지(하나님)를 보았거늘"

• 요한복음 5장 18절: "유대인들이 이로 말미암아 더욱 예수를 죽이고자 하니 이는 안식일을 범할 뿐만 아니라 하나님을 자기의 친아버지라 하여 자기를 하나님과 동등으로 삼으심이러라."

• 요한복음 5장 25절: "진실로 진실로 너희에게 이르노니 죽은 자들이 하나님의 아들의 음 성을 들을 때가 오나니 곧 이 때라 듣는 자는 살아나리라."

---

214 위의 책, 248-249.

• 요한복음 6장 38, 40절: "내가 하늘에서 내려온 것은 내 뜻을 행하려 함이 아니요, 내 아 버지의 뜻은 아들을 보고 믿는 자마다 영생을 얻는 이것이니 마지막 날에 내가 이를 다시 살리리라 하시니라."

• 마가복음 14장 61절-62절: "…대제사장이 다시 물어 이르되 네가 찬송 받을 자의 아들   그리스도냐, 예수께서 이르시되 내가 그니라 인자가 권능자의 우편에 앉은 것과 하늘 구름을 타고 오는 것을 너희가 보리라."

예수는 하나님의 아들이라는 자아정체성을 가지고 있었다.

위에서 본 바와 같이 예수님의 말씀을 살펴볼 때, 예수님은 자기 자신에 대해서 "하나님의 아들"이라는 분명한 정체성을 가지고 있었다. 예수는 자신이 "하늘에서 내려왔다"고 한다. 심지어 예수는 아주 어릴 때부터 자기 자신이 하나님의 아들인 것을 깨닫고 있었다. 누가복음 2장 49절을 보라. "예수님은 '왜 나를 찾으셨습니까? 내가 내 아버지의 집에 있어야 한다는 것을 모르셨습니까?'"(현대인의 성경) 이처럼 예수님은 어릴 때부터 신적 자의식을 가지고 있었다. 예수님에 관한 초기 자료를 꼼꼼히 분석한 윌리엄 레인 크레이그는 이렇게 결론을 내린다.

그는 특별하게 자신을 유일한 하나님의 아들로 생각하였다. 그는 자신이 신적인 권위를 가지고 행동하며 말한다고 주장하였으며, 자신이 기적을 일으키는 인물이라고 생각했다. 그리고 사람들의 영원한 운명이 자신을 믿느냐 믿지 않느냐에 달려 있다고 믿었다.[215]

---

215 William Lane Craig, *Reasonable Faith: Christian Truth And Apologetics*, (Crossway Books: Wheaton, 1994), 251-252.

그러므로 이러한 사실을 고려해 볼 때, 예수님은 자신이 "하나님의 아들"이라는 자의식을 분명히 가지고 있었다. 신약성경에 예수님을 "하나님의 아들"이라고 일컫는 표현이 약 40번 이상 나온다. 여기서 주목해야 할 사실은 예수님을 하나님의 아들로 부를 때는 언제나 예수님의 신성과 관련해서 그 단어를 쓰고 있다는 점이다. 예수님이 하나님의 아들이라는 것은 그분의 하나님 되심, 즉 신성을 가리키고 있다는 사실이다.

이와 같이 비록 예수님이 동정녀 탄생에 관해서 언급하지 않았다고 하더라도, 예수님은 하늘로부터 내려온 하나님의 아들로서 신적 속성에 관한 분명한 자의식을 가지고 있었다는 것만은 사실이다. 이러한 점으로 미루어 볼 때, 동정녀 탄생에 관한 예수님 자신의 언급이 없다는 이유로 그분의 신적 속성과 하나님의 아들로서 자기 이해를 의심할 아무런 이유가 없다. 만일 예수님이 하나님의 아들이라면, 동정녀 탄생은 논리적으로 충분히 가능한 일이다.

6) 결론

우리는 지금까지 분석을 통해 다음과 같은 사실을 살펴보았다.

첫째, 알마는 결혼한 부인이 아니라, 처녀성을 전제로 한 젊은 여자 또는 젊은 소녀를 가리킨다는 것을 알았다.

둘째, 이사야 7장 14절의 예언은 초자연적인 표징, 즉 동정녀 탄생에 관한 예언인 것을 알았다.

셋째, 이스라엘 역사를 통하여, 동정녀 탄생에 가장 잘 부합할 수 있는 사건은 신약성경의 주장대로 동정녀 마리아를 통한 예수님의 탄생이란 것을 알 수 있었다.

넷째, 동정녀 탄생에 관한 신앙 고백은 초기 교부들의 신앙고백의 핵심이었으며, 동정녀 탄생에 관한 가르침은 사도들의 구전 전승에 포함되어 있었다.

다섯째, 다른 복음서와 바울 서신에서 동정녀 탄생에 대해 침묵하는 것은 강조점의 차이일 뿐이며 동정녀 탄생에 대한 반대 근거가 될 수 없다는 것을 살펴보았다.

여섯째, 한국 시조 설화와 동정녀 탄생을 비교해 볼 때, 동정녀 탄생 기사는 비교할 수 없는 역사적 신뢰성이 있음을 확인했다.

일곱째, 하나님의 아들로서 예수님의 자기 이해는 동정녀 탄생과 연결될 수 있다는 것을 살펴보았다.

그러므로 동정녀 탄생을 부정하는 도올의 견해는 그 주장을 지지할 만한 타당한 이유를 제시할 수 없다. 오히려 지금까지 검토한 증거를 고려해 볼 때, 예수님의 동정녀 탄생은 분명한 역사적 사실이라고 판단할 수 있다.

필자의 견해로 볼 때, 도올이 예수님의 동정녀 탄생을 부정하는 가장 근본적인 이유는 그가 창조주 하나님의 존재를 부정하는 무신론자이기 때문이다. 그러나 창조주 하나님의 존재를 믿는 유신론적 사고에서는 예수님의 동정녀 탄생을 믿지 못할 이유가 전혀 없다. 그럼에도 필자의 논지는 유신론적 사고로 볼 때만 동정녀 탄생이 사실이라고 주장하는 것이 아니라, 지금까지 우리가 살펴본 역사적 증거를 고려해 보아도 동정녀 탄생은 가장 믿을 만한 역사적 사실로 판별할 수 있다는 것이다. 예수님이 성령의 능력으로 처녀 마리아의 몸을 통하여 이 세상에 오셨다는 성경의 기록은 역사적 사실이다.

2. 서로 다른 예수의 족보 문제

도올은 예수님의 족보에 관한 마태복음(1:1-17)의 기록과 누가복음

(3:23-38)의 기록의 차이점을 지적하면서, 예수님의 족보를 상상력의 산물로 취급해 버린다.[216] 그는 이 두 족보를 비교해보면 달라도 "너무 황당무계하게 다르다"고 말한다. 그의 말을 직접 들어보도록 하겠다.

그런데 재미있는 것은 두 개의 족보를 비교해보면 달라도 이건 너무 황당무계하게 다르다.아버지인 요셉까지는 일치하지만 요셉의 아버지인 할아버지부터 그 이름이 일치하지 않는 다. 마태는 요셉의 아버지가 야곱이라 했고 누가는 헬리라 했다. 그 이상부터도 서로 들어맞는 이름이 단한 번도 없다. 그리고 마태의 기록에 의하면 다윗까지 28대인데, 누가의 기록에 의하면 다윗까지 43대이다. 누가의 족보에 의하면 29대 할아버지의 이름이 또다시 예수라는 이름으로 되어 있다. 이것은 각기 다른 전승에 의거했다기보다는 각기 다른 상상력이 발동했다고 보아야 할 것이다.[217]

이처럼 도올은 두 족보의 상이점을 지적하면서 복음서의 역사성을 부정하고, 상상의 산물로 치부해 버린다. 그는 두 족보의 차이점을 곧바로 상상력의 산물로 연결시키고 있다. 그러나 이러한 도올의 주장은 두 복음서에 나타난 예수님의 족보에 관한 명확한 지식의 결핍에서 나온 주장이라고 판단된다. 여러분은 왜 마태복음의 족보와 누가복음의 족보에 차이점이 존재하는지에 대해서 생각해 보았는가? 과연 어느 부분까지 두 족보가 일치하며 어느 부분이 틀리다고 볼 수 있는가? 마태의 족보는 아브라함으로부터 시작해서 예수께로 내려오고 있고, 누가의 족보는 반대로 예수로부터 시작해서 아브라함을 거쳐서 아담까지 거슬러 올라간다. 누가복음의 마지막 부분, 즉, 아브라함에서 아담까지의 족보는 마

---

216 김용옥, 기독교성서의 이해, 256-257.
217 위의 책.

태복음에 나오지 않기 때문에 비교의 대상이 되지 않는다. 누가복음의 두 번째 부분 즉, 다윗에서 아브라함까지도 별 문제가 없다. 누가복음에서 단 한 사람이 빠져 있긴 하지만, 이것은 족보의 흐름상 별문제가 되지 않는다. 두 번째 부분을 비교하면 다음과 같다.

마태복음(아브라함~다윗까지)	누가복음(다윗~아브라함까지)
아브라함	아브라함
이삭	이삭
야곱	야곱
유다	유다
베레스	베레스
헤스론	헤스론
람	
아미나답	아미나답
나손	나손
살몬	살몬
보아스	보아스
오벳	오벳
이새	이새
다윗	다윗

그런데 도올이 문제를 삼는 부분은 누가복음의 첫 번째 부분, 즉 예수로부터 다윗 왕까지 족보가 문제이다. 마태와 누가의 족보에서 다윗 왕으로부터 예수까지 계보에 나오는 사람들의 이름이 거의 다 다르다. 바로 이러한 차이점 때문에 도올은 예수님의 족보는 상상의 산물이라고 말한다. 그는 마태의 기록에 따르면, 예수로부터 다윗까지가 28대인 데에 비하여 누가는 다윗까지 43대로 차이가 난다고 지적한다.

그러나 이들 족보에서 28대와 43대의 차이도 별로 문제가 되지 않는다. 왜냐하면 이스라엘의 족보와 고대 세계의 문서에서 암기를 용이하게 하기 위해서 특정인의 이름을 빼버리는 것은 종종 발견할 수 있는 일이다.[218] 또한 마태복음에서 누구를 낳는다고 할 때 '낳고'라는 헬라어 동사 '겐나오'gennao 는 한 세대 이상 건너뛸 때도 사용된 동사이다. 예를 들어 할아버지 또는 증조할아버지를 나타낼 때도 사용되는 동사이다.[219]

마태복음 (다윗부터~예수까지)	누가복음 (예수부터~다윗까지)
다윗	**다윗**
솔로몬	**나단**
르호보암	맛다다
아비야	멘나
아사	멜레아
여호사밧	엘리아김
요람	요남
웃시야	요셉
요담	유다
아하스	시므온
히스기야	레위
므낫세	맛닷
아몬	요림
요시야	엘리
여고냐	예수
스알디엘	에르
스룹바벨	엘마담
아비훗	고삼
엘리아김	앗디
아소르	멜기
사독	네리

218 Michael J. Wilkins, *The NIV Application Commentary, Matthew*, (Grand Rapids: Zondervan, 2004), 59. 실제로 마태는 그의 복음서에서 역대상 2:5, 9-15절에 나오는 이름들을 빼버리고 있다. 크레이그 블롬버그(Craig Blomberg)도 "이름이 종종 빠지는 것은 고대 세계의 기준으로 볼 때, 완전히 용납되었다"고 밝힌다. 리 스트로벨, 예수 사건, 61.

219 Michael J. Wilkins, *The NIV Application Commentary, Matthew*, 58.

아킴	스알디엘
엘리웃	스룹바벨
엘르아살	레사
맛단	요아난
야곱	요다
요셉	요섹
예수	서머인
	맛디아아
	마앗
	낙개
	에슬리
	나훔
	아모스
	맛다디아
	요셉
	얀나
	멜기
	레위
	맛닷
	헬리
	요셉
	예수

　　그러나 여기서 문제가 되는 것은 '왜 이 부분에서 족보의 이름이 거의 다 다른가?' 바로 이 점이다. 왜 마태와 누가는 대충 살펴보아도 현저히 차이가 나는 다른 이름을 제시하였겠는가? 정말 그들은 도올의 주장대로 상상력을 발휘해서 아무렇게나 꾸며냈겠는가? 특히 마태복음에서 예수님의 할아버지는 '야곱'으로 나오고, 누가복음에서는 '헬리'로 나온다. 이러한 문제에 대한 합리적인 답변은 무엇인가?

　　사실 이러한 차이점은 마태복음과 누가복음의 특성을 자세히 살펴본다면 어렵지 않게 그 해답을 얻을 수 있다. 첫째, 마태복음에는 족보의 흐름이 아브라함으로부터 시작해서 아래로 내려온다. 이것은 구약성경에 나타나는 족보와 비슷하다. 구약에는 조상으로부터 시작해서 아들 대로 내려온다. 이것은 유대인들의 족보 서술방식이다. 그러나 누가복음에는 아래로부터 시작해서 위로 올라간다. 예수로부터 시작해서 아담 그리고 하나님까지 올라간다. 이러한 족보는 그리스-로마Greco-Roman 세계의 족보에서 주로 발견된다.[220] 이것은 헬라인들의 족보 서술방식이다. 따라서 마태복음은 이방인을 염두에 두면서도 유대인들을 더욱 고려한 면이 드러나며, 누가복음은 주로 이방인 그리스도인들을 위한 저술이라고 볼 수 있다.

둘째, 마태복음은 하나님과 이스라엘의 계약을 강조하면서 예수님의 계보를 다윗(1:6)과 아브라함(1:23)까지 추적하고 있다. 그러나 누가복음은 예수님의 관계성이 모든 인류와 하나님까지 연결된다는 것을 강조한다. 여기에는 예수님의 탄생과 그분의 복음이 헬라인을 포함하여 전 인류의 구원을 위한 것이라는 누가의 시각이 드러나 있다.[221] 그래서 누가는 예수님의 계보를 아담과 하나님까지 연결시켜 예수님은 아담의 아들이며, 하나님의 아들인 것을 강조하고 있다.[222]

셋째, 마태의 기록에서 가장 중요한 장면 중의 하나는 예수님의 왕족 혈통에 대한 강조이다. 마태복음에서 다윗은 단순히 이새의 아들(눅3:31-32)이 아니다. 그는 다윗 왕(마1:6)이다. 마태복음에서는 신약의 다른 책과는 달리 22번이나 '왕'king 이라는 단어가 나오고, 마태복음 전체를 통하여 마태는 유대인의 왕the King of the Jews 으로서 예수님에게 초점을 맞

---

220 위의 책.

221 Darrell L. Bock, *Luke 1:1-9:50, Baker Exegetical Commentary on the New Testament* (Grand Rapids: Baker, 1994), 348-349.

222 Michael J. Wilkins, *The NIV Application Commentary, Matthew*, 58.

진짜 예수 도올의 잘못된 성경관 바로잡기(상)

추고 있다.[223] 따라서 '마태는 다윗으로부터 왕권을 이어받은 솔로몬을 통한 예수님의 족보'를 추적하고 있다. 반면에 '누가는 다윗의 아들, 나단을 통한 계보로 예수님의 족보'를 추적하고 있다. 나단은 왕위를 계승하지 못한 왕족이었다.[224]

넷째, 마태복음의 동정녀 탄생의 기사에서는 그 초점이 요셉에게 맞추어져 있다. 천사는 요셉에게 동정녀 탄생을 예고한다. 그러나 누가복음에는 예수님의 동정녀 탄생이 마리아에게 예고된다. 천사는 성령님의 능력으로 예수님이 잉태될 것을 마리아에게 예고한다. 누가복음에서는 여인들의 역할도 많이 강조하고 있다.

바로 이러한 마태복음과 누가복음의 특성을 고려하여, 많은 성경학자들은 마태복음에 나오는 족보는 요셉의 왕족 혈통을 추적한 것이며 그 왕권은 솔로몬을 통하여 다윗까지 이르게 된다고 말한다. 반면에 누가복음은 마리아의 혈통을 따라서 족보를 추적하였는데, 왕위를 차지하지 못한 다윗의 아들 나단을 통하여 다윗에게 이르는 계보를 기록하였다고 주장한다.[225] 이처럼 요셉의 왕족 혈통을 통해서 추적해 보아도 다윗 왕에게 이르고, 마리아의 혈통을 통해서 추적해도 다윗 왕에게 이르게 된다. 여기에 대하여 도널드 그레이 반하우스는 다음과 같이 정리하고 있다.

족보는 두 개가 있다. 그 계보는 아브라함에서 다윗까지는 나란히 간다. 그러나 마태는 다윗의 아들 솔로몬을 통해 예수님에게까지 이르고 있는 반면 누가는 다윗의 아들 나단을 통해 예수님에게까지 내려오고 있다.

---

223 위의 책, 60.
224 위의 책, 58.
225 리 스트로벨, 예수 사건, 61. 크레이그 블롬버거와 마이클 윌킨스, 노만 가이슬러, 글리슨 아처 등과 같은 학자들은 여기에 동의한다.

다시 말하면 두 개의 족보는 두 형제의 계보로서 자녀들이 사촌이 된 사람들의 족보라는 말이다…두 족보간의 차이점의 핵심은 솔로몬의 계보는 왕권 계보이고 나단의 계보는 법적 계보라는 점이다.[226]

요약하면 마태와 누가의 족보는 두 개의 다른 조상에 대한 계보이다. 이러한 차이점 때문에 마태복음에는 요셉의 아버지 이름이 야곱으로 나왔지만, 누가복음에는 요셉의 장인인 헬리가 언급됐다. 다시 말해서 마태복음은 요셉을 통한 왕적 계보를 소개하고, 누가복음은 마리아를 통한 육신의 혈통적 계보를 소개하고 있다.[227] 바로 이러한 차이점을 인지할 때, 마태복음과 누가복음에 나타난 족보의 차이점을 어렵지 않게 이해할 수 있다. 그러므로 두 복음서에 나타난 예수님의 족보가 저자의 상상력의 산물이라는 도올의 주장은 설득력 없는 주장이라고 평가할 수 있다. 마태복음과 누가복음에 나타난 예수님의 족보는 역사성을 바탕으로 하고 있다.

---

226 조시 맥도웰, 기독교변증 총서 2, 411.
227 어떤 복음주의 성경학자들 중에는 마태복음이 요셉의 족보를 따랐고, 누가복음은 마리아의 족보를 따랐다는데 동의하지 않는다. 그들의 견해에 의하면, 두 족보 모두 요셉의 혈통을 반영하고 있다고 본다. 누가복음에 나오는 족보는 요셉의 인간적인 혈통을 말하고, 마태복음에 나오는 족보는 요셉의 법적인 혈통을 나타낸다고 한다. 그 두 족보의 차이점은 그 가계의 혈통 중에 누군가가 직계 자식을 갖지 못한 지점에서 차이가 나게 되며, 구약의 다양한 관습에 따라서 법적인 상속인을 세워야만 했기 때문에 차이가 난다고 주장한다. 리 스트로벨, 예수 사건, 61; 그 한 예로 누가복음에서 요셉은 헬리의 아들로 나타나 있는데 마태복음에서는 야곱의 아들로 나타나 있다. 계대 결혼 이론에 따르면 헬리와 야곱은 어머니는 같고 아버지의 이름만 다른 배 다른 형제일 수도 있다. 어쩌면 헬리가 죽고 야곱이 그의 과부와 결혼했을 수도 있다. 조시 맥도웰, 기독교변증 총서 2, 405-406; 이 족보의 문제에 대하여 리필드는 다음과 같이 결론을 맺고 있다. "우리는 가능성이 없는 게 아니라 너무 많은 상태에 있다. 그러므로 불완전한 정보로 인한 확실성의 결여 때문에 이 두 족보 가운데 어딘가에 오류가 있다고 생각할 필요가 없다." 조시 맥도웰, 기독교변증 총서 2, 412. 그러므로 마태와 누가의 족보에서 나타나는 차이점 때문에 그 족보들이 상상의 산물이라고 주장할 합당한 근거가 없다고 말할 수 있다.

3. '호적조사'는 역사적 사실인가?

누가복음 2장의 첫 부분은 다음과 같이 시작한다.

『[1] 그 때에 가이사 아구스도가 영을 내려 천하로 다 호적하라 하였으니 [2] 이 호적은 구레뇨가 수리아 총독이 되었을 때에 처음 한 것이라 [3] 모든 사람이 호적하러 각각 고향으로 돌아가매 [4] 요셉도 다윗의 집 족속이므로 갈릴리 나사렛 동네에서 유대를 향하여 베들레헴이라 하는 다윗의 동네로 [5] 그 약혼한 마리아와 함께 호적하러 올라가니 마리아가 이미 잉태하였더라』(눅 2:1-5)

위의 본문에 따르면, 예수의 탄생은 인구조사와 관련이 있다. 나사렛 동네에 살았던 요셉은 정혼녀 마리아와 함께 호적등록을 하기 위해서 베들레헴으로 가게 된다. 그때 마리아는 베들레헴에서 아기 예수를 낳게 된다.

이러한 성경의 기록을 도올은 역사적 사실이 아니라고 주장한다. 그는 '원적지 호구조사'는 비상식적인 것이며, 예수에게 '다윗 혈통의 정통적 후계라는 메시아적 이미지'를 부여하기 위한 '기발한 명분의 픽션'이라고 강변한다.[228] 그래서 도올은 수차례에 걸친 TV 강연과 그의 책을 통해서 예수는 베들레헴에서 태어난 것이 아니라 나사렛에서 태어났다고 강조하였다. 베들레헴 탄생의 이야기는 누가가 그럴 듯하게 꾸며낸 소설에 불과한 것이라고 말한다. 호적 조사에 대한 도올의 주장을 요약하면 다음과 같다.

① 황제 옥타비아누스가 로마제국 전체에 호구조사 worldwide census 를

---

228 김용옥, 기독교성서의 이해, 260-261; 김용옥, 도올의 마가복음 강해 (서울: 통나무, 2019), 109-110.

명한 사례가 존재하지 않을 뿐 아니라 로마는 공화정의 전통을 가진 나라였기 때문에 그러한 발상이나 유례가 있을 수가 없었다.[229]

② 단지 과세taxation 를 목적으로 지방총독 명으로 해당 관할구에서 호구조사를 할 수는있었다. 그러나 예수가 탄생한 BC 4년경에는 팔레스타인에서 그러한 호구조사가 행하여진사례가 없다. AD 6년경 구레뇨가 시리아의 총독으로 있을 때, 팔레스타인에서 최초의 로마식 호구조사가 이루어진 사례가 있지만 이것은 예수의 탄생보다 약 10년 후의 일이다.[230]

③ 원적지 호구조사는 있을 수 없다. 호구조사의 목적이 과세인 이상, 원적으로 사람을 다이동시켜서 그 원적에서 모든 식구가 조사를 받는다는 것은 관료제도적으로도 불가능한 사태일 뿐 아니라 의미 없는 짓이다. 현주소의 삶의 터전에서 호구조사를 해야 과세가 가능하기 때문이다.[231]

④ "아닌 밤에 홍두깨"식으로 예수를 갑자기 베들레헴에서 탄생시키기 위해서 복음서의 저자는 "원적 호구조사"라는 기발한 명분의 픽션을 만들어냈던 것이다.[232]

⑤ "요셉의 원적지가 베들레헴이라는 사실 자체가 아무런 근거를 발견할 수 없는 누가의 창작일 뿐이다. 그리고 예수의 탄생을 원적지 호구

229 김용옥, 기독교성서의 이해, 259.
230 위의 책, 259-260.
231 위의 책, 260.
232 위의 책, 261.

진짜 예수 도올의 잘못된 성경관 바로잡기(상)

조사와 관련시켜 나사렛사건에서 베들레헴사건으로 뒤바꿔놓은 것 또한 누가의 날조에 속한다."[233]

위에서 언급된 바와 같이 도올은 예수의 베들레헴 탄생을 누가가 "상상력 속에서 적당히 짜맞춘 것"[234]이며, "코미디, 완전한 픽션"[235]이라고 주장한다.

그렇다면 과연 누가의 호적조사에 대한 기록은 역사적 근거가 전혀 없는 허구에 불과한 것인가? 누가가 의도적으로 예수의 메시아적 이미지를 창출해 내기 위해서 꾸며낸 거짓 이야기에 불과한 것인가? 여기에 대해 보다 객관적인 역사적 접근과 판단이 필요하다고 본다.

우리는 호적조사에 대한 도올의 세 가지 주요 논지를 중심으로 살펴보고자 한다: 1) 로마제국에 실시된 인구조사의 사례들; 2) BC 4년경 예수 탄생과 AD 6년경 시리아 총독 구레뇨Quirinius 의 재임시 인구조사에 나타난 시기상의 문제; 그리고 3) 원적지 인구조사에 관한 문제를 중심으로 살펴보겠다.

1) 로마제국에 실시된 인구조사의 사례들

근래까지만 해도 많은 학자들은 로마 황제 카이사르 아우구스투스가이사 아구스도, Caesar Augustus의 통치 하에 실시된 인구조사에 관한 누가의 기록은 잘못된 것이라고 생각하였다. 그러나 최근의 학문적 연구는 이러한 부정적 견해를 바꾸어 놓았다. 사실 지금 학자들은 누가의 기록대로 예수 탄생 이전에 여러 인구조사가 있었다는 사실을 일반적으로 받아들

---

233 김용옥, 도올의 마가복음 강해, 110.
234 김용옥, 기독교성서의 이해, 260.
235 김용옥, 도올의 마가복음 강해, 109; 김용옥, 나는 예수입니다 (서울: 통나무, 2020), 9-11.

이고 있다.[236] 그 이유는 다음과 같다.

첫째, 황제 아우구스투스가 로마의 전 제국에 걸쳐서 모든 사람들을 대상으로 해서 인구조사를 실시하라고 명령한 칙령에 대한 증거는 없다. 그러나 아우구스투스가 전 제국의 정복지에서 정기적인 인구조사를 실시했다는 것은 부인할 수 없는 역사적 사실이다. 정복당한 지역의 백성은 황제에게 충성을 맹세하도록 강요받았기 때문에 로마 황제에 대한 충성의 표현으로써 인구조사를 요구하는 것은 특별한 일이 아니었다. 또한 인구조사는 정복지 남자들의 군대 징집이나 노역, 세금 징수를 목적으로 했기 때문에 꼭 필요한 일이었다.[237] 그러다 보니 당시 여러 인구조사가 진행됐다. 성경 외의 역사기록은 로마 황제에 의한 인구조사가 골 Gaul 지역, 키레네 Cyrene 지역, 그리고 이집트 Egypt 지역에서 실시되었음을 알려준다.(Tacitus, Annals 1.11, 31, 33; Dio Cassius 53.30.2)[238]

둘째, 그러한 주기적인 인구조사와 등록은 14년마다 정기적으로 실시되었다.[239] 바로 이와 같은 정규적인 인구조사 형태가 있었기 때문에 인구조사가 지방 총독에 의해서 실시되었다고 하더라도, 그것은 아우구스투스의 일반적인 정책으로 간주되었다.[240] 이런 점을 고려할 때, 예수 탄생 이전에 팔레스타인 지역에서 실시된 인구조사는 로마 황제 아우구

---

236 Norman Geisler and Thomas Howe, *When Critics Ask* (Grand Rapid: Baker Books, 1997), 383.

237 위의 책. 유의할 점은, 유대인들은 군대 징집대상에서 제외되었다. 유대인들에게는 세금징수와 노역 동원을 목적으로 인구조사가 실시되었다고 볼 수 있다.

238 Darrell L. Bock, *Luke 1:1-9:50, Baker Exegetical Commentary on the New Testament* 202. Dr. Bock은 이와 연관된 자료를 하나 더 언급하고 있다: J. A. Fitzmyer, *The Gospel According to Luke* (i-ix). Anchor Bible 28. (Garden City, N. Y.: Doubleday, 1981), 400.

239 Norman L. Geisler, "Luke, Alleged Errors In" in *Baker Encyclopedia of Christian Apologetics*, 431.

240 위의 책.

스투스에 의해서 실시된 인구조사로 볼 수 있다. 또한 이것을 누가는 누가복음 2장 1절에서 "이 때에 가이사 아구스도가 영을 내려 천하로 다 호적하라 하였으니"라고 표현하였다.

셋째, 유대인 역사가 요세푸스의 기록을 보면, 헤롯 대왕의 통치 말기에 헤롯과 황제 아우구스투스의 관계가 악화되었기 때문에 아우구스투스가 헤롯의 영토를 정복지로 취급한 것을 충분히 이해할 수 있다.[241] 아우구스투스가 헤롯과 그 백성을 통제하는 수단으로 인구조사를 요구했을 가능성이 높다.

넷째, 당시 실시된 인구조사는 여러 해에 걸쳐서 완성되는 거대한 프로젝트였다. 세금을 목적으로 한 인구조사는 골 Gaul 지역에서 BC 10-9년에 시작되었고 그 인구조사는 40년에 걸쳐서 완결되었다. 고대 사회의 특성을 고려할 때 인구조사는 오늘날처럼 단기간에 끝마칠 것으로 간주해서는 안 된다.

다섯째, 영국 옥스퍼드대학교와 케임브리지대학교 교수로 재직했으며, 고고학자로 잘 알려진 윌리엄 램지 William Ramsay 는 고대 비문을 조사한 결과 BC 8년 또는 BC 7년경에 황제의 칙령에 따라 시리아 지역에서 인구조사가 실시된 것을 밝혀냈다.[242] 그런데 BC 8년 또는 7년에 시리아에서 실시된 그 인구조사가 팔레스타인 지역에서는 아직 실제적으로 시작되지 않았을 수 있다. 즉 조직의 문제와 준비 부족 때문에 BC 5년이나 그 후까지 실제적인 인구조사가 미루어졌을 가능성이 매우 크다.[243]

여섯째, 헤롯 대왕이 통치하고 있었던 시기는 예루살렘과 갈릴리 근처의 나사렛지역 모두 헤롯 대왕의 지배하에 있었다. 따라서 인구 등록

---

241 Norman Geisler and Thomas Howe, *When Critics Ask*, 383.
242 위의 책.
243 위의 책.

을 위해서 나사렛에서 베들레헴까지 여행하기에 어떠한 정치적 어려움이 없었다. 그러나 헤롯 대왕이 죽고 그의 아들들에 의해서 나라가 여러 개로 나눠진 후에는 나사렛에서 베들레헴으로 여행하는 데 여러 가지 제약이 있었을 수 있다. 그렇다면 헤롯 대왕의 생존 시에 실시된 인구조사가 누가의 기록에 더 자연스럽다. 최소한 누가는 BC 4년경의 상황과 AD 6년경의 상황을 혼동하지 않았을 것이다.

위에서 언급된 사실을 감안할 때, 예수의 탄생 이전에 로마의 정복지에서는 여러 종류의 인구조사가 황제의 일반적인 정책으로 실시됐다고 판단할 수 있다. 또한 BC 8년 또는 7년에 팔레스타인 지역과 가까운 시리아에서 인구조사가 실시된 점으로 미루어 보아 예수의 탄생(BC 4년) 시기에 팔레스타인 지역에서도 인구조사가 실시되었을 가능성이 매우 높다고 말할 수 있다. 그러므로 누가의 호적 등록에 대한 기사는 엉뚱한 발상으로 판단될 수 없으며, 오히려 당시 역사적 정황과 일치한다고 판단할 수 있다.

2) BC 4년경 예수 탄생시 실시된 인구조사와 AD 6년경 구레뇨 재임시에 실시된 인구조사의 시기상 차이점에 관한 문제

도올과 같은 여러 비평가들은 다음의 문제를 지적한다. "시리아의 총독 구레뇨는 AD 6년 때까지 이스라엘을 통치하지 않았는데, 왜 누가는 구레뇨가 시리아의 총독으로 있을 때 이스라엘에 인구조사를 실시했다고 하는가? 누가의 기록에 오류가 있지 않은가?" 이것은 비평가들의 전형적인 질문이다. 이 문제를 풀기 위해서 누가의 기록을 다시 한 번 살펴볼 필요가 있다.

[1] 그 때에 아우구스투스 황제가 칙령을 내려서 온 세계가 호적등록을 하게 되었

진짜 예수 도올의 잘못된 성경관 바로잡기(상)

는데, [2]이 첫 번째 호적등록은 구레뇨가 시리아의 총독으로 있을 때에 시행한 것이다.(눅 2:1-2, 표준새번역)

유대 역사가 요세푸스에 따르면, 로마는 유대 지역을 시리아로 합병하면서 과세 목적으로 AD 6년에 인구조사를 했다고 한다. 이때 시리아의 총독이 구레뇨Quirinius였다. 그러므로 성서 비평가들은 누가가 AD 6년에 실시된 이 인구조사를 BC 4년경 예수의 탄생 시기와 혼동했다고 주장한다. 그런데 도올은 여기서 한 발 더 나아가, "누가의 머리에선 이런 사건들을 '혼동했다'기보다는 상상력 속에서 적당히 짜맞춘 것"[244]이라고 성급한 결론을 내려버린다.

이러한 도올의 성급한 주장은 역사적 사실과 본문에 대한 면밀한 고찰에서 나온 판단이라기보다는 예수를 단순한 한 인간으로 보고자 하는 자신의 전제에서 비롯된 것이라고 볼 수 있다. 위의 문제를 해결하기 위해 몇 가지 가능한 설명이 있다.

첫째, 성경에 관한 천재적 학자라고 불릴 수 있는 F. F. 브루스Bruce는 누가복음 2장 2절에 대한 다른 번역의 가능성을 제시한다. 기존의 번역은 다음과 같다.

『이 호적은 구레뇨가 수리아 총독 되었을 때에 첫번 한 것이라』(개역한글)
『(This was the first census that took place while Quirinius was governor of Syria.)』NIV

---

244 김용옥, 기독교성서의 이해, 259-260.

그런데 브루스에 따르면, 위 문장에서 헬라어 'first' ₚᵣₒₜₒₛ 는 'before'
로 번역될 수 있는 단어이다. 그래서 그는 다음과 같이 번역한다.

"이 인구조사는 구레뇨가 시리아의 총독이 되기 '**전에**' 시행되었다."
"This enrollment (census) was **before** that made when Quirinius
was governor of Syria."

이러한 브루스의 번역은 본문의 헬라어 구조를 살펴볼 때 전혀 무
리가 없는 번역이라고 볼 수 있다.[245] 이에 유명한 WBC Word Biblical
Commentary 주석서도 브루스의 번역에 동의하여 "구레뇨가 시리아의 총
독이 되기 전에 인구조사가 있었다"고 번역하고 있다.[246] 신약학자 존 놀
랜드 John Nolland 는 이 번역이 문법적으로나 역사적 정황으로 미루어 보
아 오히려 더 적합하다고 주장한다.[247] 놀랜드는 누가복음 2장 2절을 이
렇게 해석할 때 로마의 지시를 받아 헤롯 대왕에 의해서 예수 탄생 이전
에 인구조사가 있었음을 가리키는 것이 된다고 한다.[248] 이러한 해석은
BC 8년 또는 7년경에 로마 황제의 칙령에 의해 시리아 지역에서 실시된
인구조사와 연관성을 갖는다는 의미에서 가능성 있는 하나의 해결 방안
이라고 여겨진다. 둘째, 구레뇨는 탁월한 행정가였으며 뛰어난 군인이
었다. 그는 BC 12년에 황제의 법률고문으로 임명되었으며, 남부 갈라티
아 South Galatia 지역에서 소아시아의 호모나덴시안 Homonadensians 지역을

---

245 John Nolland, *Word Biblical Commentary: Luke 1-9:20*, Vol 35a. ed. Ralph P.
Martin (Dallas: Word Books, 1989), 96-104.
246 위의 책, 96. "This registration happened before Quirinius was governor of Syria."
247 위의 책, 101-103.
248 위의 책 104.

정복해 큰 공을 세우기도 하였다.[249] 그러나 BC 7년부터 BC 4년까지 시리아의 총독이었던 쿠인티리우스 바루스Quintilius Varus는 믿을 만한 지도자가 아니었다. 그의 결핍된 지도력은 AD 9년 현재 독일의 토이토부르크 산림지대Teutoburger Forest 에서 3개 사단의 병력을 잃어버리게 된 것으로 잘 드러난다. 점차 구레뇨의 지도력은 탁월함을 인정받았고, 바루스의 지도력은 신뢰를 잃어갔다.

BC 8년 또는 BC 7년경 시리아 지역에서 인구조사가 실시되었을 시기에, 황제 아우구스투스는 구레뇨에게 특별한 권한을 부여하여 팔레스타인 지역의 문제들을 순탄하게 해결하는 임무를 맡겼고 그렇게 바루스의 권위와 통치를 효과적으로 대치시켰다.[250] 이러한 역사적 정황은 구레뇨가 시리아에서 실질적인 통치 권한을 가지고 있었음을 지지할 뿐만 아니라 구레뇨가 시리아의 총독으로 두 번 임명되었을 가능성을 충분히 보여주고 있다.

셋째, 구레뇨는 실제로 시리아의 총독으로 두 번 임명되었다는 주장이 있다.[251] 첫 번째 임명은 BC 12년에서 BC 2년 사이에 소아시아 지역의 호모나덴시안Homonadensians 에 대항해서 군사작전을 수행할 때였으며, 두 번째는 역사가 요세푸스가 기록한 대로 AD 6년경에 시리아의 총독으로 활동하였다. 1764년에 발견된 라틴어 비문은 구레뇨가 시리아의 총독으로서 두 번 통치하였음을 보여준다.[252]

누가복음 해석에 탁월한 성경학자 대럴 복Darrell L. Bock 은 누가복음 2장 2절에서 '첫 번째 인구조사'가 지칭하는 것은 문맥상 두 가지 의미

---

249 위의 책.
250 Norman L. Geisler, "Luke, Alleged Errors In" in *Baker Encyclopedia of Christian Apologetics*, 431.
251 Norman Geisler and Thomas Howe, *When Critics Ask*, 385.
252 위의 책. 그러나 이 주장에 대한 논란은 여전히 계속되고 있다.

모두 가능하다고 주장한다. 즉 "그 인구조사는 구레뇨가 시리아의 총독으로 있을 때 처음으로 행한 것"으로 해석이 가능하다. 또 "구레뇨 통치 하에 적어도 두 번 이상 실시되었던 인구조사 중에서 첫 번째로 행한 것"이라는 해석도 가능하다고 본다. 대럴 복은 두 번째 해석이 보다 자연스럽다고 주장한다.[253] 이와 같은 성경 해석과 역사적 정황 증거는 구레뇨가 시리아의 총독으로 두 번 임명됐을 가능성을 충분히 지지하고 있다.

위와 같은 논증을 검토해 볼 때, 누가복음 2장 2절에 나타난 BC 4년경 예수 탄생시에 실시된 인구조사와 AD 6년경 구레뇨 재임시에 실시된 인구조사의 시기상 차이점에 관한 문제는 어느 정도 해소됐다고 할수 있다.

3) 원적지 인구조사에 관한 문제

도올은 "원적지 호구조사는 있을 수 없다"고 단언한다. 각자 자기 고향으로 돌아가서 등록한다는 것은 비상식적이기 때문에 그런 것은 실제 역사상 있을 수 없는 일이라고 주장한다. 그의 말을 직접 들어보자.

원적지 호구조사는 있을 수 없다…호구조사의 목적이 과세인 이상, 원적으로 사람을 다 이동시켜서 그 원적에서 모든 식구가 조사를 받는다는 것은 관료제도적으로도 불가능한 사태일 뿐 아니라 의미 없는 것이다. 현주소의 삶의 터전에서 호구조사를 해야 과세가 가능하기때문이다.[254]

"아닌 밤에 홍두깨" 식으로 예수를 갑자기 베들레헴에서 탄생시키기

---

253 Darrell L. Bock, Luke 1:1-9:50, *Baker Exegetical Commentary on the New Testament* 203.
254 김용옥, 기독교성서의 이해, 260.

위해서는 복음서의 저자는 "원적 호구조사"라는 기발한 명분의 픽션을 만들어 냈던 것이다.[255]

위와 같이 도올은 원적지 인구조사를 누가가 만들어낸 소설에 불과한 것으로 취급한다. 그렇다면 과연 고대 로마 역사상 원적지 호구조사가 없었는가? 누가의 주장은 역사적 근거 없는 소설에 불과한가? 그렇지 않다! 자신이 태어난 원적지나 자신이 소유하고 있는 토지가 있는 지역으로 돌아가서 등록할 것을 요구한 역사적 사례가 분명히 있다. AD 104년에 이집트 총독 비비우스 막시무스Vibius Mazimus 의 칙령에 따르면, 모든 사람들이 인구조사를 위해서 자신의 고향으로 돌아갈 것을 요구받았다.[256] 그 칙령의 구체적인 내용은 다음과 같다.

> 이집트 총독 가이우스 비비우스 막시무스는 선포한다. 가가호호 인구조사를 해야 할 시기가왔기 때문에 어떤 이유에서든 본인의 지방 외부에 거주하고 있는 모든 사람들은 자신의 고향으로 반드시 돌아와야만 한다. 그래서 정기적인 인구조사 명령을 수행해야 하며 자신들의할당 지역을 성실히 경작해야만 한다.[257]

또 고고학자 존 맥레이John McRay 는 "AD 48년 것으로 보이는 다른 파피루스 조각을 보면 전 가족이 인구조사와 관련되었음을 볼 수 있다"[258]고 주장한다.

---

255 위의 책, 261.
256 Darrell L. Bock, *Luke 1:1-9:50, Baker Exegetical Commentary on the New Testament* 204; Norman Geisler and Thomas Howe, When Critics Ask, 384.
257 리 스트로벨, 예수 사건, 130.
258 위의 책, 131.

이러한 역사적 자료에 근거해서 볼 때, 누가가 기록한 원적지 호구조사는 도올이 주장한 것처럼 상상으로 지어낸 소설에 불과한 것이 아니다. 역사적 실례가 있는 사건이다. 사실 유대인들에게는 그러한 여행이 그렇게 특별한 것은 아닐 수 있다. 왜냐하면 그들은 매년 예루살렘으로 순례하는 것에 익숙했기 때문에 원적지 호구조사는 유대인의 관습과도 일치한다.[259] 또한 고대 사회에서는 오늘날보다 자신의 고향을 떠나 타향에서 생활하는 인구의 비율이 훨씬 더 적었을 것이기에 원적지 호구조사가 가능하다고 하겠다. 따라서 원적지 호구조사는 도올이 주장하는 것처럼 허무맹랑한 소설이 아니다. 우리에겐 누가의 기록을 부인해야만 하는 마땅한 이유가 없다.

외려 현재 자유주의 학자들과 보수주의 학자들 모두 누가의 기록은 역사자료로서 매우 정확하다는데 대체적으로 동의한다.[260] 현대 고고학의 발견은 누가의 기록이 신뢰할 만한 역사적 사실에 기초하고 있다는 것을 밝혀냈다. 특히 고고학자 윌리엄 램지 William Ramsay 는 누가가 기록한 지역을 연구하는 데 20년을 보냈는데, 누가가 기록한 문서에 나오는 32개의 나라와 54개의 도시, 그리고 9개의 섬을 면밀히 조사해 본 결과 그 기록이 정확히 들어맞는다고 결론을 내렸다. 단 하나의 실수도 없었다고 한다. 이러한 사실은 다른 분야의 역사가들에게서 매우 부러움을 사는 기록임이 틀림없다.[261]

이와 같이 누가의 기록이 일반적으로 신뢰할 만하다면, 누가가 기록한 원적지 호구조사 또한 신뢰할 수 있다. 사실 대부분의 고대 역사는

---

259 Darrell L. Bock, *Luke 1:1-9:50, Baker Exegetical Commentary on the New Testament* 204.

260 리 스트로벨, 예수 사건, 125.

261 Norman L. Geisler, "Luke, Alleged Errors In" in *Baker Encyclopedia of Christian Apologetics*, 431.

한 가지 출처에만 기초를 두고 있다. 여러 가지 자료로 확증되지 못했지만 여전히 역사적 사실로서 인정받는 경우가 허다하다. 그리고 일반적으로 그 출처가 신뢰할 만하다고 간주되면, 그 기록은 다른 출처나 자료로써 확증될 수 없다고 하더라도 신뢰할 만하다고 여긴다.[262] 이러한 일반 역사의 판단 기준에 따르면, 누가의 호적조사에 관한 기록도 충분히 신뢰할 만하다고 판단한다.

이러한 이유로 인해서 게리 하버마스_{Gary Habermas} 는 이 사실을 다음과 같이 요약해서 설명해 주고 있다.[263]

1) 세금징수를 위한 인구조사는 로마제국에서 매우 흔히 있는 일이었다. 그리고 그것은 유대 땅 에서도 있었다.
2) 사람들은 그 인구조사를 위해서 자기의 고향으로 돌아가서 등록하도록 요구를 받았다.
3) 이러한 절차는 명백히 아우구스투스 황제 통치 시절(BC 27−AD 14)에 시행되었다. 이 사실은 예수 탄생의 일반적 시간 구조에 잘 들어맞는다.
4) 누가에 의해서 알려진 세금징수를 위한 인구조사는 BC 6−5년에 실시되었을 가능성이 매우 높다.

결론적으로 말하면, 누가의 기록을 상상으로 짜맞춘 소설로 치부할 만한 역사적 근거는 매우 빈약하다. 비록 누가의 기록을 완벽하게 확증하는데 자료가 부족하다고 할지라도, 누가의 기록이 역사적 사실임을 뒷받침하는 정황 증거와 인구조사에 관한 다른 고대 자료가 충분히 존재한다. 이러한 긍정적인 증거들은 일반 고대역사의 기록을 판단하는 잣대에 비추어 볼 때, 누가의 호적조사 기록이 역사적 사실에 바탕을 둔

---

262 리 스트로벨, 예수 사건, 152.
263 Gary Habermas, *The Verdict of History*, 153; Norman L. Geisler, "Luke, Alleged Errors In" in *Baker Encyclopedia of Christian Apologetics*, 431. 재인용

것으로 판단할 수 있게 한다. 따라서 누가의 호적조사 기록을 소설로 평가한 도올의 주장은 역사적 사실에 근거한 판단이라기보다는 그의 상상력의 산물이라고 평가할 수 있다.

4. 헤롯의 유아살해사건은 허구에 불과한가?

도올이 복음서의 역사성을 부인하는 또 다른 예는 '헤롯의 유아살해사건이 허구'라는 주장이다. 마태복음 2장에는 유대인의 왕인 헤롯 대왕이 유대인의 왕으로 태어난 아기 예수가 장차 자신의 왕위를 가로챌 것을 두려워한 나머지 군사들을 보내어 베들레헴 마을 근처에 사는 두 살 아래의 사내아이들을 모두 학살한 사건이 나온다.

도올은 이러한 헤롯의 유아살해사건은 예수의 가족을 나사렛에 살게 하려고 꾸며낸 허구적 드라마와 같은 것이라고 주장한다.[264] 그런 주장에 대한 이유를 그는 다음과 같이 설명한다.

> 그러나 헤롯 왕이 아무리 무지막지한 인간이라 할지라도 근거없이 떠돌아 다니는 현자의 몇마디를 듣고 자국의 국민을 그렇게 무자비하게 살해한다는 것은 있을 수 없는 이야기이고 실제로 그러한 역사적 사실은 존재하지 않았다.[265]

이처럼, 도올은 마태복음에 나오는 "헤롯의 유아살해는 전혀 역사적 사실이 아니다"[266]라고 단언한다. 그렇다면 이 주장에 대한 그의 이유는

---

264 김용옥, 기독교성서의 이해, 262
265 위의 책, 262-263.
266 김용옥, 도올의 마가복음 강해 (서울: 통나무, 2019), 111.

정당하고 합리적이라고 말할 수 있는가? 필자가 보기엔 고대 문서로서 마태복음에 등장하는 유아살해사건을 역사적 허구로 주장하는 도올의 주장을 그대로 수용해야만 하는 합리적인 이유가 없다.

첫째, 도올이 마태복음의 유아살해사건을 거짓으로 보는 이유는 "헤롯 왕이 아무리 무지막지한 인간이라 할지라도 근거 없이 떠돌아다니는 현자의 몇 마디를 듣고 자국의 국민을 그렇게 무자비하게 살해한다는 것은 있을 수 없는 이야기"이기 때문이다. 그러나 이러한 주장은 헤롯 대왕의 잔인함에 대해 무지하기 때문일 수도 있고, 아니면 헤롯 대왕의 잔혹함을 잘 알고 있지만 그것을 의도적으로 숨긴 상태에서 제기하는 주장일 수 있다.

유대인 역사가 요세푸스에 따르면, 헤롯 대왕은 매우 잔인한 왕이었다. 헤롯은 자신의 가족까지 감옥에 집어넣든지 아니면 과감하게 처형시켰다. 질투심이 많았던 헤롯 왕은 자기 왕위를 지키기 위하여 아무도 믿지 않았고 가족까지도 죽음에 처했던 잔인한 사람이었다.[267] 예컨대 그는 광적인 질투심으로 인해 아내 마리암Mariamme 을 처형시켰다(BC 29년). 마리암이 유대 정통의 혈족이었기 때문에 그의 아들들인 아리스토불루스Aristobulus 와 알렉산더Alexander 는 이방인 출신이었던 그의 아버지와는 달리 유대인들로부터 많은 호의를 얻고 있었다. 하지만 나중에 그 아들들 역시 아버지에 대한 음모를 꾸몄다는 혐의를 받고 BC 7년에 헤롯에게 처형당하고 만다.[268]

헤롯의 질투와 왕위를 지키고자 하는 노력은 여기서 끝나지 않고 자신의 첫 아내 도리스Doris 가 낳은 아들 안티파터Antipater 를, 자기의 생

---

267 Michael J. Wilkins, *The NIV Application Commentary, Matthew*, 97.
268 Josephus, *Ant. xvii*, 3; F. F. 브루스, 신약사 나용화 역(서울: 기독교문서선교회, 1996), 41 재인용.

명을 노리는 것으로 의심한 나머지 자신이 죽기 4~5일 전에 처형시켰다.[269] 이처럼 헤롯 왕은 질투심이 많았고 잔인했다. 자기 왕위를 지키려는 욕심으로 아무도 믿지 않았고, 조금이라도 반역의 기미가 보이면 그 누구라도 즉각 처형시켰다.

사실 유대 왕 헤롯의 이러한 잔인함에는 자신이 이방인 출신이라는 자격지심이 자리 잡고 있었다. 그가 유대 하스모니안의 공주인 마리암Mariamme 을 아내로 맞아들였을 때도 유대인들은 여전히 그를 이방인으로 취급하였고, 오히려 그의 아들들에게 호감을 보였다. 그는 로마의 도움으로 왕이 된 서방 진영의 사람이었다. 그래서인지 그에게 서방으로부터 위협은 전혀 없었다. 그의 통치 초기에 동방지역의 제국인 파르티아Parthia 로부터 유대가 공격당하고 예루살렘이 포위되자, 헤롯은 로마로 도망가서 파르티아를 물리쳐 줄 것을 요청하였다. 역사가 요세푸스에 따르면, 그는 동방에 대한 두려움과 경계심을 가지고 있었기 때문에 예루살렘으로 돌아온 후 예루살렘 성벽을 더욱 튼튼히 세우기 시작했다고 한다.[270]

이와 같이 헤롯왕은 이방인으로서 유대인의 왕이 되었기 때문에 자기 왕위를 지키고자 온갖 노력을 다하였고, 심지어 자신에게 조금이라도 반기를 들면 가족이라도 서슴지 않고 처형시켰다. 그만큼 그는 동방에 대한 경계심과 두려움을 가지고 있었다.

바로 이와 같은 상황을 고려해 동방으로부터 박사(현자)들이 와서 "유대인의 왕으로 태어나신 아기가 어디에 있습니까"라고 물었을 때 그의 심정을 생각해 보라. 자기 자식들과 아내마저 무자비하게 처형시킨 잔

---

269 F. F. 브루스, 신약사, 41-42.
270 Josephus, *Ant.* 14:335-69; 17:23; Michael J. Wilkins, *The NIV Application Commentary, Matthew*, 97 재인용.

진짜 예수 도올의 잘못된 성경관 바로잡기(상)

인한 성격의 소유자가 앞으로 자기 왕위를 찬탈할 가능성이 있는 아기를 그냥 내버려둘 수 있었겠는가? 헤롯 왕의 행적과 그의 잔인한 성격을 감안할 때 마태복음에 기록된 유아살해사건은 충분히 가능하다.

둘째, 유대 역사가 요세푸스의 책이나 로마 역사가들의 책 속에 베들레헴 유아살해사건에 대한 기록은 나타나지 않는다. 이 때문에 도올은 "실제로 그러한 역사적 사실은 존재하지 않았다"[271]고 주장한다. 그런데 마태복음의 기록이 다른 고대 역사가의 자료에 나타나지 않는다고 해서 그 사건이 역사적 사실이 아니라고 단정할 수는 없다. 왜냐하면 일반적으로 고대의 어느 한 문서에 나타난 역사기록이 다른 문서에 의해서 이중으로 검증되지 않는다고 하더라도 그 역사기록이 거짓이라고 단정하지 않는다. 오히려 많은 경우에 있어서 그 기록의 역사성을 인정해 준다.

마찬가지로 마태복음은 일반 역사를 연구하는 잣대로 연구해 볼 때 아주 우수한 역사적 신뢰성을 가지고 있다. 마태복음은 예수가 십자가에서 죽음을 당하시고 부활한 후 약 40～50년 사이에 기록된 문서이다. 역사적 예수에 관한 이야기가 50년 후에 문자로 기록되었다고 하더라도, 이것은 고대 문헌에서 아주 우수한 역사성을 가진 것으로 여겨진다. 로마의 황제들에 관한 역사기록도 대부분 그들이 죽은 지 80년에서 100년 후에 기록되었다는 사실을 감안한다면, 마태복음의 기록이 역사성이 없다고 주장할 근거가 없다. 또한 로마의 역사가 타키투스나 수에토니우스의 기록도 그들이 활동할 당시 일어난 사건을 기록한 것이 아니라, 80년에서 100년 동안 입에서 입으로 전해져 내려왔던 구전 전통을 후에 문자로 기술한 것이다. 유대인의 역사가 요세푸스의 기록도 이와 마찬가지다. 이렇게 볼 때 고대 역사가들은 역사상 일어난 모든 일을

---

271 김용옥, 기독교성서의 이해, 263.

다 기록했다고 말할 수 없으며, 그들이 판단하기에 아주 중요한 일만 선택해 기록했다고 볼 수 있다.

여기서 심각하게 고려할 점은 헤롯 왕 당시 베들레헴은 아주 작은 마을이었다는 사실이다. 기껏해야 수백 명이 모여 사는 작은 마을이었을 것이다. 그 작은 마을에 2살 이하의 남자 아기가 몇 명이나 되었겠는가? 어떤 성경학자는 베들레헴이 작은 시골마을인 것을 감안하면 대략 10명에서 30명의 아기들이 살해당하였을 것이라고 추측한다.[272]

이렇게 볼 때 작은 시골 마을에서 수십 명의 아이들이 헤롯이 보낸 군대에 의해 살해를 당하였다고 하더라도, 이는 헤롯의 눈에 그리 대단한 일이 아니었을 수 있다. 당시에는 오늘날처럼 뉴스를 전할 TV나 라디오, 신문, 인터넷도 없었다. 그 일은 고대 역사가의 눈에는 기록해야 할 만큼 중대하게 여겨지지 않았을 가능성이 크다. 또 그 일은 로마가 주목해야만 하는 대단한 사건도 아니었다. 따라서 후대의 역사가들이 이 사건을 알지 못했을 가능성도 많다고 하겠다. 설혹 후대의 역사가들이 이 사건을 전해 들었다고 하더라도 이 사건을 꼭 기록해야만 할 당위성은 없는 것이다.

이와 같은 일반적이고 역사적인 상황을 볼 때, 마태복음에 나타난 베들레헴 유아살해사건이 역사적 사실이 아니라고 주장할 근거는 매우 빈약하다. 오히려 마태복음의 구체적인 사건 설명과 헤롯의 잔인한 성품을 고려할 때 헤롯의 유아살해사건은 충분히 일어날 수 있었던 역사적 사건이라고 볼 수 있다.

그러므로 헤롯의 유아살해사건이 허구에 불과하다고 단언하는 도올의 주장은 역사적 사실에 근거하기보다는 자신의 추측에 근거한다고 볼

---

272 Michael J. Wilkins, *The NIV Application Commentary, Matthew*, 112.

수 있다. 고대 문서 중의 하나인 마태복음의 기록이 허구적 드라마라고
보아야 할 타당한 이유와 근거가 없기 때문이다.

5. 결론

지금까지 우리는 도올이 신약성경의 역사성을 부인하는 이유에 대해
서 하나씩 살펴보았다. 도올은 복음서에 역사성이 결여되어 있다는 것
을 예증하기 위하여 예수의 처녀 탄생, 예수의 족보 문제, 원적지 호구
조사 문제, 그리고 베들레헴 유아살해사건 등의 주제들을 제시한다. 그
러나 지금까지 우리가 살펴보았듯이 성경의 역사성을 부인하기 위해 그
가 제시한 사례 중에서 그 어느 것도 복음서의 역사성을 부인할 만한 근
거를 제시하지 못한다. 도올은 그의 견해를 지지할 설득력 있는 이유를
제시하지 않은 채 다음과 같이 주장하고 있다.

> 성서를 이렇게 한 줄 한 줄 분석해 들어가면 사실史實과 부합하는 것으로
> 서 살아남을 수있는 기사가 별로 없을 것이다. 다시 말해서 우리의 분석
> 방법이 근원적으로 잘못된 것이다.복음서의 저자는 역사적 사실을 보도
> 하려고 이 복음서를 쓰고 있는 것이 아니다.[273]

이처럼 도올은 역사적 사실로서 복음서를 부정한다. 그러나 그가 제
시한 성경의 사례들을 역으로 한 줄 한 줄 분석해 가면, 복음서의 역사
성을 부인할 만한 합리적 증거를 발견할 수 없다. 도올은 매우 대담하게

---

273 김용옥, 기독교성서의 이해, 263.

복음서의 역사성을 부인하지만 그 주장에 대한 타당한 근거는 제시하지 못한다.

우리가 일반 역사를 연구하는 방법과 기준을 가지고 4복음서를 분석해 본다면 복음서에 기록된 예수 사건과 이야기가 매우 신뢰성 있는 역사적 사실임을 알 수 있다. 신약성경에는 예수님의 말씀이 온전히 담겨 있다.

진짜 예수 도올의 잘못된 성경관 바로잡기(상)

5장

예수의 말씀을
온전히 담은 신약성경

REAL
JESUS

일반 역사를 판단하는 기준과 잣대를 적용해 볼 때, 신약성경이 가장 탁월한 역사성을 가졌다는 것은 확실한 사실이다. 그럼에도 불구하고 신약성경의 역사성을 부인하는 사람들이 있다. 그들은 신약성경에 나타난 예수 이야기는 역사적 사실이 아니라 전설이나 신화라고 주장한다. 과연 예수 사건은 역사인가? 아니면 신화나 전설에 불과한 것인가? 여기에 대한 명확한 논의가 있어야 한다. 따라서 본 장에서는 4복음서는 예수의 말씀이 아니며, 역사적 사실들을 기초로 하고 있지 않다는 비판적 질문들을 살펴보고 그에 대한 합리적인 반론을 제시하겠다. 여기서 다루는 질문들은 다음과 같다: 1) 예수 사건: 전설인가? 역사인가? 2) 4복음서의 장르: 소설인가? 전기문인가? 3) 4복음서간의 차이점 – 허구를 말하는가? 진실을 말하는가? 우리는 이러한 질문들을 살펴봄으로써 4복음서를 비롯한 신약성경이 예수님의 말씀을 온전히 담았다는 사실을 다시 한 번 확인할 수 있을 것이다.

1. 예수 사건[274]: 전설인가? 역사인가?

과연 신약성경에 나오는 예수의 이야기들은 전설이나 신화인가? 아니면 역사적 사실인가? 여러 해 전에 한국 사회에「예수는 신화다」라는 책이 소개되어 화제가 된 적이 있다. 그 책에서 저자는 "예수는 실제 역사적 인물이 아니라 신화적 인물"이라고 주장하였다. 그러나 그 책의 논지는 본서의 2장과 3장에서 이미 논의한 역사적 기록의 증거를 되새겨 볼 때 쉽게 그 허구성을 파악할 수 있다. 사실 지금 그 책은 전혀 학문적 권위를 인정받지 못한다. 그런가 하면, 오강남의「예수는 없다」는 예수의 인간성에 초점을 맞추며 4복음서에 나오는 기적과 부활 등은 역사적 사실인 진실이 아니라고 강조하였다. 이뿐만 아니라, 도올의「요한복음 강해」와「기독교 성서이해」에서도 예수 사건의 역사적 사실성을 전면 부인한다.

그렇다면 이들의 비판적 견해는 어디로부터 영향을 받았겠는가? 그들은 미국의 급진적 학자들이 만든 '예수 세미나'_Jesus Seminar 단체의 견해에 많은 영향을 받았다. 이 단체에 소속된 학자들은 예수 사건의 역사성을 부인하고 예수의 신성을 제거한 채 인성만을 강조한다. 그들은 복음서 대부분의 내용은 후기 교회공동체가 자기들의 관심에 따라서 심각하게 변형시켰기 때문에 현재 우리가 고백하는 신적인 예수는 본래적 예수와 상당히 다른 모습이라고 주장한다.[275] 그래서 예수의 신성은 후대 교회들이 첨가했거나 로마 교황의 지원을 받은 교회가 인간 예수를

---

274 여기서 예수 사건이란, 4복음서에 나타난 예수의 모습 그대로를 말하는 것이다. 그의 동정녀 탄생, 가르침, 삶, 기적 행함, 십자가 죽음, 부활 그리고 승천에 관한 모든 기사들을 역사적인 사실로 보는 입장을 말한다.

275 Richard Bauckham, *Jesus and the Eyewitnesses: The Gospels as Eyewitness Testimony* (Grand Rapids: William B. Eerdmans Publishing Company, 2006), 241-42.

진짜 예수 도올의 잘못된 성경관 바로잡기(상)

신격화했다고 주장한다. 그들이 인정하는 역사적 예수는 순전히 인간 예수이다.

이와 같이 예수 사건의 역사성을 부인하고 예수를 한 사람의 인간으로만 파악하려고 했던 학문적 시도의 뿌리는 20세기 초에 불트만을 비롯한 양식 비평 form criticism 의 방법론[276]을 추구하였던 신약학자들로 볼 수 있다. 양식 비평가들은 초기 구전으로 전달된 예수의 전통이 후기 교회공동체의 필요에 따라서 심각하게 변형되었다고 주장한다. 따라서 초기 교회 안에서 예수에 관한 구술 전통은 역사적으로 신뢰하지 못한다고 결론을 내린다.[277]

그러므로 예수에 관한 이야기가 대부분 신화라고 주장하는 사람들의 근거는 초기 예수에 관한 사실적 정보들이 후대에 전달되면서 변형되고 추가되었다는 것이다. 그들은 예수 사건에 관한 구전 전승과정이 잘못되었다고 주장한다. 다시 말해서, 순수하게 인간 예수에 관한 이야기들이 후대 공동체로 전달되면서 신적인 존재로 둔갑했다는 것이다. 바로 그 결과물이 4복음서이며 신약성경이라는 주장이다.

양식 비평 학자들의 주장

그렇다면 과연 그들의 주장은 사실인가? 이에 대한 답변을 얻기 위해서는 양식 비평가들의 주장에 대해서 좀더 살펴보는 것이 필요하다. 그

---

276 이 양식 비평의 방법론은 복음서에서 다른 문학 양식들을 비교하거나 조사하는 것이다. 예를 들어, 비유, 어록들, 기적사화, 그리고 다른 형태들을 조사한다. 그래서 특정한 비유들이나, 어록들, 기적 이야기 등의 형태들이 초기 교회의 사회적 상황 속에서 왜 그러한 형태를 가지게 되었는가를 연구하는 방식이다. Gregory A. Boyd and Paul Rhodes Eddy, *Lord Or Legend?: Wrestling with the Jesus Dilemma* (Grand Rapids: Baker Books, 2007), 66.

277 Gregory A. Boyd and Paul Rhodes Eddy, *Lord Or Legend?* 66.

들의 주장에 대한 가정은 다음과 같다.

첫째, 양식 비평가들의 가정은 구술 전통은 긴 이야기를 전달할 능력이 없다고 판단한다. 그래서 4복음서에 나타난 다양한 이야기들은 구전으로 후대에 전달될 수 없기 때문에 복음서 저자들이 그것들을 창작해낸 것으로 여긴다. 따라서 복음서에 나타난 예수의 생애는 기본적으로 역사에 기초를 두지 않았다고 간주한다.[278]

둘째, 양식 비평가들은 구전 위주의 공동체는 본질적으로 역사적 관심이 매우 적다고 가정한다. 따라서 그들은 구술로 전승된 예수에 관한 자료들은 역사적 기억이라기보다는 현재 공동체 안에 있는 필요를 반영한 것이라고 본다.[279]

셋째, 양식 비평가들은 한 개인은 구전 전통의 시발, 전달 그리고 구술 전통의 관리 등에 대해서 어떠한 역할을 할 수 없다고 주장한다. 개인이 아닌 공동체가 구술 전통을 전달하기 때문에 예수 사건을 목격한 증인들은 예수 사건의 전통을 책임 있게 관리하는 역할을 할 수 없었다고 본다. 따라서 예수에 관한 구전 전체는 시간의 흐름에 따라서 쉽게 변형될 수 있다고 주장한다.[280]

이처럼 양식 비평가들을 비롯한 회의주의자들은 예수에 관한 이야기들이 후대에 전달되는 과정에서 심각하게 변형되었고 첨가되었기 때문에 복음서에 나타난 예수의 모습은 실제 역사적 예수의 모습이 아니라고 주장한다. 그들은 구술 전통의 과정에 대해서 심각한 의심을 품고 있는 것이다.

그러므로 예수 사건이 전설에 불과한 것인가 아니면 역사적 사실인가

---

278 위의 책.
279 위의 책.
280 위의 책, 67.

진짜 예수 도올의 잘못된 성경관 바로잡기(상)

에 대한 판단의 기준은 예수에 관한 구술 역사가 얼마나 신뢰성 있게 전달되었는가? 아닌가? 여기에 달려 있다. 따라서 예수에 관한 구술 전통의 전승 과정을 살피는 것은 본 논의에 있어서 필수적인 요소이다. 다행히 오늘날 구술 전통의 전승 과정은 구전을 연구하는 학자들에 의해서 매우 자세하게 연구되어 그 전모가 거의 다 밝혀진 상태이다. 우리는 구전을 연구하는 학자들의 연구 결과를 토대로 예수 이야기의 구전 전승 과정을 살펴볼 것이다. 이를 위해서 우리는 1) 구전 위주 사회의 특징들, 2) 예수 전통의 전승과정과 목격자들의 증언, 그리고 3) 예수 구술전통의 전승 사례에 대해서 살펴보도록 하겠다.

1) 구전 위주(중심) 사회의 특징들

고대 사회의 역사는 주로 구전 전통ₒᵣₐₗ ₜᵣₐdᵢₜᵢₒₙ 에 의존하였다. 불교의 불경도 약 230년에서 600년의 오랜 구술 전승의 역사를 가지고 있고, 이슬람의 하디스도 약 150여 년 동안 구전에 의존하였으며, 공자의 생애도 약 300년이라는 구술 역사를 가지고 있다. 알렉산더 대왕의 생애도 약 400년 동안 구전으로 전해져 내려온 이야기가 역사에 기록되었다. 또한 로마의 황제들도 약 100년에서 200년 이상 구전으로 전해져 내려온 이야기를 후대 역사가들이 역사로 기록하였다.

(1) 고대 사회의 보편적 교육수단: 암기

고대 사회의 역사는 주로 구전에 의존하였다는 사실은 명확하다. 고대 사회에서 교육은 주로 암기에 의존하였으며, 암기는 고대 사회에서 가장 보편적인 교육의 수단이었다.[281] 따라서 고대 사회의 교육은 선별

---

281 Richard Bauckham, *Jesus and the Eyewitnesses: The Gospels as Eyewitness Testimony* (Grand Rapids: William B. Eerdmans Publishing Company, 2006), 280.

된 내용으로서 입으로 전해져 내려오는 이야기를 암기하였다. 헬라적 교육에 따르면, 유명한 사람들이나 위대한 스승들의 말씀은 모두 암기되었다. 그리고 그 내용을 전달할 때는 정확한 단어를 구사하는데 초점을 맞추기보다는 그 이야기의 줄거리와 핵심 내용을 더욱 중요하게 취급하였다.[282]

그런데 유대 교육은 헬라 교육보다 더욱더 문자적 암기를 중요시하였다. 학생들은 구약 성경과 구전 전통을 보다 정확하게 암기하는 데 집중하였다. 특히 유대 사람들 사이에서 중요한 가르침은 말로 전달되었고, 그 가르침은 운율과 일정한 유형이 있어서 암기하기가 용이하였다.[283] 이러한 랍비의 탁월한 구전 교육과정에 대해서 유대인 철학자 필로Philo 는 다음과 같이 기록하고 있다.

> 그 지도자의 가르침은 느긋한 형태로 진행되었다; 그는 그 가르침을 질질 끌거나 빙빙 돌리면서 반복적으로 진행했다. 따라서 듣는 사람들의 영혼에 영구적으로 그 가르침들이 박히게되었다.[284]

이와 같이 랍비들은 구전으로 전해져 내려오던 율법을 그들의 제자들

고대 세계의 교육에 있어서 암기의 중요성에 대해서는 다음의 책을 참조하라. B. Gerhardsson, *Memory and Manuscript: Oral Transmission and Written Transmission in Rabbinic Judaism and Early Christianity* (Lund: Gleerup, 1961) 123-126.

282 Richard Bauckham, *Jesus and the Eyewitnesses: The Gospels as Eyewitness Testimony*, 280-281.

283 Timothy Paul Jones, *Misquoting Truth: A Guide to the Fallacies of Bart Ehrman's Misquoting Jesus* (Downers Grove: IVP Books, 2007), 88; Robert H. Stein, *The Method and Message of Jesus' Teachings*, rev. ed. (Louisville: Westminster John Knox, 1994), 27-32를 참조하라.

284 Philo of Alexandria, *On the Contemplative Life*, in Volume IX, ed. F. H. Colson, Loeb Classical Library (Cambridge, Mass.: Harvard University Press, 1941), §§75-77; Timothy Paul Jones, *Misquoting Truth*, 89-90에서 재인용

에게 기억시키고 전달하는 데 익숙하였고 이 방면에 탁월한 기술을 가지고 있었다.

그런데 이러한 구전 암기교육은 일부 유대 지도층에서만 유행했던 것이 아니라, AD 1세기 유대 일반 대중도 매우 강한 구전문화를 가지고 있었다.[285] 유대의 회당에서나 일반 가정의 식탁에서, 종교적 모임이나 연회에서, 교육적 환경에서나 결혼식에서도 사람들은 이야기를 즐겨하였고 지혜로운 말을 인용하였다. 바로 이러한 구전문화 속에서 그들은 생활하였다.[286] 이처럼 강한 구전문화가 초기 기독교가 속한 문화적 배경이다. 이와 같은 구전문화 속에서 예수의 목격자들은 그들이 본 것을 말하였고, 그가 속한 공동체는 그 이야기를 들었고, 기억하였다. 그리고 그들이 전해들은 그 이야기들을 다음 세대에 다시 전달해 주었다.[287]

정리하면, 고대 사회의 역사는 입으로 전해져 내려오는 구전에 의존하였다. 대부분 고대 역사는 구전으로 전해져 내려오던 것들이 어느 시점에서 문자로 기록되었다. 따라서 고대 사회는 구전 교육 중심의 사회였다. 그중에서도 특히 유대 사회는 더욱 강한 구전문화를 지니고 있었으며, 암기와 암송이 교육의 주요한 방법론으로 보편화되어 있었다. 이와 같은 강한 구전 중심의 사회문화 속에서 예수의 가르침은 효과적으로 전달될 수 있었다. 고대 사회는 암기 위주의 문화를 가졌는데 특히 예수 시대의 유대문화는 가르침을 암기하여 전달하는 데 가장 탁월한 구전문화를 가지고 있었다.

여기서 우리가 다시 한 번 명확하게 짚고 넘어가야 할 중요한 사실은 예수에 관한 신약성경의 기록은 고대 문헌 중에서 가장 짧은 구술 전승

---

285 Mark D. Roberts, *Can We Trust the Gospel?* (Wheaton: Crossway Books, 2007), 69.
286 위의 책.
287 위의 책, 69-70.

기간을 가지고 있다는 점이다. 다른 종교 경전과 동ㆍ서양의 고대 인물들에 대한 기록은 최소한 100년에서 천년이 넘는 긴 세월 동안 입에서 입으로 전해져 내려오는 구전의 역사를 가지고 있다. 그러나 예수에 관한 복음서나 바울 서신서는 최소 약 18년에서 60년의 구전기간 내에 문자로 기록됐다.

이처럼 예수의 이야기는 가장 강한 구전문화 속에서 가장 짧은 구전 전승기간을 가지고 있다. 그러므로 만일 누군가 예수의 복음서와 신약 성경의 역사성을 부인한다면, 그는 거의 모든 고대 문헌들의 역사성을 함께 부인하고 있다고 해도 과언이 아니다. 탁월한 구전문화 속에서 예수 이야기는 확실하게 전달되었다고 말할 수 있다.

(2) 긴 이야기들도 제대로 전달된다.

복음서의 역사성을 부인하는 양식 비평가들은 구술 전통은 긴 이야기를 전달할 능력이 없다고 가정하였다. 그들은 기억력을 통해서 긴 이야기를 신뢰성 있게 전달하기란 거의 불가능하다고 주장하였다. 그래서 4복음서에 나타난 다양한 이야기는 구전으로 후대에 제대로 전달될 수 없기 때문에 복음서 저자들이 예수 이야기를 창작해 낸 것이라고 간주하였다. 따라서 복음서에 나타난 예수의 생애는 기본적으로 역사에 기초를 두지 않았다고 주장한다.[288]

그러나 수십 년간 전 세계의 구전 전통을 연구한 학자들의 결론에 따르면, 이러한 양식 비평가들의 주장은 사실이 아닌 것으로 밝혀졌다. 지난 몇 십 년간의 연구를 통해 그들은 중앙아시아, 인도, 아프리카 그리고 오세아니아 지역에서 긴 구전 이야기들이 많이 존재하고 있다는 것

---

288 위의 책.

을 밝혀내었다.[289] 민간전승에 관한 전문가인 라우리 혼코Lauri Honko 는 "정말로 긴 구전 서사시 oral epics 의 존재를 더 이상 부인할 수 없다"[290]고 말한다. 실제로 25시간 정도 걸리는 긴 구전 이야기와 문자로 기록하기 위해서 여러 날이 걸리는 이야기가 지금까지 존재한다.[291]

또한 전 세계의 긴 구전 이야기와 마가복음을 비교, 연구한 조애나 듀이 Joanna Dewey 는 "마가복음 이야기의 길이는 다 듣는데 최대 2시간 정도가 걸릴 것이다. 이것은 우리가 이미 살펴본 바대로, 구전 이야기의 표준에 비추어 볼 때 상대적으로 짧은 것이다"고 말한다.[292] 게다가 구전 이야기로 전승하는 데 있어서, 마가복음의 이야기는 상대적으로 기억하고 전달하기가 쉬운 편이다. "좋은 이야기꾼들은 마가의 이야기를 읽는 것을 들으면서 혹은 이야기하는 것을 들으면서 쉽게 마가의 이야기를 배울 수 있었을 것"[293]이라고 조애나 듀이는 주장한다.

이와 같은 연구 결과로 미루어 볼 때, 예수의 생애에 관한 이야기를 기록한 복음서의 내용이 긴 이야기로 이루어졌기 때문에 구전으로 후대

---

289 Gregory A. Boyd and Paul Rhodes Eddy, *Lord Or Legend?: Wrestling with the Jesus Dilemma*, 69.

290 Lauri Honko, "Introduction: Oral and Semiliterary Epics," in *The Epic: Oral and Written*, ed. L. Honko, J. Handoo, and J. M. Foley (Mysore, India: Central Institute of Indian Languages, 1998), 9; Gregory A. Boyd and Paul Rhodes Eddy, *Lord Or Legend?* 69에서 재인용.

291 Lauri Honko, *Textualizing the Siri Epic* (Helsinki, Finland: Academia Scientiarum Fennica, 1998), 15; Gregory A. Boyd and Paul Rhodes Eddy, *Lord Or Legend?* 69에서 재인용.

292 J. Dewey, "The Gospel of Mark as an Oral-Aural Event: Implications for Interpretation" in *The New Literary Criticism and the New Testament*, ed. E. S. Malbon and E. V. McKnight (Sheffield: Sheffield Academic Press, 1994), 146; Paul Rhodes Eddy & Gregory A. Boyd, *The Jesus Legend: A Case for the Historical Reliability of the Synoptic Jesus Tradition* (Grand Rapids: Baker Academic, 2007), 256에서 재인용.

293 J. Dewey, "The Gospel of Mark as an Oral-Aural Event: Implications for Interpretation," 146-147; *The Jesus Legend*, 256에서 재인용.

에 전달될 수 없다는 양식 비평가들의 주장은 설득력 없는 주장이라고 말할 수 있다.

(3) 구전을 기초로 하는 공동체는 역사적 관심을 갖는다.

복음서의 역사성을 부인하는 사람들은 구전 위주의 공동체는 본질적으로 역사적 관심이 매우 적다고 가정한다. 따라서 그들은 구술로 전승된 예수에 관한 자료는 역사적 기억이라기보다는 현재 공동체 안에 있는 필요를 반영한 것이라고 본다.[294] 그러나 이러한 가정은 사실에 근거한 주장이 아니며, 매우 과장된 것이라는데 대부분의 구전학자들은 동의한다.[295] 구전 전승의 전문가에 따르면, 구술 전통을 대중에게 말해주는 내레이터narrator는 구전의 어느 부분을 전달할 것인지에 대해서는 나름대로 유연성을 가지고 있다. 그러나 그 자료의 내용 자체를 변형시키게 되면, 공동체의 반대에 부딪히게 되고 그 잘못된 부분을 바로잡아야만 한다. 이처럼 공동체가 그 구전 전통을 올바르게 유지하는 데 중요한 역할을 해 왔다는 사실이 구전학자들에 의해서 밝혀졌다.[296]

구전학자들은 구전 위주의 사회는 역사적 관심을 기를 능력이 있을 뿐만 아니라, 대개 예리한 역사적 관심을 나타낸다고 한다. "구전의 전달자나 공동체는 그 구전 전달의 정확성을 지키는데 공동적인 책임을 가지고 있다. 만일 그 내레이터narrator가 무엇인가 잘못된 것을 말할 때는 공동체가 거기에 끼어들어서 수정한다."[297] 이러한 사실 때문에 구전

---

294 Gregory A. Boyd and Paul Rhodes Eddy, *Lord Or Legend?* 66.

295 여기에 대한 자세한 내용은 위의 책 제 5장을 참조하라.

296 위의 책, 69-70.

297 J. Handoo, "People Are Still Hungry for Kings: Folklore and Oral History," in *Dynamics of Tradition: Perspectives on Oral Poetry and Folk Belief*, ed. L. Tarkka (Helsinki, Finland: Finnish Literature Society, 2003), 70; Gregory A. Boyd and Paul Rhodes Eddy, *Lord Or Legend?* 71에서 재인용.

진짜 예수 도올의 잘못된 성경관 바로잡기(상)

중심의 공동체는 역사 보존에 매우 탁월하다고 말할 수 있다.

구전을 기초로 하는 공동체는 역사적 사실을 보존하는 데 관심을 갖는다는 사실은 예수 이야기의 구술 전통에도 그대로 적용될 수 있다. 사실 초기 교회공동체는 예수 사건에 관한 목격자들의 증언을 토대로 구술 전통을 형성하였는데, 이 구술 전통을 그대로 유지하는 데 상당히 노력하였다는 사실을 쉽게 알 수 있다.

예수 이야기의 역사성을 깊이 연구한 그레고리 보이드(Gregory A. Boyd)와 폴 로데스 에디 Paul Rhodes Eddy 는 사도 바울의 편지에서 역사를 중요시하는 초대 교회의 노력을 명확히 볼 수 있다고 주장한다. 바울의 편지를 보면 예수의 죽음과 부활 이후 약 18년 이내에 초기 교회에서 이미 구술 역사와 구술 전통을 보존하고 전달하고 지키는 데 깊은 관심을 가졌다는 것을 알 수 있다(고전 11:2, 23-26; 15:1-3; 갈 1:9; 빌 4:9; 골 2:6-7; 살전 4:1; 살후2:15; 3:6).[298] 실제로 바울은 이러한 전통에 상당한 무게를 두고 있었다. 구술 역사와 전통을 지키는 데 관심을 보이는 몇몇 서신서 내용을 소개하면 다음과 같다.

『여러분이 모든 일에서 나를 기억하고 또 내가 여러분에게 전해준 대로 전통을 지키고 있으므로 나는 여러분을 칭찬합니다.』(고전 11:2, 표준새번역)

『우리가 전에 말하였거니와 내가 지금 다시 말하노니 만일 누구든지 너희가 받은 것 외에다른 복음을 전하면 저주를 받을지어다』(갈 1:9)

---

298 Gregory A. Boyd and Paul Rhodes Eddy, *Lord Or Legend?* 71.

『너희는 내게 배우고 받고 듣고 본 바를 행하라 그리하면 평강의 하나님이 너희와 함께 계시리라』(빌 4:9)

『그러므로 형제들아 굳건하게 서서 말로나 우리의 편지로 가르침을 받은 전통을 지키라』(살후 2:15)

『형제들아 우리 주 예수 그리스도의 이름으로 너희를 명하노니 게으르게 행하고 우리에게서받은 전통대로 행하지 아니하는 모든 형제에게서 떠나라』(살후 3:6)

이와 같이 초기 교회는 예수의 죽음과 부활 이후에 목격자들이 증언한 구술 역사를 지키고 보존하는 일에 우선적 관심을 두고 있었다. 이 사실에 대하여 로버트 스테인Robert Stein 은 "그러한 전통은 '보존'되었고(고전 15:1-2; 살후 2:15), 그들은 그 전통에 일치하도록 살았고(살후 3:6; cf 빌 4:9), 그 결과로 구원에 이르며(고전 15:1-2), 반대로 그것을 거절하면 지옥에 떨어진다(갈 1:9)고 믿었다. 이러한 관점을 갖는 이유는 그 전통의 궁극적 출처가 바로 하나님 자체라고 보았기 때문"[299]이라고 주장한다.

또한, 역사에 기반을 둔 전통에 대한 강조는 초기 기독교가 '선생들'의 중요성을 강조한 이유를 잘 설명해 주고 있다.(행 13:1; 롬 12:7; 고전 12:28-29; 엡 4:11; 히 5:12; 약 3:1; 디다케 15:1-2) 초대 교회와 같이 구전이 강조되는 공동체에서, 교사들의 최우선적 기능은 그 구전 전통을 충실하게 전달하는 것이다.[300]

---

299 R. H. Stein, *The Synoptic Problem: An Introduction* (Grand Rapids: Baker, 1987), 191; Gregory A. Boyd and Paul Rhodes Eddy, *Lord Or Legend?* 72에서 재인용.
300 James D. J. Dunn, *Christianity in the Making, vol. 1, Jesus Remembered* (Grand

진짜 예수 도올의 잘못된 성경관 바로잡기(상)

이에 더해 초기 교회가 구술 전통의 중요 요소를 정확하게 보존하는 구전 위주의 공동체였다는 것을 나타내는 근거도 있다. 예를 들어 제임스 던James Dunn 은 예수를 '증언하는' 것에 대한 유효한 주제를 거론하였다.(요 1:7-8, 15, 19, 32, 34,; 3:26, 28; 5:32; 행 1:8, 22; 2:32; 3:15; 5:32; 10:37-41; 13:31; 22:15, 18; 23:11; 26:16) 그리고 초기 교회 안에서 예수의 사역과 죽음, 그리고 부활에 대한 '기억'에 관해서 언급하고 있다.(눅 22:19; 고전 11:2, 24-25; 살후 2:5; 딤후 2:8, 14)

이러한 근거를 고려할 때, 과연 초기 교회가 정확한 역사에 관심이 없었다고 말할 수 있겠는가? 사실 바울과 누가(행전 포함)는 사도들을, 교회와 예수 사이에서 계속성의 연결고리를 제공하는 사람들로 묘사하고 있다. 그래서 베드로, 요한, 그리고 예수의 형제 야고보를 특별하게 강조하고 있다.(행 1:15, 21-22; 2:14, 42; 3:1-11; 4:13, 19; 5:1-10, 15, 29; 8:14; 12:2; 고전 15:1-8; 갈 2:9; 엡 2:20)[301]

그러면 지금까지 살펴본 사실을 근거로 우리가 내릴 수 있는 가장 합리적인 판단은 무엇인가? 초기 교회가 역사 보존에 관심이 없어서 정확한 역사를 후대에 전달하지 않았다는 성경비평가들의 주장은 합당하지 않다. 오히려 초기 교회공동체는 다른 구전 위주의 공동체들과 마찬가지로 역사에 관심을 가졌으며, 다른 공동체보다 더욱 더 열심히 역사적 사실을 보존하고 전달하는 일에 헌신했다고 보는 것이 타당하다. 그렇기 때문에 초기 교회는 처음부터 역사 속에서 살아간 예수의 삶, 가르침, 죽음, 그리고 부활을 정확히 증언하고 전달하는 데 전적으로 헌신하였다고 결론지을 수 있다.

Rapids: Eerdmans, 2003), 176; Gregory A. Boyd and Paul Rhodes Eddy, *Lord Or Legend?* 72에서 재인용.

301 Gregory A. Boyd and Paul Rhodes Eddy, *Lord Or Legend?* 72.

(4) 구전 공동체는 역사적 풍설historical tales, 풍문과 역사적 기사historical accounts를 구분하였다.

구술 전통을 연구하는 학자들은 구전 중심의 사회는 흥미 위주의 소설로부터 역사에 뿌리를 둔 정보를 구분할 수 있는 능력이 매우 뛰어났다는 사실을 알려준다.[302] 다시 말해 고대 구전 위주의 사회는 단지 소설로 여겨지는 풍설과 역사적 이야기를 구분할 수 있었다.

잰 밴시나Jan Vansina는 구전학자들 중에서 가장 탁월한 학자로 손꼽힌다. 그가 관찰한 데 따르면 구전 중심 사회는 종종 역사적 풍설과 역사적 기사를 구분해냈다.[303] 풍설이란 '소설로 여겨지는 것들'을 말한다.[304] 따라서 역사적 풍설은 일종의 소설로 취급되며, 사람들의 흥미를 위해서 회자되기 때문에 역사성을 가지지 않는다. 역사적 풍설은 역사적 기사와는 구분되며 시대와 장소에 따라서 많이 바뀌고 혼합된다.[305] 그러나 역사적 기사는 신뢰할 만한 역사적 이야기로서 역사성을 가지고 있다. 역사적 기사는 역사적 풍설보다 내용의 변화가 훨씬 적으며 변화하더라도 그 변화는 매우 천천히 일어난다.[306]

이러한 구전을 연구하는 학자들의 견해는 복음서의 진실성을 밝히는 데 매우 큰 도움을 준다. 첫째, 초기 교회공동체는 매우 강한 구전문화의 영향 아래에 있었기 때문에 당시 소설로 여겨지는 풍설과 역사적 사건을 구분할 수 있는 충분한 능력을 가지고 있었다고 보는 것이 합리적

---

302 Paul Rhodes Eddy & Gregory A. Boyd, *The Jesus Legend: A Case for the Historical Reliability of the Synoptic Jesus Tradition*, 264.

303 Richard Bauckham, *Jesus and the Eyewitnesses: The Gospels as Eyewitness Testimony*, 272.

304 Jan Vansina, *Oral Tradition As History* (Madison: The University of Wisconsin Press, 1985), 25.

305 위의 책, 26.

306 Richard Bauckham, *Jesus and the Eyewitnesses*, 272.

이다. 따라서 그들은 예수에 관한 가르침과 이야기가 근거 없는 풍설인지 역사적 사실에 근거한 것인지를 충분히 구분할 수 있었을 것이다.

둘째, 바울 서신서나 복음서가 문자로 기록될 당시에 초기 교회 공동체에는 역사적 예수를 눈으로 직접 목격한 목격자들이 여전히 살아 있었다. 그들이 진실이 아닌 거짓말과 소설 같은 풍설에 근거해서, 예수의 증인으로서 자신의 삶을 헌신했다고 볼 합당한 근거가 없다. 그들은 예수의 삶과 죽음, 부활을 확실한 역사적 사실로 목격하였고, 그 목격한 내용을 날마다 입으로 증거 하였으며, 그 역사적 사실 때문에 자신의 목숨을 기꺼이 바칠 수 있었다.

따라서 이러한 근거를 고려할 때, 성경비평가들이 주장하는 것은 사실이 아니다. 그들은 역사적 예수에 관한 이야기가 다음 공동체에 전달되면서 그다음 세대 교회공동체의 상황을 반영하여 예수 이야기가 변형되고 새롭게 만들어졌다고 주장한다. 그러나 세계의 구전을 연구하는 학자들의 발견은 양식 비평가들의 주장과 정반대의 사실이었다. 구전 위주의 사회에서 풍설과 역사적 사실은 명확히 구분되었으며, 역사적 사실에 근거한 기사는 양식 비평가들이 주장하는 것처럼 그렇게 빨리 신화로 급진하지 않는다는 사실에 주목해야 한다. 지금까지 우리는 구전 중심 사회의 특징을 살펴보았다. 그 특징은 다음과 같다.

첫째, 고대 사회는 구전 중심의 사회로서 교육은 주로 암기에 의존하였다는 것을 알았다. 특히 유대 사회는 구전 중심 사회 중에서도 매우 강한 구전문화의 영향을 받았다. 예수에 관한 이야기는 이러한 강한 구전 중심의 문화 속에서 전달되었다.

둘째, 전 세계의 긴 구전 이야기들을 살펴본 결과 복음서의 이야기는 상대적으로 짧은 이야기인 것을 알 수 있다. 세계의 긴 이야기들을 살펴볼 때 복음서의 이야기들이 후대에 그대로 정확하게 전달될 가능성은 크다.

셋째, 구전을 기초로 하는 공동체는 역사적 사실에 강한 관심을 가지고 있다는 사실을 알 수 있다. 특히 초대 교회는 강한 구전문화 속에서 더욱 예리한 역사적 관심을 보였음을 알 수 있다.

넷째, 구전 공동체는 소설 같은 풍설과 역사적 사실에 바탕을 둔 역사적 기사를 구분할 수 있는 능력이 뛰어났다는 사실을 구전 전문가들의 연구를 통해 알 수 있다. 역사적 풍설은 쉽게 변화되지만, 역사적 사실에 근거한 기사는 내용 변화가 훨씬 적으며 변화하더라도 매우 천천히 변화되어간다는 사실을 알 수 있었다. 이러한 점은 복음서가 문자로 기록되기 이전에 초기 공동체에서 예수에 관한 이야기가 변형되지 않고 역사 그대로 보존되었다는 주장을 강하게 뒷받침하여 주는 근거가 된다.

그러므로 이러한 구전 중심 사회의 특성을 감안할 때, 예수의 생애에 관한 이야기의 뼈대가 복음서 저자들에 의해서 새롭게 만들어진 소설적 창작물이라고 의심해야 할 어떠한 역사적 이유가 없다. 오히려 구전 위주의 초기 교회가 예수에 관한 역사적 사실을 교회의 전통 속에서 매우 정확히 보존했다고 볼 수 있는 역사적 근거는 너무나 많다.

2) 예수 전통의 전승 과정과 목격자들의 증언

비평가들은 예수에 관한 이야기가 시간이 흐름에 따라서 쉽게 변형되었으며 공동체가 예수 이야기를 전달하는 데 중심 역할을 하였다고 주장한다. 개인은 그 구전을 효과적으로 전달하고 관리하는 역할을 제대로 할 수 없었기에 예수 사건을 직접 경험한 목격자들도 예수 이야기를 책임 있게 관리하고 전달하는 데 별다른 영향력을 미칠 수 없었다고 본다.[307] 따라서 성경비평가들은 초기의 예수 이야기가 각각의 공동체 속

---

307 Gregory A. Boyd and Paul Rhodes Eddy, *Lord Or Legend?* 67.

에서 독립적으로 발전되었고, 그 공동체가 속한 상황을 반영하였다고 단정한다. 이런 이유 때문에 예수 이야기는 실제 역사 속에 있었던 역사적 사건이 아니라, 그 예수 이야기를 받아들인 공동체의 정황 속에서 왜곡되었고 새롭게 만들어진 창작물이라고 주장한다. 바로 이러한 잘못된 성경해석을 도올의 주장에서도 발견할 수 있다. 또한 예수의 신성을 부인하는 자유주의 신학자들도 이러한 견해를 내세운다.

그렇다면 과연 예수 이야기가 공동체를 통해서 후대로 전달되었기 때문에 그 이야기를 후대 공동체에서 새롭게 창작한 소설 같은 부류로 취급해야 하겠는가? 그렇지 않다! 위와 같은 비평가들의 주장은 매우 잘못되었고 학문적 근거 없는 허구적 주장임이 구술 전통을 연구하는 학자들에 의해서 이미 명백하게 밝혀졌다.

(1) 공동체는 구전을 믿을 만하게 보존, 전달한다.

구전 전문가들은 "비평가들의 기대와는 달리 구전을 중시하는 공동체는 그들의 구술 전통을 믿을 만하게 보존하는 방법을 가지고 있다"고 주장한다.[308] 이미 살펴보았듯이 구전 중심의 공동체는 역사적 사실에 많은 관심을 가지고 있을 뿐만 아니라, 역사적 사실과 근거 없는 풍설을 예리하게 구분해 내는 능력을 가지고 있다. 더 나아가서 구전 중심의 공동체는 정확하게 구전을 실행하고 전달하는 독특한 방식을 가지고 있다. 이에 대하여 구전 연구학자 밴시나는 다음과 같이 설명한다.

구전을 공연하는 사람이 가능한 한 최대한 그 메시지와 밀착하려고 노력하고 기억의 쇠퇴나왜곡을 피하려고 애쓰는 곳에서는, 변화의 속도는 거

---

308 Richard Bauckham, *Jesus and the Eyewitnesses*, 305.

의 중지된다. 보통의 경우에 구전 전달의 신뢰성을 통제하는 것들이 설정되고, 그 구전 전달자들에 대한 벌칙과 보상이 주어진 다…폴리네시아(하와이, 뉴질랜드, 사모아 등의 여러 섬들)의 의식 벌칙들은 문자적으로 완벽하게 전달하는 데 실패할 때 주어진다. 뉴질랜드에서 노래를 부르는 데서 실수를 범했을경우 그 노래 부른 사람을 죽도록 구타하는 것이 가능하다고 믿었다. 비슷한 벌칙 조항이 하와이에서도 발견되었는데… 그러한 믿음은 가시적 효과를 가지고 있었다. 따라서 하와이에서 618줄의 찬양이 이웃에 위치한 오아후Oahu 섬에서 불리는 가사와 정확히 일치한다…때때로 공동체들은 중요한 공연 내용들을 확인하도록 관리자들을 임명하였다. 르완다에서는 유브위루ubwiiru 라는 난해한 예배의식 본문들이 잘 전달되도록 관리자들을 임명하였는데 그 관리자들로는 그 본문을 온전히 암기하고 있는 다른 공연자들이 임명되었다.[309]

이러한 밴시나의 연구를 고려해 볼 때, 구술 전통을 중요시하는 공동체들은 그 공동체 속에 전달된 구전을 매우 믿을 만하게 보존하고 실행하고 전달하는 데 힘썼다는 사실을 알 수 있다.

여기서 우리가 꼭 기억해야 할 것은 밴시나와 같이 구전을 연구하는 학자들이 제시한 실례들은 오랜 세월 동안 수많은 세대에 걸쳐서 구전이 얼마나 정확하게 후대에 전달되었는지에 관한 연구결과를 제시하고 있다는 사실이다.[310] 구술 전통이 기나긴 세월 동안 수 세대의 공동체를 통하여 후대에 전달되었더라도 그 공동체의 전통은 신뢰할 만하게 보존, 전달되었다는 것이 분명하게 밝혀졌다. 이처럼 구전 전문가들의 연구를 통해 성경비평가들의 기대와는 달리 구술 전통이 오랜 세월 수 세

---

309 Jan Vansina, *Oral Tradition As History*, 41-42.
310 Richard Bauckham, *Jesus and the Eyewitnesses*, 306.

진짜 예수 도올의 잘못된 성경관 바로잡기(상)

대의 공동체를 통하여 전달된다고 하더라도 그 핵심 내용은 거의 변화되지 않는다는 사실을 알 수 있다.

예수 전통들은 더욱 믿을 만하게 보존, 전달되었다.

이러한 객관적 연구성과를 예수 이야기에 적용하여 본다면 어떤 결과를 얻을 수 있겠는가? 예수 이야기는 오랜 세월 동안 수 세대에 걸쳐서 전달된 구술 전통이 아니다. 예수의 생애와 가르침을 기록한 4복음서는 예수의 사후 약 30년에서 60년 사이에 기록된 문서이다. 이 정도의 시차는 역사적 예수를 직접 눈으로 목격한 목격자들이 생존해 있을 만큼 길지 않은 기간이다. 예수의 삶과 죽음, 그리고 부활을 목격한 목격자들이 초기 교회공동체를 이루었고, 그들의 믿을 만한 증언이 날마다 반복적으로 선포되었다. 즉 그들의 구술 역사는 그 목격자들이 아직도 생존해 있을 당시에 문자로 기록되거나, 다음 세대에 구술 전통으로 전달된 후 얼마 지나지 않아 문자로 기록됐다.

이러한 사실은 밴시나와 같은 구전학자들이 제시한 실례들, 즉 오랜 세월 동안 여러 세대에 걸쳐서 구술 전통이 정확히 전달된 사례들과 비교해 볼 때, 예수 이야기는 비교할 수 없을 정도로 짧은 기간에 전달된 것이다. 오랜 세월에 걸쳐 내려온 구술 전통도 그 정확한 내용을 보존하고 있다면, 목격자들이 생존하고 있던 당대이거나, 그다음 세대에 예수 이야기가 전달되자마자 문자로 기록된 복음서의 내용은 더욱더 신뢰할 만하게 보존되고 전달되었다고 판단할 수 있지 않겠는가?

그러므로 단순히 공동체를 통하여 예수 이야기가 전달되었기 때문에 왜곡, 변형되었을 것이라는 양식 비평가들의 가정은 역사적인 사례들에 비추어보아서 설득력이 없다. 오히려 초기 예수 공동체를 통하여 전달된 구술 전통은 더욱 믿을 만하게 후대에 전달되었다고 유추할 수 있다.

(2) 공동체 안에서 개인 전달자의 중요성

초대 교회는 공동체적 증언과 기억을 바탕으로 복음을 반복적으로 선포하였기 때문에 그 내용을 다음 세대까지 매우 정확히 전달할 수 있었다. 그뿐만 아니라, 구전 전통의 정확성은 공동체로부터 인정을 받은 개인 전달자들에 의해서 실질적으로 보존되고 전수될 수 있었다.

성경비평가들은 예수의 이야기는 공동체에 의해서 보존되고 전달되었기 때문에 개인적인 목격자들은 예수에 대한 구전 전통을 관리하거나 전달하는 데 별다른 역할이 없었다고 가정하였다.[311]

그러나 이러한 가정 역시 근거 없는 잘못된 주장임이 구전 전문가들에 의해서 드러났다. 구전 전문가들의 연구 결과에 따르면 비록 공동체가 구전 전통의 정확성을 보존하는 데 중요한 역할을 한다고 할지라도, 구전 공동체들은 전형적으로 개인 전달자들, 즉 강한 전통을 전달하는 사람들을 임명하였다. 그리고 공동체에서 그 개인적인 전달자는 전통에 관한 최우선적이고 공식적인 전달자로 여겨졌다.[312] 이러한 사실은 한 공동체의 역사적 전통은 공동체적으로 보존, 전달되었을 뿐만 아니라 개인적인 전달자나 목격자들이 그 전통을 실제적으로 보존하고 전달하는 데 매우 중요한 역할을 담당했다는 것을 알려준다.

즉, 공동체의 역사 전달과정은 공동체적인 책임일 뿐만 아니라, 그 공동체 안에 개인적인 전달자들이나 목격자들도 공동체와 더불어 역사적

---

311 Gregory A. Boyd and Paul Rhodes Eddy, *Lord Or Legend?* 73.
312 위의 책. 구전 위주의 공동체 속에서 개인적인 강력한 전통전달자들의 중요성에 대해서는 다음의 자료를 보라. J. D. Niles, *Homo Narrans: The Poetics and Anthropology of Oral Literature* (Philadelphia: University of Pennsylvania Press, 1999), 173-193

전통을 전달하는 데 중추적 역할을 담당하였다고 결론지을 수 있다. 다시 말해서 공동체와 개인적인 목격자들이 함께 역사적 사실을 후대에 전달하는 데 주요한 역할을 하였다. 이에 대해서 그레고리 보이드_{Gregory A. Boyd}와 폴 로데스 에디_{Paul Rhodes Eddy} 는 다음과 같이 진술한다.

> 실제로, 구전의 개인 전달자나 공동체는 그 구전 전통의 정확성을 지키는데 공동적인 책임을 가지고 있다. 만일 그 내레이터_{narrator}가 뭔가 잘못된 것을 말할 때는 공동체가 거기에 끼어들어서 수정한다. 바로 이러한 점 때문에, 구전 전승을 연구하는 전문가들은 구전 전통에 충실한 공동체들에서는 역사의 보존이 한 사람의 엘리트 개인 역사가에 의해서 쓰인것보다 훨씬 더 신뢰할 만하다고 주장한다.[313]

이 또한 구전 전통의 정확성을 유지하고 보존하는 데 공동체와 개인 전달자가 협력하며 함께 노력하였다는 것을 잘 알려준다.

이러한 사실은 신약의 초기 교회에도 매우 잘 들어맞는다. 예수의 공동체는 예수의 죽음 이후 초기부터 공동체의 형태로 공동체적 믿음을 갖고 있었다. 초기 교회공동체는 예수의 생애와 가르침에 관한 기억을 생생히 가지고 있었고 열두 사도들을 비롯하여 오백 명이 넘는 목격자들이 존재하였다.(고전 15장) 그 개인적인 목격자들은 예수에 관한 역사적 사실을 예루살렘 교회공동체 안에서 수없이 반복해서 증언하였다. 그뿐만 아니라 그들은 세계 각지로 흩어져서 그들이 목격한 사실과 교회의

---

313 Gregory A. Boyd and Paul Rhodes Eddy, *Lord Or Legend?* 71. 여기에 대한 좀더 자세한 예는 다음의 자료를 참조하라. J. Handoo, "People Are Still Hungry for Kings: Folklore and Oral History," in *Dynamics of Tradition: Perspectives on Oral Poetry and Folk Belief*, ed. L. Tarkka (Helsinki, Finland: Finnish Literature Society, 2003), 70.

초기 전통을 반복적으로 전달하였다. 그러므로 초기 기독교 공동체에서는 그 공동체적인 기억과 더불어 개인적인 목격자들의 증언이 예수의 역사적 이야기를 전달하는 데 중요한 역할을 하였다. 이러한 협력은 초기 교회공동체의 기억이 후대에 정확히 전달되고 보존되었다는 사실을 매우 잘 뒷받침해 주고 있다.

(3) 목격자들의 증언

우리는 '초기 교회공동체가 직접 경험한 예수의 생애와 가르침을 역사적 사실로 정확히 후대에 전달하도록 공동체적인 기억 전달과 더불어 개인 전달자들이 함께 노력했다는 것'을 알았다. 그뿐만 아니라 목격자들의 증언이 초기 예수에 관한 이야기가 후대에까지 변형되거나 왜곡되지 않고 정확히 전달될 수 있었던 근거인 것을 알 수 있었다. 다시 말해 초기 교회의 공동체적인 기억과 전통은 목격자들의 증언을 바탕으로 이루어졌다는 사실을 주목해야 한다.

첫째, 예수의 삶과 가르침에 관한 목격자들로는 열두 사도가 가장 유력하다. 그들은 역사적 예수와 함께 3년 동안 동고동락을 하였다. 그들은 예수를 직접 목격하였고 경험하였다. 그들 각개인의 기억은 공동체적인 일치성을 가지고 있었다. 그들의 증언은 때로는 개인적으로 전파되었고, 때로는 공개적으로 선포되기도 했다. 그들은 예수의 가르침과 그들이 듣고 본 바에 관해서 수백 번 또는 수천 번 이상 반복적으로 가르치고 선포하였다. 그렇게 그들은 예루살렘 교회공동체 안에서 열두 사도를 중심으로 실제 예수의 삶과 가르침에 관해서 수없이 반복하여 교육하고 선포하였다. 그들은 예수에 관한 공동체적인 증언과 기억 속에서 역사적 사실에 기반을 둔 구술 역사를 가지고 있었다. 따라서 초기 교회의 전통은 이 목격자들의 증언을 기초로 하였다.

즉, 1세기 기독교 선교의 본거지는 목격자들의 증언을 바탕으로 한 예루살렘 공동체였다. 그리고 이 예루살렘 공동체의 영향력 아래서 팔레스타인과 이방 지역의 교회도 함께 성장해 갈 수 있었다. 이와 같은 맥락에서 사도 바울도 예루살렘 지도자들에게 목격자의 증언을 배우고자 예루살렘으로 올라갔었다.(갈 1:18-19)[314] 그리하여, 예루살렘 예수공동체에서 선포된 베드로의 설교(행 2:14-36)와 이방 지역에 선포된 바울의 가르침(고전 15:1-11) 사이에 동일성을 유지할 수 있었다.

둘째, 초기 예루살렘 교회공동체 내에는 열두 사도를 비롯한 다른 수많은 목격자가 함께 존재하고 있었다. 사도행전에 나오는 목격자들로 알려진 사람들은 다음과 같다: 베드로(1-15장), 야고보(12:2), 요한(3:1-4:31; 8:14-25), 나머지 12제자들(1:13), 맛디아(1:23-26), 주님의 형제 야고보(12:17; 15:13-21; 21:18-25)와 다른 형제들(1:14), 바나바(4:36-37; 9:27; 11:22-26, 30; 12:25-15:39), 예수의 어머니 마리아(1:14), 나손(21:16), 실라(15:22-18:5) 등이다.[315]

그리고 목격자로 알려져 있지 않았지만, 사도행전에 나오는 예루살렘 교회의 다른 교인들은 다음과 같다: 아가보(11:28; 21:10-11), 아나니아와 삽비라(5:1-10), 마가 요한(12:12, 25; 13:5, 13; 15:37-39), 바사바라고 불리는 유다(15:22-34), 마가 요한의 어머니 마리아(12:12), 스데반(6:5-8:1), 복음 전도자 빌립(6:5-6; 8:4-40; 21:8-9)과 나머지 일곱 집사들(6:5), 빌립의 딸들(21:9), 로데(12:13-15) 등이다.[316]

이와 같이 초기 예루살렘교회 안에는 예수 사건에 대한 수많은 목격자가 존재했다. 그들의 생생한 증언은 날마다 반복해서 증거 되었고 전

---

314 Richard Bauckham, *Jesus and the Eyewitnesses*, 299.
315 위의 책, 297-298.
316 위의 책.

파되었기 때문에 예수에 관한 실제 역사적인 이야기가 다른 사람들과 다음 세대 사람들에게 온전하게 전달될 수 있었다. 예를 들면 베드로는 마가라는 제자를 키웠고, 바울은 누가와 여러 제자들을 길러냈다. 그리고 다른 목격자들이나 제자들도 공동체적인 증언과 기억을 기반으로 하여 각자의 제자들을 길러내었으며 그들에게 구전 전통을 반복해서 가르쳐주었다. 그러므로 초기 예수 공동체는 공동체 안에 이미 처음부터 존재하였던 목격자들의 증언을 바탕으로 공유된 구전 역사와 구전 전통을 가지고 있었다. 그리고 그 전통은 다음 세대에 곧바로 정확하게 전달될 수 있었다.

3) 예수에 관한 구술 전통의 전승사례들

예수의 생애와 가르침이 후대에까지 전혀 변형되지 않고서 그대로 전달될 수 있었던 이유는 교회의 공동체적인 기억과 더불어 개인 전달자들이 함께 노력했기 때문이다. 특히 처음부터 예수의 사역을 직접 눈으로 목격하였던 목격자들이 초기 예루살렘 교회 안에 중심 세력으로 자리를 잡고 있었기 때문에 그들의 증언은 살아 있는 구전 역사라고 말할 수 있었다.

그렇다면 그 목격자들의 증언은 과연 몇 세대 후까지 영향을 미쳤겠는가? 복음서가 기록될 때나 사도 바울이 서신서를 기록할 당시까지 그 목격자들은 여전히 생존하였겠는가? 혹 그 목격자들이 모두 다 죽고 난 후에 복음서와 바울 서신서가 쓰였기 때문에 실제 역사적 예수에 관한 이야기가 심각하게 변형되었을 가능성은 없겠는가?

이러한 질문은 실제 역사적 인물로서 예수에 관한 진정한 정보를 얻는 데 매우 중요하다. 따라서 이제 우리는 예수의 생애와 가르침을 직접 경험하였던 목격자들의 영향력이 어느 정도까지 미치었는가에 대한 사

진짜 예수 도올의 잘못된 성경관 바로잡기(상)

례들을 파악하고자 한다.

(1) 목격자들은 여전히 생존하였다.

과연 목격자들은 언제까지 생존하였겠는가? 이 질문에 대해서 사도 바울은 그가 고린도 교인들에게 보낸 편지에서 아주 명쾌하게 답변해 주고 있다.

> 그다음에 그리스도께서는 한 번에 오백 명이 넘는 형제자매들에게 나타나셨는데, 그 가운데더러는 세상을 떠났지만, 대다수는 지금도 살아 있습니다. (고전 15:6, 표준새번역)

여기서 사도 바울은 예수의 부활을 목격한 증인들이 오백 명이 넘는다는 사실을 밝히고 있다. 또한 바울이 예수의 사후 약 25년이 지나서 고린도 교인들에게 편지를 쓰는 그 시점에도 대다수의 목격자들이 살아 있다는 사실을 알려주고 있다.

그러므로 예수 사건의 목격자들은 바울이 서신서를 쓸 당시에도 여전히 생존하였음이 분명하다. 따라서 그 목격자들의 역사적 증언은 바울 시대에도 여전히 올바르게 전달되었다는 사실을 확신할 수 있다.

그뿐만 아니라 마가복음이 AD 70년을 전후해서 쓰였다고 한다면, 예수의 부활을 목격한 사람들 중의 일부는 그때까지 여전히 살아 있었다고 볼 수 있다. 다시 말해서 마가복음은 예수의 죽음 이후 약 30~40년이 지나서 마가에 의해서 기록됐기 때문에 그때까지 생존하였던 목격자들의 증언이 그대로 포함되었다고 충분히 주장할 수 있다.[317]

---

317 Timothy Paul Jones, *Misquoting Truth*, 112-113.

(2) 목격자들은 복음서의 저술에 직·간접적으로 중대한 영향을 끼쳤다.

목격자들의 증언이 복음서의 저술에 핵심요소가 되었다는 사실은 복음서 안에서 밝혀졌다. 누가복음과 요한복음은 목격자들에 관해서 언급한다.

『처음부터 목격자와 말씀의 일꾼 된 자들이 전하여 준 그대로 내력을 저술하려고 붓을 든사람이 많은지라』(눅 1:2)

『이 사실은 목격자가 본 대로 증언한 것이기 때문에 그의 증언은 참되다. 그는 자기의 말이진실하다는 것을 알고 있으므로 여러분들도 믿게 하려고 증언하였다.』(요 19:35, 표준새번역)

『이 모든 일을 증언하고 또 이 사실을 기록한 사람이 바로 이 제자이다. 우리는 그의 증언이 참되다는 것을 알고 있다.』(요 21:24, 표준새번역)

위 말씀은 이 복음서의 내용이 목격자들의 증언을 바탕으로 하고 있다는 사실을 명확히 알려주고 있다. AD 160년경에 로마 근처에서 기록되었던 무라토리안 정경 Muratorian Canon 에 따르면, 누가는 목격자들과 가진 개인적인 인터뷰를 근거로 해서 그의 복음서를 기록하였다고 한다. 또한 요한복음은 사도 요한의 목격자적 증언이라고 증거 한다.[318]

2세기 초에 소아시아 지역의 파피아스 Papias of Hierapolis 는 마태복음이 사도 마태의 증언을 담은 것이라고 증거 하였고, 마가복음은 베드로의

---

318 위의 책, 111. 무라토리안 정경은 최초의 기독교 정경형태를 보여준다. 이 정경에는 오늘날의 신약성경이 거의 다 들어 있다. 그러나 히브리서, 야고보서, 베드로전후서, 요한 2와 3서는 제외되어 있다.

목격자적인 증언을 담은 것이라고 설명하였다. 파피아스는 마가복음이 베드로의 증언을 바탕으로 쓰였다는 사실을 다음과 같이 설명하고 있다.

> 베드로의 통역자였던 마가는 비록 차례대로는 아니지만, 그리스도가 말한 것이나 행한 것들에 대해서 기억하는 대로 정확하게 받아 적었다. 왜냐하면, 그는 주님에 대해서 들어보지도못했고, 그를 따르지도 않았다. 그러나 나중에 내가 말한 바 대로, 그는 베드로를 따랐으며…따라서 마가는 그가 그 가르침을 기억하는 대로 어떤 것을 기록하는데 실수 없이 사력을 다하였다. 왜냐하면 마가는 그가 전해들은 그 어떤 것 하나라도 빠트리지 않기 위해서 매우 조심하였고, 그것들 중에 어느 것도 거짓되게 말하지 않았다.[319]

이처럼 초대 교회 내에는 목격자들의 증언이 분명히 존재하였고, 각 복음서는 그 목격자들의 증언을 토대로 문자로 기록되었다. 이런 관점에서 초기 교부인 이레니우스Irenaeus of Lyons 도 각 복음서를 예수의 부활을 직접 본 목격자들과 연결시키고 있다.[320]

이와 같이 성경의 내적 증언과 간단한 교회사적 증거는 우리에게 무엇을 말해주고 있는가? 이것은 복음서가 마태, 마가, 누가, 요한에 의해서 쓰였거나, 비록 그들에 의해서 직접적으로 써지지 않았다고 하더라도, 적어도 그 목격자들의 증언을 기초로 했다는 사실만은 부인할 수 없다는 것을 말해준다. 따라서 복음서들은 예수님을 직접 보고 듣고 경험하였던 목격자들의 증언을 그대로 담았다고 결론지을 수 있다.

---

319 Eusebius, *Chruch History* 3.39. 15-16; Mark D. Roberts, *Can We Trust the Gospel?* 67-68에서 재인용.
320 위의 책, 110.

(3) 바울은 초기 목격자들의 증언과 전통을 공식적으로 전달해 주었다.

예수의 생애에 관한 목격자들의 증언은 바울에 의해서도 공식적으로 생생하게 후대에 전달되었다. 바울은 그의 서신을 통해서 이 사실을 명확히 밝히고 있다.

『[1] 형제들아 내가 너희에게 전한 복음을 너희에게 알게 하노니 이는 너희가 받은 것이요 또 그 가운데 선 것이라 [2] 너희가 만일 나의 전한 그 말을 굳게 지키고 헛되이 믿지 아니하였으면 그로 말미암아 구원을 받으리라 [3] 내가 받은 것을 먼저 너희에게 전하였노니 이는 성경대로 그리스도께서 우리 죄를 위하여 죽으시고 [4] 장사 지낸 바 되셨다가 성경대로 사흘 만에 다시 살아나사 [5] 게바에게 보이시고 후에 열두 제자에게와 [6] 그 후에 오백여형제에게 일시에 보이셨나니 그 중에 지금까지 대다수는 살아 있고 어떤 사람은 잠들었으며』(고전 15:1-6)

『내가 너희에게 전한 것은 주께 받은 것이니 곧 주 예수께서 잡히시던 밤에 떡을 가지사』(고전 11:23)

위 서신에서 바울은 기독교 신앙의 전통tradition 을 전수하여 다른 사람들에게 전달하였음을 분명히 밝히고 있다. 우리는 바울의 여러 서신에서 기독교 신앙의 전통을 바울이 전달받아 다른 공동체에 그대로 전해준 증거를 발견할 수 있다.(고전 15:1, 3; 갈 1:9; 골 2:6; 살전 2:13; 4:1; 살후 3:6) 여기에 표현된 전통을 전달한다는 의미의 단어는 "헬라적 학교에서 전통을 공식적으로 전달할 때 사용된 단어이다. 이것은 또한 바울의 이방 독자들에게 매우 친숙한 것이다."[321]

바울은 분명히 초기 기독교의 케리그마적인 요약(고전 15:1-8)과 예수 전통(고전 11:23-25)을 비롯한 초기 기독교 신앙의 전통을 전수하여 공식적으로 전달해 주었다. 그런데 여기서 중요한 것은 '전해주다' hand on 라는 용어이다. 이 용어는 단순히 그 전통을 듣고 전달하였다는 정도의 의미를 지닌 단어가 아니다.

여기서 '전해주다'는 '한 사람이 다른 사람에게 무엇을 전달하여 그 결과로 후대 사람이 그것을 완전히 소유하게 만든다'는 것을 의미한다. 또한 전통을 '전해 받는다'는 것은 '어떤 사람이 무엇을 전달받고 그 결과로 그 사람이 그것을 온전히 소유하게 된다'는 뜻이다.[322]

바울은 초기 교회의 권위자들로부터 그 전통을 전수하였으며, 그 전통을 다른 사람들에게 온전히 전하였다. 그렇다면 바울은 이러한 전통을 어디로부터 전해 받았겠는가? 갈라디아서 1장 18절에서 바울은 "삼년 뒤에 나는 게바를 만나려고 예루살렘으로 올라갔습니다. 나는 그와 함께 보름 동안을 지냈습니다"라고 밝힌다. 바울이 회심하고 3년 후에 예루살렘에서 베드로와 야고보를 만났을 때, 그는 이 전통을 직접 전달받았다. 이때 사도들로부터 직접 전해 받은 초기 예수에 관한 구전 역사를 바울은 다른 공동체에 온전히 전달했다.

이와 같은 바울의 공식적인 전통 전달과정은 기독교 역사의 아주 초기에 일어난 사실로서 예수의 구술 전통이 후대에 매우 정확히 전달되

---

321 Richard Bauckham, *Jesus and the Eyewitnesses*, 264. 여기서 '공식적'으로 전달하였다는 의미는 어떤 자격있는 전승자가 전통을 다른 전승자에게 믿을 만하게 전달하여 주었다는 것을 보증하는 구체적인 실행을 의미한다.

322 B. Gerhardsson, "Illuminating the Kingdom: Narrative Meshalim in the Synoptic Gospels," in H. Wansbrough, ed., Jesus and *the Oral Gospel Tradition* (JSNTSup 64; Sheffield: Sheffield University Press, 1991) 306; Richard Bauckham, *Jesus and the Eyewitnesses*, 265에서 재인용.

었음을 방증해주고 있다. 특히 바울은 베드로와 야고보로부터 증언을 직접 전달 받았고 초기 교회에서 존경받았던 바나바와 함께 사역했다는 점을 고려할 때, 바울이 전달한 예수 이야기와 그 전통은 상당히 신뢰할 만하다고 평가할 수 있다.

4) 평결! 예수 사건은 역사이다.

지금까지 우리가 살펴본 것을 간략히 요약하면 다음과 같다. 첫째, 고대 사회는 구전 위주의 사회였다. 구전을 기초로 하는 사회는 역사적 사실에 강한 관심을 갖고 있으며, 소설 같은 풍설과 역사적 사실을 다루는 역사적 기사를 예리하게 구분하였다. 또한 구전 위주의 사회에서 4복음서와 같은 비교적 짧은 구술 내용은 변형되지 않고 그대로 후대까지 잘 전달된다는 특징을 살펴보았다. 이러한 구전 중심 사회의 특성을 고려해 볼 때, 예수 이야기는 가장 강한 구전문화를 지닌 유대사회에서 가장 짧은 구전기간을 거치면서 그 내용이 매우 정확히 보존됐다고 판단할 수 있다.

둘째, 구전을 연구하는 학자들에 따르면, 구전 위주의 공동체는 구전을 매우 믿을 만하게 보존하여 전달해 왔다. 수백 년 또는 수천 년의 세월에 걸쳐서 전달된 구전의 경우에도 내용이 거의 원형대로 전달되었음이 밝혀졌다. 따라서 예수의 생애를 기록한 4복음서의 경우는 예수의 죽음 이후 30년에서 60년 사이에 기록된 문서이기 때문에 그 내용이 교회 공동체를 통해 매우 잘 보존되었고 전달되었다고 판단할 수 있다. 더욱이 예수 이야기에는 공동체와 더불어 개인 전달자들의 구체적인 역할이 있었고, 특히 예수를 직접 목격한 목격자들이 수백 번 또는 수천 번씩 반복적으로 가르친 증언을 바탕으로 하였기에 그 내용의 보전이 탁월하다고 볼 수 있다.

셋째, 예수 이야기가 후대에 전달되어 문자로 기록될 당시에도 예수 사건의 목격자들 일부가 생존하였기 때문에 예수 이야기의 신뢰성은 더욱 월등하다고 할 수 있다. 특히 복음서의 기초가 된 사도들의 증언과 사도 바울의 초기 기독교 전통을 전달하는 과정은 매우 탁월하고 정확했다고 평가할 수 있다. 그 정확성은 불교의 불경이 부처의 사후 최소한 230년에서 600년의 오랜 구술 기간을 거쳐서 완성된 것과 비교할 때 더 잘 드러난다. 또 공자의 사후 최소 300년이라는 구술 역사 또는 알렉산더 대왕의 사후 400년의 구전 기간과 비교해 보아도 예수 이야기의 역사성이 얼마나 월등한지 식별할 수 있다. 이로써 예수를 직접 목격한 목격자들이 여전히 살아있을 당시에 기록된 예수 이야기는 매우 뛰어난 역사적 신뢰성을 가지고 있다고 평가할 수 있다.

위와 같은 사실을 고려해 볼 때, 예수 사건을 기록한 복음서와 신약성경의 내용이 신화화되었다고 볼 합리적인 근거를 발견할 수 없다. 오히려 복음서는 고대 구전 중심의 사회에서 가장 정확하게 예수 사건을 역사적 사실 그대로 보존하여 전달했다고 평가할 수 있다. 만약 예수 사건을 하나의 전설로 취급해 버린다면, 인류 역사상 구전된 이야기들은 모두 다 전설이거나 신화라고 평가한다고 해도 과언이 아니다. 왜냐하면 예수 이야기는 가장 탁월한 구전 전통 속에서 가장 짧은 구전 전승기간에 목격자들의 증언을 바탕으로 기록되었기 때문이다. 따라서 예수 이야기는 실제 역사이다.

2. 4복음서의 문학 장르 : 소설인가? 전기문인가?

예수가 신성을 소유한 하나님의 아들이 아니라, 한 사람의 인간에 불과하다고 주장하는 사람들은 언제나 신약성경의 역사성을 부인한다. 특히 도올과 같은 부류의 사람들은 예수의 생애를 기록한 4복음서는 역사적 사실에 기반을 둔 것이 아니라 소설과 별 다를 바 없는, 작가의 상상력의 산물에 불과하다고 주장하기도 한다.[323] 이에 대하여 도올은 다음과 같이 주장한다.

> 복음서의 저자는 역사적 사실을 보도하려고 이 복음서를 쓰고 있는 것이 아니다…우리는 그들의 정보의 역사적 근거 historical security 를 말하기 전에 구성적 창조성 compositionalcreativity 을 말해야 한다. 기억된 역사 history remembered 가 아니라 역사화된 예언 prophecy historicized 이다. 여기서 예언이란 사전史前의 예언이 아니라, 사후事後에그 예언적 전거를 모색해낸 것이다.[324]

이와 같이 도올은 복음서의 역사성을 제거하고서 복음서를 일종의 소설로 취급하고 있다. 그래서 그는 예수의 동정녀 탄생이나 호적조사, 유아살해사건, 예수의 부활 등 복음서의 기록을 역사적 사실로 보지 않고, '상상력 속에서 적당히 짜맞춘' 소설과 같은 이야기로 여긴다.[325]

그렇다면, 과연 이러한 섣부른 판단은 고대 문학 장르에 대한 이해를 바탕으로 내린 합당한 결론인가? 그렇지 않다! 복음서의 문학 장르에 대한 판단은 21세기의 시각으로 분별해서는 안 된다. 복음서가 써진 1세기 그리스-로마 문화의 관점에서 그 장르를 고찰해야 올바른 판단을 내릴 수 있는 것이다.

그러면 4복음서는 고대 그리스-로마 문화의 문학적 특성을 참고

---

323 김용옥, 기독교 성서의 이해, 245-263.

324 위의 책, 263-264.

325 김용옥, 나는 예수입니다 (서울: 통나무, 2020), 10.

해 볼 때, 어떤 문학 장르에 속하겠는가? 이 질문에 대하여 하버드대학교_{Harvard University}에서 철학박사_{Ph. D.} 학위를 받은 마크 로버트_{Mark D. Roberts}는 "복음서는 고대 그리스-로마 문화에서 흔히 볼 수 있는 전기문_{biography}"[326]이라고 답한다. 그는 그리스-로마 문화 속에서 쓰인 헬라적 전기문의 특성에 대해서 다음과 같이 설명하고 있다.

> 그리스-로마 세계에서 자서전은 오늘날 현대 서점에서 찾아볼 수 있는 그런 거대한 것이 아니었다. 짧고 특정한 일에 집중해서 기록해 놓은 것이다. 인물에 대한 세세한 내용은 다건너뛰고 그 인물의 특정한 생애에 대해서만 기록한 것이 공통적이다. 주요 사건과 주요한말만 간추려 놓은 것이 공통적인 특징이다. 그들의 업적과 말은 선별되었고 체계화되었다. 독자들을 위해 도덕적 언급을 우선적으로 선별해서 기록해 놓았다. 그 전기물의 주제는 어떤 덕목을 본받을 수 있도록 예화 시켰다. 그 인물의 덕스러운 삶을 독자들이 따를 수 있도록 강조하였다.[327]

위에서 언급했듯이, 고대 헬라적 전기문과 역사서는 고대 인물에 관해서 모든 것을 다 시간의 순서대로 기록하지 않는다. 헬라적 전기 작가들과 역사가들에게는 많은 재량권이 주어졌다. 그들은 주어진 자료에 대해서 많은 자유과 재량권을 가지고 어떤 특정한 부분만 서술하기도 하였다. 또한 시간적 순서에 따라서 사건을 기록하기보다는 특정한 주제에 맞는 사건을 자기 나름대로 나열할 수 있는 자유가 있었다.[328]

이러한 헬라적 전기문의 특성을 고려해 볼 때, 예수의 생애를 기록한

---

326 Mark D. Roberts, *Can We Trust the Gospels?* 84.
327 위의 책, 85.
328 위의 책, 92.

4복음서는 헬라적 전기문의 장르에 매우 잘 들어맞는다. 복음서는 저자마다 신학적 강조점이 있고, 구성 방식이 조금씩 다르다. 그러면서도 예수의 교훈과 행적, 예수의 죽음에 초점을 맞추는 공통된 특성을 지니고 있다.[329]

이러한 복음서의 특징은 1세기 당시 헬라 전기문의 특성에 부합한다. 따라서 고대 헬라적 전기문이 소설이 아니라 전기 작가가 역사적 사실과 주어진 역사자료를 기초로 하여 작가의 강조점에 따라 구성하여 기술한 것처럼, 4복음서도 역사적 증언을 토대로 각 저자의 강조점에 따라 달리 구성되어 쓰인 예수 전기문으로 볼 수 있다. 이러한 전기문은 역사적 사실과 전혀 상관없는 소설과는 확연히 다르다. 헬라적 전기문인 4복음서는 역사적 사실과 목격자의 증언을 토대로 기록되었기에 소설과는 전혀 다른 역사적 전기문이라 평가할 수 있다.

혹 어떤 사람들은 다음과 같은 질문을 던지며 반론한다.

- 4복음서에는 왜 예수의 어린 시기에 대한 기록이 많이 없는가?
- 동정녀 탄생에 관한 기사가 왜 마가복음과 요한복음에는 빠져 있는가?
- 공관복음(마태, 마가, 누가)에는 예수가 예루살렘에 올라간 것이 한 번 서술되었는데, 왜 요한복음에는 세 번 서술되었는가? 어느 것이 올바른 기록인가?
- 왜 복음서마다 예수의 행적의 순서가 조금씩 차이가 나거나 사건의 순서가 뒤바뀌어 있는가?

비판자들은 이런 차이점을 지적하면서 이런 문제점은 복음서가 역사적으로 신뢰할 만하지 못하다는 증거라고 주장한다. 과연 복음서마다 기술방식이 다르거나 서로 빠트린 사건들 때문에 4복음서의 기록이 역

---

329 위의 책, 85-86.

사적으로 믿을 만하지 못하다고 말할 수 있겠는가?

이 문제는 복음서를 고대 1세기 헬라적 전기문학 장르로 보게 되면 쉽게 풀린다. 전술한 바와 같이, 고대 헬라 전기작가로서 복음서 저자들은 예수의 생애에 대한 각자의 신학적 관심에 집중하였고, 자신들이 보고 전해 받은 예수 전통의 증언과 자료에 기초해서 각자 중요하다고 여기는 장면을 기록하였다. 이러한 기술방식은 헬라적 전기문학과 헬라 역사서에서 흔히 볼 수 있다. 따라서 4복음서의 차이점은 각 저자의 자료와 강조점에 따라서 예수에 관한 역사적 사실을 선별해서 기록했을 뿐이며, 역사적 사실과 상관없는 소설 같은 것이 아니다.[330]

그러므로 헬라 전기문학 장르에 관한 지식을 고려해 볼 때, 예수의 생애를 기록한 4복음서는 역사성을 배제한 소설과 같은 부류가 아니라, 역사적 사실과 역사적 증언을 기초로 역사적 인물에 관해 기록한 전기문이라는 사실에 다시 한 번 주목해야 한다.[331]

3. 4복음서 간의 차이점들 : 허구인가? 진실인가?

기독교 신앙이 비합리적이라고 주장하는 반기독교 웹사이트에 들어가 보면 다음과 같은 주장을 흔히 볼 수 있다. "예수의 생애를 기록한 4복음서 간의 차이점이 많이 발견되기 때문에 예수의 생애에 관한 기록은 가짜이다." 다시 말해 예수에 관한 기록의 세부묘사에 차이점이 많이

---

330 필자가 여기서 강조하고자 하는 바는 4복음서를 일반 문학작품을 연구하는 방식으로 이해하고 연구하더라도 충분히 역사성에 바탕을 두고 있다는 것을 강조하고자 하는 의도이다. 필자는 복음서의 저자들이 성령의 영감에 의하여 복음서를 기록하였다는 사실에 분명히 동의하며, 그 사실을 전제한 상태에서 복음서를 문학적 장르로 분석하고 있다.

331 도올은 마가복음이 헬라의 전기문학 장르가 아니라고 주장하고 있지만, 그 주장에 대한 명확한 근거를 제시하지 못한 채, "초대교회 사람들의 관심은 이러한 비오스(전기)를 쓰는 데 있지 않았습니다"라고 주장한다. 김용옥, 나는 예수입니다, 29.

발견되기 때문에 예수 이야기는 허구에 불과하다고 주장한다. 과연 4복음서에 나오는 예수 이야기의 세부적인 차이점들 때문에 예수 사건이 허구에 불과한 것이라고 평가할 수 있는가?

이 질문에 답하기 전에 간략히 4복음서 내에서 발견할 수 있는 차이점에 대해서 몇 가지 예를 생각해 보자. 반기독교를 표방하는 사람들이 가장 많이 문제 삼는 것은 예수 탄생 이야기의 차이점이다. 마태복음에는 아기 예수의 탄생 이야기에 동방 박사들이 등장한다. 그러나 마가복음이나 누가복음에는 동방 박사에 관한 이야기가 나오지 않는다. 그 대신에 누가복음에는 양떼를 치는 목자들에게 밤에 천사가 나타나서 아기 예수의 탄생을 알려준다.[332]

또 예수가 경험한 사건의 순서가 다르게 나오는 경우도 있다. 예를 들면, 마태복음에 예수가 광야에서 사탄에게서 시험을 받을 때(마 4:1-11)의 순서는 1) 돌들이 떡덩이 되게 하라; 2) 성전 꼭대기에서 뛰어내리라; 3) 나에게 경배하라, 순으로 기록되어 있다. 그런데 누가복음에는 예수가 사탄에게서 똑같이 세 가지 시험을 받지만(눅 4:1-13), 그 순서가 조금 다르다. 즉, 1) 돌들로 떡이 되게 하라; 2) 내게 경배하라; 3) 성전 꼭대기에서 뛰어내리라. 따라서 2)번과 3)번의 순서가 뒤바뀌어 소개되어 있다.[333]

또 다른 예로 마가복음 6장에는 예수께서 갈릴리 지역에서 사역을 할 때 일어난 두 가지 중요한 사건이 기록돼 있다. 하나는 예수가 고향에서

---

332 예수 탄생의 기사들이 각 복음서마다 조금씩 다르다. 그 이유를 헬라적 전기문 장르에서 파악해 보라. 고대 전기작가들은 자신의 관심에 따라 중요한 사건을 취사선택하는데 많은 자유를 누렸다. 이것은 역사성을 배제하는 것이 아니라 관심과 전통과 강조가 다르다는 것을 의미한다.
333 예수의 광야 시험의 순서가 다르게 소개된 것은 사실이다. 그러나 그 내용의 본질이 마태복음과 누가복음에 소개된 내용을 살펴볼 때 과연 다르다고 말할 수 있겠는가? 그 사건의 핵심 내용이 같다면 그것은 모순이 아니다. 헬라적 전기문에서 순서의 중요성을 강조한 것이 아니라 중요한 사건을 저자의 표현방식에 따라 달리 기록할 수 있었다는 점을 생각해 보라.

배척을 당한 사건(막 6:1-6)이며, 다른 하나는 세례 요한이 체포되어 죽음에 처해진 사건(막 6:17-29)이다. 그런데 누가복음에는 예수께서 사역을 시작하기 전에 세례 요한이 체포된다.(눅 3:20) 그리고 고향 마을에서 배척도 사역 초기에 일어난 사건이다.(눅 4:16-30) 만일 누가가 마가복음을 참조해서 그의 복음서를 기록하였다면, 의도적으로 사건의 순서를 바꾼 셈이 된다.

이상과 같이 4복음서를 자세히 살펴보면, 어떤 사건에 대한 세부적인 묘사가 약간씩 차이점을 보일 때가 있으며, 어떤 복음서에는 소개되어 있는 사건이 다른 복음서에는 빠져 있다. 그리고 때로는 사건의 순서가 바뀌어서 기록된 경우도 있다. 4복음서에는 분명히 이러한 차이점이 있다.[334]

그렇다면 이러한 차이점 때문에 과연 4복음서가 가짜라거나 역사성이 전혀 없다고 주장할 수 있겠는가? 그렇지 않다. 이러한 차이점 때문에 복음서에 나오는 예수 사건과 이야기가 허구라고 말할 수 없다. 그 이유는 앞에서 살펴본 4복음서의 문학 장르를 생각해 보면 이해할 수 있다. 4복음서의 문학 장르는 헬라적 전기문으로 볼 수 있다. 고대 전기 작가들은 오늘날의 전기문처럼 세부적인 내용을 시간별로 정리해서 알려주는 방식으로 기술하지 않았다. 헬라적 전기 작가들은 자신이 선택한 인물의 주요한 사건과 자신이 관심을 둔 가르침과 행위를 선별적으로 기록하였다. 이러한 시각에서 볼 때, 4복음서의 저자들도 당시 유행하였

---

334 이것은 차이점이지 모순점이 아님에 유의해야 한다. 이러한 차이점을 보고 모순이라고 주장하면 안 된다. 예를 들어, 만일 누가복음에서 예수 탄생의 장소가 베들레헴이고, 마태복음에서는 나사렛이라고 한다면 이것은 분명한 모순이다. 또한 예수의 죽음이 한 복음서에서는 십자가에 못박혀 죽었다고 하고, 다른 복음서에서는 돌에 맞아 죽었다고 한다면 이것은 모순이다. 그런데 예수의 탄생에 대한 각각의 묘사와 강조점이 다르다고 해서 그 두 기사를 모순이라고 말할 수 없다. 그것은 모순이 아니라 차이점이다.

던 전기문학 양식에 따라서 나름대로 자신에게 중요한 예수 사건과 이야기를 선별해서 기록하였기 때문에 복음서마다 차이점이 있는 것은 당연하다. 예수의 생애를 기록할 때 사건의 순서를 중요시한 것이 아니라, 자신이 관심 있게 듣고 보고 전해들은 역사적 증언을 자기 나름대로 배열하여 기록하였다는 점을 고려해 볼 때, 4복음서의 차이점은 쉽게 이해할 수 있다.

여기서 필자가 강조하고자 하는 것은, 오히려 4복음서 간의 차이점은 역사적 예수에 관한 기록이 매우 믿을 만하게 기록되었다는 점을 방증해 준다는 점이다. 어째서 4복음서 간의 차이점이 허구가 아니며 오히려 역사적 진실을 드러내 주는 증거가 될 수 있겠는가?

그것은 고대 역사를 연구하는 역사학자들의 연구방법을 살펴보면 어렵지 않게 그 이유를 알 수 있다. 고대 역사를 연구하는 학자들은 한 사건의 진정성을 밝히기 위하여 일정한 판단의 기준을 사용하고 있다.[335] 그렇다면 고대 역사의 진정성을 판단하는 기준은 무엇인가?

첫째, 역사학자들은 고대에 일어난 사건에 대한 자료가 한 개뿐인가 아니면 여러 개인가를 살핀다. 만약 그 역사적 사건에 대한 자료가 한 개뿐이라면, 그 사건이 진짜인지 아니면 꾸며낸 것인지 밝히는 데 어려움이 많을 것이다. 그래서 한 사건에 관하여 여러 개의 자료가 있을 때 역사적으로 더욱 신뢰할 만하다고 판단한다. 여러 개의 자료를 분석해 본다면 그 사건에 관한 역사적 진정성을 보다 잘 판별할 수 있기 때문이다.

신약학자 그레고리 보이드_{Gregory A. Boyd}에 따르면, 고대의 역사 자료

---

335 여기에 소개하는 고전 역사학자들이 역사의 진정성을 밝히기 위하여 사용하는 역사 판단 기준은 다음의 자료를 참조하였음을 밝힌다: Gary R. Habermas, *The Historical Jesus*: one in a continuing series of lecture and debates in the defense of the faith, CD (Biola University, La Mirada, CA, USA).

중에는 한 사건에 대해 단 하나의 출처만 있는 경우가 대부분이다.[336] 그런데, 역사학자들은 대체로 오직 한 가지 출처만 있는 그 사건의 역사성도 의심하지 않는 경우가 많다. 예컨대 공자의 생애에 관한 기술로서 유일한 자료는 사마천의 공자세가孔子世家 뿐이다. 공자의 생애에 관한 자료로서 공자세가가 최초의 문헌이며 유일한 문헌이다.[337] 공자세가는 공자가 죽고 적어도 300년이 흐른 뒤에 사마천에 의하여 기록되었다. 그럼에도 불구하고 도올은 이 사마천의 공자세가에 대하여 다음과 같이 평가한다. "사마천이 그리려고 하는 공자는 역사적으로 실존했던 한 인간의 충실한 전기적 구성이다."[338] 다시 말해 도올은 공자에 관한 단 하나의 출처인 공자세가를 역사적으로 높이 평가하고 있다.

그렇다면 예수의 생애에 관한 자료는 몇 가지가 되는가? 일단 복음서만 따져도 4가지의 독립적인 자료(마태, 마가, 누가, 요한)가 있다. 예수의 생애에 관하여 4명의 각기 다른 사람이 각자의 독특한 자료와 시각으로 예수의 생애를 자세히 소개하고 있다. 공자세가가 공자가 죽고 약 300년 후에 문자로 쓰였다면, 4복음서는 예수의 죽음 이후 약 30년에서 60년 사이에 4명의 저자들에 의하여 각기 독립적으로 완성되었다. 따라서 우리는 예수의 생애에 관한 복수의 고대 자료를 가지고 있는 것이다. 이와 같이 고대 인물에 관한 복수의 고대 자료는 그 인물의 역사성을 밝히는 데 매우 큰 도움을 준다고 말할 수 있다.

둘째, 고전 역사가들은 그 복수의 자료들이 본질적인 일치를 보이고 있는가를 평가한다. 한 인물에 대해 여러 가지 자료가 본질적인 부분에 일치를 보이게 되면 그것은 역사적 사실로 인정할 수 있다. 이러한 기준

---

336 리 스트로벨, 예수 사건, 152.
337 김용옥, 기독교 성서의 이해, 187.
338 위의 책, 190.

을 복음서에 적용해 볼 때, 매우 높은 본질적 일치를 이루고 있다는 사실을 알 수 있다. 4복음서는 예수의 생애에 관한 각기 다른 표현과 사건을 나열하고 있다. 그럼에도 4복음서는 예수에 관해 근본적으로 일치된 내용을 기술하고 있다. 예를 들어, 예수는 유대인 남자였으며, 본디오 빌라도가 유대를 통치하고 있을 당시에 사역하였고, 갈릴리에서 시작한 그의 사역은 예루살렘에서 종결되었고, 유대 지도자들의 모함에 의하여 십자가에서 처형되었다. 그는 평소에 다양한 기적을 행하였으며 자신을 인자라고 불렀고, 하나님의 나라를 전파하였으며, 본디오 빌라도의 통치 하에 유대 지도자들의 시기로 인해 유월절 시기에 예루살렘에서 십자가에 못 박혀 죽었다. 그는 안식일 다음날에 죽음에서 다시 살아나 여인들과 제자들에게 나타났다.[339]

---

339 4복음서가 예수의 생애에 관하여 근본적인 일치를 보이는 것은 다음과 같다.
- 예수는 유대 남자이다.
- 예수는 본디오 빌라도가 유대를 통치하고 있을 당시에 사역을 하였다.
- 예수의 초기 사역은 갈릴리 지방에서부터 시작되었다.
- 예수의 사역은 예루살렘에서 종결되었다.
- 예수는 자기 주위에 제자들을 두었다.
- 안드레와 베드로는 예수의 첫 번째 제자들이었다.
- 예수를 따르는 사람들은 예수를 랍비(rabbi)라고 칭했다.
- 다른 유대교의 선생과는 달리 예수는 여인들에게도 가르침을 주었고, 그 여인들의 그룹도 그를 따르는 무리들 중에 있었다.
- 예수는 유대 회당에서 가르쳤다.
- 예수는 많은 군중에게 가르침을 주었다.
- 때때로 예수는 군중을 피해 혼자 있는 시간을 가졌다.
- 예수는 하나님의 나라를 선포하였다.
- 예수의 사역은 초자연적인 사단의 세력과 충돌하였다.
- 예수는 자기 자신에게 "인자"(Son of Man)라는 칭호를 사용하였다.
- 예수는 그가 인자로서 죽음을 맞이하게 될 것을 알았다.
- 예수는 병고침과 자연을 다스리는 기적 등 여러 가지 다양한 기적을 행하였다.
- 예수는 수천 명을 먹이는 기적을 행하였다.
- 예수는 심지어 죽은 사람을 살리기도 하였다.
- 그 당시 유대 사람들과 심지어 예수의 제자들조차 온전히 예수의 정체성에 대해서 이해하지 못하였다.

이와 같은 기본적인 정보에 4복음서는 정확한 일치성을 보이고 있다. 이것은 예수의 생애에 관한 역사적 신뢰성을 확실히 입증해 준다.

셋째, 고대 역사가들은 여러 개의 고대 자료 중에서 세부 묘사가 다른 것을 더 선호한다.[340] 한 사건에 대한 세부적인 묘사가 약간씩 차이를 보이는 것이 훨씬 더 역사적으로 정확하다고 판단한다. 만일 여러 개의 문서가 모두 다 세부 묘사가 정확히 일치한다면 어떻겠는가? 그것은 모두 한 사람이 기록을 하였거나 모두 같은 관점에서 서로 베낀 것이라고 판단할 수 있을 것이다. 그렇기 때문에 한 사건에 대한 세부 묘사가 다르면서 그 사건의 본질적인 요소에 일치를 이루는 자료들이 있다면, 역사적 신뢰성이 탁월한 것이다. 다시 말해, 사건의 본질적 요소에는 일치를 이루면서 세부적인 표현에 차이가 있을 때 독립적인 자료로서 역사적 신뢰성이 높다고 평가된다.

4복음서가 바로 이런 기준에 부합된다. 복음서를 자세히 살펴보면, 예수의 생애와 가르침에 관하여 본질적인 일치를 보이는 것을 쉽게 발견할 수 있다. 그러면서도 세부적인 사건의 묘사에 있어서 순서가 뒤바

- 예수는 유대 지도자들과 충돌하였다.
- 예수는 자신이 하나님과 독특하고 유일한 관계를 맺고 있는 것처럼 행동하였다.
- 예수는 하나님을 아버지 또는 아빠 하나님으로 불렀다.
- 예수는 본디오 빌라도의 통치 하에 유대 지도자들의 시기로 인해 유월절 시기에 예루살렘에서 십자가에 못 박혀 죽었다.
- 예수를 따랐던 대부분의 사람들은 예수가 십자가에 못 박힐 때 배반하거나 아무런 행동도 취하지 않았다.
- 예수는 안식일 다음날에 죽음에서 살아났다.
- 여인들이 예수 부활의 첫 번째 증인들이었다. 이 내용은 Mark D. Roberts, *Can We Trust the Gospels?* 98-100을 참조하였다.

340 "독일의 학자 한스 스티어는 고전 역사가의 관점에서, 기본적 자료가 일치하고 세부 사항에서 차이를 보이는 점은 오히려 신빙성을 가지고 있다는 뜻이라는데 동의했다. 왜냐하면 거짓으로 꾸며낸 이야기는 완전한 일관성과 조화를 갖추려는 경향이 있기 때문이다. 그는 다음과 같이 말했다. '모든 역사가들이 의심을 하는 순간은 바로 특별한 사건이 어떤 모순점도 없는 이야기의 형태로 보고될 때입니다.'" 리 스트로벨, 예수 사건, 59에서 인용.

꿔거나 표현이 다른 경우를 종종 찾아볼 수 있다. 이러한 사실은 무엇을 말해 주는가? 이것은 역사적으로 존재한 실제 예수라는 인물에 대하여 각기 다른 사람들이 독립적인 자료에 바탕을 두고 예수의 생애를 신뢰성 있게 기록하였다는 사실을 알려준다.

이와 같이 일반 고대 역사를 연구하는 잣대로써 신약의 4복음서를 분석해 보면, 4복음서가 매우 놀라운 역사적 신뢰성을 지닌 자료임을 발견할 수 있다. 필자는 4복음서가 성령의 영감에 의하여 써졌다고 믿는다. 그리고 그 성령의 영감은 한 개인이 겪은 시대적 상황, 사고, 문화와 직접 목격하거나 전해들은 증언과 대치되지 않는다고 믿는다. 필자는 '4복음서가 예수의 가르침을 직접 들었던 사람이 그의 목격담을 직접 기록하였거나 그 목격자들의 증언을 메모나 기억, 암기 등의 방법으로 보존한 상태에서 성령의 감동으로 성실하게 기록했기에 매우 뛰어난 역사적 신뢰성을 가졌다'라고 믿는다.

이와 같은 주장은 고대 역사를 연구하는 방법에 비추어 볼 때, 매우 합리적이고 신뢰할 만한 견해이다. 4복음서에서 사건 기록의 차이점은 예수 사건이 허구인 것을 보여주기는커녕 도리어 예수 사건이 역사적으로 매우 신뢰할 만하다는 사실을 방증하는 증거이다. 그러므로 4복음서에 기록된 예수의 생애는 매우 확실한 역사적 근거 위에 서 있다.

4. 결론 : 4복음서에 기록된 예수 사건은 역사이다!

지금까지 우리는 4복음서에 나타난 예수 사건이 매우 뛰어난 역사적 토대 위에 서 있다는 사실에 관하여 살펴보았다.

첫째, 우리는 4복음서에 나타난 예수 사건이 전설인가 아니면 역사인가에 대하여 자세히 살펴보았다. 오늘날 한국 사회에는 복음서에 나타난 예수의 이야기를 하나의 전설에 불과한 것인 양 취급하는 사람들이 늘어나고 있다. 특히 미국의 예수 세미나Jesus Seminar의 영향을 받은 '한국 기독교 연구소'라는 단체를 중심으로 예수는 단순히 한 사람의 인간에 불과하며, 그는 신성을 가진 하나님의 아들이 아니라 단지 한 인간으로서 하나님이 제시한 의로운 삶을 살다가 죽었다는 주장이 목소리를 키워 간다. 이러한 잘못된 사상이 '학문적'이라는 명분으로 급속도로 전파되고 있다. 학문이란 이름으로 자기 영혼이 팔리는 세상인 줄 모르고 살아가는 사람들이 많이 있다.

그러나 복음서에 나타난 예수의 이야기를 학문적으로 잘 분석해 보라. 지금까지 살펴본 것을 토대로 우리는 무엇을 알게 되었는가? 역사적 예수에 관한 이야기는 구전 위주의 유대문화 속에서 가장 짧은 구전 전승기간을 거치면서, 그 목격자들의 증언이 변형되지 않고 매우 정확히 후대에 전달될 수 있었다는 사실을 알았다.

또한 예수에 관한 목격자들의 증언은 교회공동체 내에서 수백 번 또는 수천 번씩 반복적으로 전파되었으며, 그 내용이 문자로 기록될 때까지 예수 사건을 직접 본 목격자들이 살아 있었다는 점을 기억할 필요가 있다. 목격자들이 살아 있을 때에 교회공동체 내에서 매우 조심해서 전달한 복음서의 내용을 소설로 간주해야 할 아무런 합리적인 이유를 찾을 수 없다. 따라서 예수 사건은 역사적 사실에 기반을 두고 있다고 분명히 말할 수 있다.

둘째, 4복음서의 문학 장르는 역사성을 배제한 소설과 같은 부류가 아니며, 고대 1세기에 흔히 볼 수 있었던 헬라적 전기문으로 볼 수 있다. 4복음서는 역사적 사실과 증언을 바탕으로 하여 예수라는 역사적 인물에 관한 전기문에 매우 적합하다고 판단된다. 따라서 복음서는 소설이 아니라 역사적 사건에 충실한 전기문이라고 볼 수 있다.

셋째, 4복음서에서 나타나는 차이점은 역사적 허구를 말하는 것이 아니라, 오히려 그 차이점은 예수에 관한 기록이 역사적 진실임을 잘 드러내 주는 증거가 된다. 고전을 연구하는 학자들은 한 가지 출처보다는 여러 개의 출처를 선호한다. 4복음서는 예수의 생애에 대한 네 가지 출처가 된다. 또한, 학자들은 하나의 자료보다 본질적인 일치를 이루면서도 세부적인 묘사에서는 차이가 나는 복수의 자료들을 더욱 선호한다. 이러한 자료들은 역사적 신뢰성이 매우 높다. 4복음서가 바로 이러한 기준에 매우 적합하다. 4개의 복음서는 예수의 생애에 관해 본질적인 일치를 유지하면서도 세부적인 묘사에는 차이점을 보인다. 이것은 복음서의 내용이 허구가 아니라 역사적 진실을 말하고 있음을 방증한다.

지금까지 살펴본 이 합리적인 이유를 고려해 볼 때 우리가 내릴 수 있는 타당한 결론은 무엇인가? 4복음서에는 예수에 관한 역사적 사실이 고스란히 실려 있다고 결론지을 수 있다. 4복음서에 나타난 예수의 생애는 매우 신뢰할 만한 역사적 사실이다. 또한 4복음서에는 예수의 실제 가르침과 삶이 온전히 담겨 있다고 결론지을 수 있다. 지금 복음서를 통해 만나는 예수가 실제 역사적 예수이다! 4복음서를 통해 실제 예수님, 진짜 예수님을 개인적으로 만나게 되길 바라는 마음 간절하다.

기독교 신앙은 반지성적인가?

　요즘 반기독교를 주장하는 사람들은 기독교 신앙은 반지성적이며 지성인이 믿기엔 비합리적인 신앙체계라고 비판한다. 그들은 '기독교는 믿지 못할 것을 억지로 믿는 종교'라고 비난한다. 그런데 더 큰 문제는 기독교인들조차도 기독교 신앙이 반지성적이라고 생각하는 편견에 동조한다는 것이다. 기독교 신앙은 이성을 초월하는 초이성적인 신앙의 요소들이 있지만 반이성적이지는 않다. 오히려 기독교 신앙은 다른 종교와 비교해 볼 때, 가장 이성적이고 제일 합리적인 신앙체계를 갖추고 있다. 사실 기독교 신앙은 이 세상 모든 종교 중에서 가장 이성적이고 지성적이다. 우리는 기독교 신앙을 이성적이고 합리적으로 설명해 줄 수 있음에도 불구하고 '가장 믿을 만한 복음'을 '가장 믿지 못할 것을 억지로 믿어야 하는 것이 믿음'인 양 잘못 가르쳐 온 점들이 있다. 그러므로 현대인들을 대상으로 효과적인 전도를 하기 위해서는 먼저 기독교인들에게 '기독교 신앙을 지성적으로도 잘 설명할 수 있다'는 인식의 전환이 필요하다. 다시 말해서, 기독교 신앙은 비이성적이며 무조건 믿어야 잘 믿는 것이라는 우리의 편견을 내려놓는 것이 기독교적인 삶을 사는 데 매우 중요하다 하겠다.

단순한 믿음과 신앙의 차이

기독교 신앙은 맹목적인 신앙이나 미신적인 신앙과 어떻게 다른가? 신념 차원의 단순한 믿음 a simple belief 과 신앙 faith 은 어떻게 다를까? 인식론적으로 믿음 belief 이란 "명제를 확신하는 생각의 상태" a mental state 라고 말한다.[341] 다시 말해서 '어떤 것이나 어떤 사건이 진리이거나 진리에 가깝다는 생각의 상태'가 단순한 믿음이다. 따라서 단순한 믿음은 하나의 정신적 상태이기 때문에 새로운 정보가 들어오면 언제든지 바뀔 수 있다. 신앙생활이 신념의 수준에 머물게 되면 새로운 정보에 따라 믿음이 흔들린다. 왜냐하면 신념의 수준은 자신의 믿음의 대상을 어떠한 정당한 이유 없이 그냥 받아들였거나 습관적으로 믿게 된 단순한 믿음이기 때문이다.

예컨대, 교회에서 습관적으로 하나님을 믿었던 학생이 학교에서 무신론자를 만나게 되었을 때, 무신론의 논리에 설득당해 하나님의 존재를 의심하게 되고, 기독교 신앙에서 멀어지게 된다. 이처럼 신념(또는 단순한 믿음)은 정보에 따라서 언제든지 바뀔 수 있다. 왜냐하면 단순한 믿음은 지식을 기반으로 하지 않기 때문이다. 단순한 믿음은 자기가 믿는 바에 대한 좋은 이유를 가지고 있지 않다. 그냥 그렇게 받아들인 것이다.

그러나 신앙 Faith 은 다르다. 신앙은 못 믿을 것을 억지로 믿는 행위가 아니다. 신앙은 지식 knowledge 을 기반으로 한다. 지식이란 '정당화된 진실한 믿음' Justified True Belief 을 말한다.[342] 지식은 반드시 자신이 믿는 바에

---

341 D. M. Armstrong, *Belief, Truth and Knowledge* (London: Cambridge University Press,1973), 10.

342 Alvin Plantinga, "Religious belief, epistemology of" in *A Companion To*

대한 정당한 이유와 타당한 근거를 가진다. 지식이 있으면 자신의 믿음에 대한 좋은 이유를 분명히 말할 수 있다. 이러한 지식의 수준은 꼭 이성적 확신만을 말하는 것은 아니다. 성령 체험도 경험적 지식에 속한다. 이러한 지식에는 자신이 믿는 바에 대한 확실한 이유가 있다. 따라서 지식을 기반으로 하는 신앙은 비이성적인 것이 아니라, 오히려 가장 믿을 만한 합당한 이유를 필요로 한다.

그뿐만 아니라, 신앙은 지식의 기반 위에서 신뢰_{trust} 와 헌신 _{commitment}을 모두 포함한다. 현대 철학자들은 신앙을 신뢰와 헌신의 태도를 나타내는 "belief-in"(~를 믿는다)의 개념이라고 주장한다.[343] 영어에서 "~를 믿는다"고 할 때, "believe that"과 "believe in"으로 구분하여 말할 수 있다. 예를 들어 "I believe that this is a cup"(나는 이것이 컵이라고 믿는다)라고 할 때, 이때 믿는 것은 단순히 그것이 컵이라고 받아들이는 생각의 상태를 말한다. 여기에는 인격적인 신뢰나 헌신이 필요 없다. 이것은 단순한 믿음의 수준을 말하는 것이다.

그러나 신앙의 수준은 다르다. "I believe in God"(나는 하나님을 믿습니다) 또는 "I believe in you"(나는 당신을 믿습니다)라고 말할 때는 반드시 그 믿는 대상에 대한 인격적인 신뢰와 헌신이 포함된다.[344] 다시 말해서 '내가 당신을 믿습니다'_{believe in}고 말할 때는 그 믿는 대상이 누구인가에 대한 정확한 지식이 있어야 하고, 그 대상에 대한 신뢰와 헌신이 요구된다. 신앙에는 그 믿는 대상에 대한 지식과 신뢰, 헌신이 핵심적 요소이다. 따라서 신앙이란 반지성적인 것이 아니라 반드시 지식에 기반을 둔

Epistemology Ed. Jonathan Dancy and Ernest Sosa, (Malden: Blackwell Publishers, 1998), 437.

343 John Heil, "Belief in and Belief that" in *A Companion To Epistemology* Ed. Jonathan Dancy and Ernest Sosa, (Malden: Blackwell Publishers, 1998), 49.

344 위의 책.

것이며, 신뢰와 헌신이 함께 하는 것이라고 말할 수 있다.

신앙에 대한 이러한 철학적 이해를 기독교 신앙에 적용해 보면, 그리스도인은 신앙의 대상이신 예수 그리스도가 누구신가에 대한 확실한 지식이 있어야만 한다. 단순한 믿음은 믿는 바에 대한 좋은 이유 없이 습관적으로 믿는 것이지만 참된 신앙은 예수님이 누구신가에 대한 정확한 지식을 필요로 한다. 예수님을 누구로 알고 고백하고 있는가가 매우 중요하다. 이런 의미에서 역사 속에 살았던 진짜 예수님을 아는 것은 너무나 중요하다.

따라서 한 사람이 구원받는 믿음faith 을 가지기 위해서는 반드시 예수님이 누구신가에 대한 올바른 지식이 있어야 하며, 그분을 인격적으로 신뢰하고 헌신하는 삶이 있어야만 '예수를 주님으로 믿는 신앙이 있다'고 말할 수 있다. 그렇다면 당신은 예수님을 누구로 알고 믿고 고백하고 있는가?

예수님의 정체성 : 하나님의 아들? 사기꾼?

예수님과 다른 종교지도자들의 큰 차이점은 무엇인가? 다른 종교 지도자들은 그들의 '가르침'이 중요했다. 석가모니 부처님도 그가 깨달은 것을 설파했고, 공자님도 그가 깨우친 이치를 가르치고자 했다. 그러나 예수님은 그의 가르침도 중요했지만, 그보다 '그가 누구인지'가 더욱 중요했다. 예수는 권위의 원천을 자신에게 두었다.

예수께서 이르시되 내가 곧 길이요 진리요 생명이니 나로 말미암지 않고는 아버지께로 올 자가 없느니라(요 14:6)

진짜 예수 도올의 잘못된 성경관 바로잡기(상)

예수께서 이르시되 나는 부활이요 생명이니 나를 믿는 자는 죽어도 살겠고
(요 11:25)

너희가 성경에서 영생을 얻는 줄 생각하고 성경을 연구하거니와 이 성경이 곧 내게 대하여증언하는 것이니라. 그러나 너희가 영생을 얻기 위하여 내게 오기를 원하지 아니하는도다(요 5:39-40)

예수께서 이르시되 나는 생명의 떡이니 내게 오는 자는 결코 주리지 아니할 터이요 나를 믿는 자는 영원히 목마르지 아니하리라. 그러나 내가 너희에게 이르기를 너희는 나를 보고도믿지 아니하는도다 하였느니라(요 6:35-36)

내가 진실로 진실로 너희에게 이르노니 내 말을 듣고 또 나 보내신 이를 믿는 자는 영생을얻었고 심판에 이르지 아니하나니 사망에서 생명으로 옮겼느니라(요 5:24)

위 예수님의 말씀에 의하면, 예수님의 권위는 예수님 자신에게 있고, 그분의 정체성이 그분 가르침의 진위를 결정한다고 볼 수 있다.

예수님은 누구신가? 일반적으로 예수님의 정체성에 대해서 세 가지 가능성을 말한다. 첫째 예수님이 미친 사람일 가능성, 둘째 엄청난 사기꾼일 가능성, 그리고 셋째 실제 하나님의 아들일 가능성이 그것이다.

첫째, 예수님이 정신병자나 미친 사람일 가능성을 생각해 보자. 만일 어떤 사람이 광화문 광장에서 "나는 하나님의 아들이며 구세주다"라고 외친다면 사람들이 무엇이라 말할까? 분명히 미친 사람이라고 할 것이다. 2천 년 전에 예수께서 그렇게 하셨다. 그러나 지금까지 어느 누구도 예수님을 미친 사람이라 말하지 않는다. 미국 심리학회 회장을 역임한 게리 콜린스 박사는 예수님의 정신 상태를 분석한 후, 그에게서 정신

적 이상 징후를 발견할 수 없었다고 말한다. 비기독교인 심리학자들조차 '예수님의 정신 상태는 매우 건강하며, 균형이 잘 잡혀있다'고 말한다. 따라서 예수님을 정신병자나 미친 사람으로 볼 근거는 없다.

둘째, 예수님이 사기꾼일 가능성도 매우 희박하다. 예수님은 세계 4대 성인 중 한 분으로 불리고 있으며, 예수님의 신성을 부인했던 사람들조차 예수의 인품은 훌륭하다고 평가하며, 수많은 회의주의자들도 예수님의 도덕성은 의심하지 않는다.

셋째, 예수님이 하나님의 아들일 가능성은 충분하다. 예수님은 모든 사람이 존경하는 훌륭한 인품을 갖춘 분으로서, 스스로를 하나님의 아들이라고 주장하였다. 예수님은 자신이 하나님의 아들이요, 우리의 운명이 자신을 믿느냐 믿지 않느냐에 달려있다고 주장했다. 그렇다면 우리는 왜 예수님을 하나님의 아들로 믿을 수 있는가? 그 이유는 바로 예수님의 인품을 믿기 때문에 그분의 주장도 믿을 수 있다. 만일 예수님을 훌륭한 성인으로 인정한다면 반드시 그분의 주장도 믿어야만 할 것이다.

아무도 부인할 수 없는 그분의 인격과 삶 때문에 그분의 가르침과 주장을 믿는 것이다. C. S. 루이스는 "예수를 위대한 도덕적 스승으로 기꺼이 받아들이지만, 예수가 하나님이라는 주장만은 받아들일 수 없다는 주장은 어리석기 짝이 없는 말"이라고 강조했다. 모순되게도 오늘날 많은 사람들이 예수님을 위대한 성인으로 인정하면서도 실상 그분의 신성은 부인하려고 한다. 우리가 예수님의 인품을 인정한다면 반드시 그분의 주장도 믿어야 할 것이다. 당신은 예수님을 누구로 고백하는가?

> 예수께서 이르시되 빌립아 내가 이렇게 오래 너희와 함께 있으되 네가 나를 알지 못하느냐 나를 본 자는 아버지를 보았거늘 어찌하여 아버지를 보이라 하느냐
>
> (요 14:9)

진짜 예수 도올의 잘못된 성경관 바로잡기(상)

4복음서에 기록된 예수님의 말씀은 2천 년 전에 이 땅에 계셨던 실제 예수께서 하신 말씀이다. 하나님의 아들 예수께서 당신에게 묻고 계신다. '너는 나를 누구라 하느냐?'